세상을 바꾸는 힘, 나도 특종 기자

2020 뉴스통신진흥회 탐사·심층·르포 취재물 수상작

세상을 바꾸는 힘, 나도 특종 기자

— 르포르타주의 전형

초판 1쇄 펴낸 날 2020년 8월 10일

지은이 · 〈단비뉴스〉 특별취재팀, 새소년, 정현환, 전점석, 아워 프레스,
　　　　김민경, 김윤하, 김채연, 최익준, 오소영, 추적단 불꽃
펴낸이 · 박강호
펴낸곳 · 동하
출판등록 · 2008년 2월 18일 제301-2009-140호
주소 · 서울시 종로구 자하문로5길 37 1층
전화 · 02)312-9047 / 팩스 · 02)6101-1025

ⓒ 〈단비뉴스〉 특별취재팀 외, 2020

ISBN 979-11-968105-3-5 03070
책값은 뒤표지에 있습니다.

· 이 책 내용의 전부 또는 일부를 다른 곳에 쓰려면 반드시
　저작권자와 출판사 모두에게 동의를 받아야 합니다.
· 동하는 (주)디자인커서의 인문교양 브랜드입니다.

이 도서의 국립중앙도서관 출판예정도서목록(CIP)은 서지정보유통지원시스템 홈페이지
(http://seoji.nl.go.kr)와 국가자료종합목록 구축시스템(http://kolis-net.nl.go.kr)에서
이용하실 수 있습니다. (CIP제어번호 : CIP2020030508)

2020 뉴스통신진흥회 탐사·심층·르포 취재물 수상작

세상을 바꾸는 힘, 나도 특종 기자

| 르포르타주의 전형 |

동
하

한국 언론 일깨울 야성의 기록

'기자는 사관(史官)'이란 말에 군더더기 설명이 필요하지 않을 것입니다. 그렇습니다. 기자가 쓰는 기사는 당대의 정보이면서 동시에 후대의 역사가 된다는 이야기입니다.

그러나 오늘날 대한민국에서 하루 수십만 건씩 쏟아지는 기사들이 과연 부끄럽지 않은 후대의 역사가 될지는 의문입니다. 온통 왜곡되고 편향된 뉴스, 심지어 가짜뉴스들이 횡행하고 있기 때문입니다. 기자들이 우리 사회 각 분야에 깊은 문제의식을 가지고 그 현장을 발로 뛰어 취재한, 정직하고 정의로운 기사가 아니기 때문입니다. 그 반대로 출입처에 안주한 채 자신이 속한 거대 언론사의 이해관계에 휘둘려 광고와 클릭 수에 목을 매단 기사들이 넘쳐나고 있습니다. 그중에서도 출입기자단의 문제는 심각하기 짝이 없습니다.

제가 오래전, 우리가 처하고 있는 언론 상황에 대해 한 언론과 인터뷰한 적이 있는데 그 인터뷰 기사의 제목이 "한국 언론, 출입처에 안주하다 사냥 본능 잃었다"였습니다. 우리 언론에 대한 그런 평가는 지금도 마찬가지입니다. 오히려 점점 더 심각해지고 있습니다. 출입처 기자단이 기자들의 감옥이 되고 있습니다.

2천 년 전 사마천은 『사기』를 쓰기 위해 여러 차례 그 넓은 중국 땅을 수만 리 여행을 마다하지 않았는데 내일의 역사를 써야 할 우리 기자들은 그저 출입처에 웅크린 채 한 걸음도 움직이려 하지 않습니다.

그뿐 아닙니다. 사실 우리 기자들은 이중 감옥에 갇혀 있습니다. 출입처 기자단이라는 작은 감옥과 거대 언론사라는 큰 감옥입니다. 거대 언론사 기자들은 자사 이익이라는 좁고 편향된 시각을 갖게 마련입니다. 특히 족벌 사영 언론의 경우 더 심합니다. 이러니 사람들이 알아야할 뉴스보다 거대 언론사를 소유한 족벌들, 거기에 소속된 기자들이 알려주고 싶은 뉴스들만 생산되고 일방적으로 유통됩니다.

그것은 권력자와 광고주에 유리한 기사이며 출입처 관료들, 검사들, 사용자들에게 유리하게 가공된 기사들 일색입니다. 그 결과 알려져야할 사실들이 어둠 속에 묻히게 됐고, 사회적 약자와 소수자들은 보호를 받지 못하게 됐으며, 바람직한 정책 대안들은 공론장에 나설 기회조차얻지 못하고 있습니다. 이런 기사들이 어떻게 내일의 우리 역사가 될 수있겠습니까.

지금 주류 언론이 빚는 이런 비(非)언론에 대한 국민들, 언론 소비자들의 반감을 직시해야 합니다. 언론은 바뀌어야 삽니다. 무엇보다 언론계 안에서 기성 언론인들, 특히 공영 언론 종사자들이 앞장서야 합니다.

언론계 밖에서도 사냥 본능을 잃지 않은 언론 지망생들, 비주류 언론인들이 깨뜨려야 합니다.

대표적인 공영 언론 〈연합뉴스〉를 경영 감독하는 뉴스통신진흥회가 지난해부터 탐사·심층·르포 취재물 공모에 나서고 있는 이유가 바로 그것입니다. 사냥터만 만들어지면, 사냥에 나설 만한 동기만 부여되면, 새로운 시각으로 가려진 곳, 숨겨진 곳을 찾아 얼마든지 성과를 올릴 품성과 의지와 능력이 있는 언론 지망생들과 비주류 언론인들에게 기회를 제공할 수 있을 것입니다. 초라하게 시들어가는 미디어 생태계를 풍부하게 되살리고, 기성 언론이 갇혀 있는 '쇠감옥'에 조그만 창이라도 내기 위해서입니다.

아주 겸허하고 작게 시작했습니다만 시작하자마자 큰 성과를 올렸습니다. 1차 공모전에 출품해 우수상을 받은 '추적단 불꽃'의 '텔레그램 n번방 성착취 사건' 보도는 사회적으로 큰 반향을 일으켰고 기성 언론에 작지 않은 충격을 주었습니다. 이런 성과에 자극을 받은 듯 2차 공모에는 더 깊은 문제의식을 가지고 더 많은 발품을 판 좋은 심층 취재물들이 쏟아져 들어왔습니다.

뉴스통신진흥회는 이러한 성과를 바탕으로 앞으로 더 적극적으로 공모를 추진해 우리 언론을 이끌어갈 재목들을 육성해야 한다는 강한 의무감을 느끼게 됐습니다. 그래서 우선 2차 공모에 출품된 50여 심층 취재물 중 특히 우수한 작품들을 모아 책을 내기로 했습니다. 이 책이야말로 이중의 감옥에 갇히지 않고 문제의식에 충만한 사관들이 때 묻지 않은 손으로 기록한 2020년 우리 역사의 한 장이며, 저널리즘 지망생들에게 방향타 역할을 하게 될 것입니다.

강기석 뉴스통신진흥회 이사장

우리 사회 위한 '생명선' 돼달라

요즘 흔히 저널리즘이 실종하고, 진실이 멸종하는 시대라고 합니다. 기자들이 '기레기'로 불리고, 심지어 '기더기'라는 말도 나오고 있습니다. 사실 이런 말은 언급하기 힘들고, 정말 입에 담는 것조차 기성 언론인으로서 고통스럽습니다. 또한 세상에 너무 많은 정보가 넘쳐나는데, 사실 뭐가 옳고 그른 것인지 판단하기는 점점 힘들어집니다.

우리나라 대한민국 헌법 제1조에는 국민주권을 언급하고 있습니다. 우리 국민 개개인이 주권을 행사하기 위해서는 올바른 정보가 필요합니다. 아무리 신문과 방송, 포털을 봐도 뭐가 옳은지, 내가 주권을 행사

---

* 이 추천의 글은 2020년 5월 11일 '제2회 탐사·심층·르포 취재물 공모' 시상식에서 〈뉴스타파〉 김용진 대표의 축사를 실은 것이다.

하기 위해서 진짜 올바른 정보가 뭔지 찾기가 힘든 상황입니다.

이런 혼돈의 시대에 기득권 체제는 공고화되고, 빈곤과 양극화는 점차 심화되고 있습니다. 사실 이런 혼돈의 시대에 대한 책임 9할은 언론이라고 봅니다. 저는 이런 상황을 해독하는, 또는 돌파하는 그런 유일한 돌파구가 탐사저널리즘이라고 생각합니다.

우연한 기회에 유명한 종군기자이며, 저명한 국제적 탐사저널리스트 존 필즈와 탐사저널리즘에 대해서 얘기한 적이 있습니다. 그는 "탐사저널리즘이라는 용어에 동의하지 않는다"고 합니다. 왜냐하면, 저널리즘에 원래 탐사라는 속성이 있는데 앞에 탐사라는 용어를 붙이는 것은 동어반복이라는 겁니다. 그리고 현대 저널리즘에서 탐사라는 속성이 거세되어버렸기 때문에 어쩔 수 없이 탐사저널리즘이라는 용어를 대부분 사용하는 것이라고 했습니다.

탐사보도를 업으로 하는 사람들이 흔히 받아들이는 정의는 사회개혁을 위해 기자들이 독자적인 조사를 통해 누군가가 감추고자 하는 중요한 공적 이슈를 보고하는 것입니다.

그것 외에는 대부분 어떤 정파나 진영의 이익을 위한 PR이거나 선전, 선동이거나 아니면 상업용 '찌라시'에 불과하다고 생각합니다.

이런 언론 현실에 대비해 수상자들의 작품을 봤습니다. 첫 느낌은 기성 언론이 제대로 다루지 못했거나 피하려고 하는 영역들을 잘 포착했고, 치열한 문제의식을 가지고 매우 끈질기게 취재해 정말 자랑스럽다는 생각이 들었습니다. 하지만 또 한편으로는 제 자신이 매우 부끄러웠습니다.

탐사저널리즘을 영어로 하면 'Lifeblood'라고 표현할 수 있는데, 이는 생혈, 생명선이란 뜻입니다. 탐사저널리즘은 이런 기능을 해야 한다고 생각합니다.

　수상하신 젊은 예비 언론인들이 점차 망가져가는 한국 언론을 위한 생혈, 우리 사회를 위한 생명선이 되기를 간절히 기대합니다.

　그리고 오늘 만나 뵌 여러분들은 꼭 언론 현장에서 다시 만나서 치열하게 같이 고민하고, 우리 언론의 미래를 위해서 함께 일할 수 있게 되기를 바랍니다. 다시 한번 여러분의 수상을 축하드립니다.

김용진 〈뉴스타파〉 대표

차례

비닐하우스·컨테이너 속에 갇힌 외국인노동자의 주거권

〈단비뉴스〉특별취재팀(김지연·이정헌·최유진·홍석희)

최우수상

2020 뉴스통신진흥회 탐사·심층·르포 취재물 수상작

국내에 취업한 외국인은 외국인노동자, 외국인근로자, 이주노동자라고 불린다. 한국인이 기피하는 일터에서 땀 흘리는 이주노동자 중 상당수가 농촌 들판의 비닐하우스, 시끄러운 공장과 가두리 양식장의 컨테이너 등 '집 아닌 거처'에 살고 있다. 의지할 사람 없는 이국 땅, 일과 쉼이 24시간 뒤섞인 숙소는 이주노동자의 인권과 안전을 위협한다. 허술한 제도를 악용하는 사업주, 관리·감독 의무를 외면하는 정부는 가장 낮은 곳에서 우리 경제를 떠받치는 이주노동자들이 한국에 대한 원망을 안고 돌아가게 만든다. 〈단비뉴스〉 특별취재팀이 제조업과 농어업 현장에서 이주노동자의 열악한 주거 실태를 취재하고 인권 활동가와 노동 전문가 인터뷰, 해외 사례 조사 등을 바탕으로 대안을 모색했다. (편집자)

비닐하우스, 컨테이너 속의 이방인들

들판 한가운데 채소 대신 사람이

"캄보디아에서 왔어도 한여름엔 더워서 힘들어요."

지난 1월 23일 저녁 5시 경기도 포천시 가산면 채소 농업 단지. 축구장 1870개가 들어설 수 있는 1500헥타르(ha) 규모 들판에 상추, 시금치, 대파 등을 기르는 비닐하우스 수백 동이 들어서 있다. 투명한 비닐하우스 10개 중 하나꼴로 검정 차광막을 씌운 비닐하우스가 있는데, 그곳에는 채소가 아닌 '사람'이 산다. 캄보디아에서 온 40대 여성 노동자 쏙(가명) 씨도 그곳에 사는 사람이다. 쏙 씨는 고용허가제를 통해 비전문취업(E-9) 비자를 발급받아 A 상추 농장에서 8년째 일하고 있다.

쏙 씨가 합법적으로 일할 수 있는 기간은 1년 8개월가량 남았다. 그는 한 달에 이틀만 쉬어가며 일하고 있었다.

스무 살부터 마흔여덟까지, 다양한 연령대의 캄보디아 출신 노동자 8명이 비닐하우스 한 곳에서 열심히 상추를 수확했다. 손바닥만 한 푸른색 상추를 가로 50센티미터(cm) 세로 30센티미터 정도의 종이박스에 차곡차곡 눌러 담았다. 오후 6시가 가까워지자 이들 중 회색 운동복 바지에 검은색 패딩 점퍼를 입은 남자가 농기구를 주섬주섬 챙기기 시작했다. 해가 떨어지자 나머지 일행도 일을 마무리하고 작업장을 나섰다. 그들이 귀가한 '집'은 10미터(m)도 채 떨어지지 않은 검은색 비닐하우스였다.

비닐하우스 안으로 들어서자 양쪽으로 상추 포장용 박스가 수백 개 쌓여 있고, 오른쪽에는 농기계용 휘발유가 담긴 기름통 대여섯 개와 1.5리터(L)짜리 빈 생수병 수십 개가 어지럽게 놓여 있다. 조금 안쪽에 하얀색 조립식 패널로 만든 직육면체의 '집'이 비닐하우스의 절반가량을 차지하고 있다. 이곳이 사업주가 이주노동자들에게 제공하는 기숙사

쏙 씨가 사는 비닐하우스의 정면 입구.
검정 차광막을 씌워 채소를 기르는 시설과
구분했다. ⓒ김지연

다. 남자 3명이 방 하나를 같이 쓰고 여자 5명은 방 둘을 2명, 3명씩 나누어 쓴다.

방 하나의 크기는 6.61제곱미터(㎡), 약 2평으로 3명이 나란히 누우면 바닥이 꽉 찰 정도로 좁았다. 모든 방에 난방시설은 없고 냉랭한 공기가 돌았다. 그들은 바닥 절반 크기의 전기장판과 두세 장 이불로 한겨울을 나고 있었다. 기상청에 따르면 인근 동두천 지역의 지난 2월 최저 기온이 영하 14.9도(℃)였다.

천장 쪽을 보니 녹슬고 부서진 에어컨에 먼지가 새까맣게 낀 필터가 눈에 띄었다. 작동은 한다는데 여름에 제 기능을 할지 의심스러웠다. 쏙씨가 지내는 방에는 그나마 에어컨도 없다. 그는 "캄보디아가 더운 나라라 (한국) 여름도 지낼만 하지만, 한 달 정도는 더위 때문에 힘들다"고 말했다. 창문은 있지만, 바깥 비닐하우스에 씌운 차광막 때문에 햇빛은 전혀 들지 않았다.

한겨울에는 농작물 보호를 위해 비닐하우스 내부에 적정 온도를 유지해야 하므로 숙소에서 쓸 온수를 끌어간다. 그래서 밤 9시까지는 숙

이주노동자들이 사는 방의 녹슬고 부서진 에어컨. 필터에 먼지가 새까맣게 쌓여 있다.
ⓒ김지연

포천의 한 이주노동자가 사는 조립식 판넬 건물 옆에 복도처럼 쓰이는 공간이 있다. 검정 차광막으로 햇빛이 차단된 모습이다. ⓒ이정헌

소에 물이 나오지 않는다. 장시간 노동을 하고 돌아왔지만, 샤워는커녕 변기 물도 내릴 수 없었다. 더러워진 옷을 세탁기에 돌릴 수 없는 것은 물론이다. 급한 볼일을 보고 물을 내리지 못한 채 변기 뚜껑을 덮어두기도 한다. 쏙 씨가 쓰는 방에는 그나마 화장실이 없고 샤워시설만 있다. 옆 방 화장실을 여성 5명이 함께 쓴다. 쏙 씨는 "새벽에는 옆방에 들어가기 곤란해서 (내 방에 있는) 샤워장에서 소변을 본다"고 말했다. 그들에게 이 정도 불편은 이미 '일상'이었다.

일터와 쉼터의 경계가 희미하고, 사람이 사는 '집'이라기엔 턱없이 부족한 곳이지만 이 방의 '월세'는 무려 75만 원이다. 1명당 25만 원을 낸다. 2명이 쓰는 방은 50만 원이다. 포천시 신읍동에서 냉난방시설과 화장실, 욕실, TV까지 갖춘 8평 원룸이 보증금 200만 원에 월세 28만 원인 것과 대조하면 터무니없는 가격이다.

기계 소리 요란한 공장에 컨테이너 숙소

"일할 때도 스트레스, 기숙사 와서도 스트레스, 더 힘들까봐 신고했어요."

설 연휴였던 지난 1월 24일, 경기도 이천시 백사면의 B 플라스틱 제조 공장 기숙사에서 네팔에서 온 30대 남성 니마(가명) 씨를 만났다. 비전문취업 비자를 지닌 니마 씨는 이곳에서 4년 6개월째 일하고 있다. 최대 근무 기간인 4년 10개월째가 되면 본국으로 돌아가야 하지만 '성실근로자 제도'를 이용하면 4년 10개월 더 일할 수 있다. 소규모 제조업,

농축산·어업에서 사업장 변경 없이 근무한 외국인노동자는 사업주 요청에 따라 재입국해 근무할 수 있도록 한 제도다. 이 제도를 활용하려면 '사업주 요청'이 필요하다. 한국에서 더 일하고 싶은 니마 씨는 이 때문에 꾹 참았지만, 결국 언론 제보를 결정했다고 말했다.

그의 숙소는 공장 바로 옆에 있는 컨테이너다. 금속 재질의 회색빛 컨테이너는 곳곳에 붉은 갈색으로 녹이 슬어 있었다. 수평을 맞추기 위해 바닥 아래 각목과 벽돌을 꽸는데, 방에 들어서자마자 바닥이 심하게 흔들렸다. 발을 뗄 때마다 수납장의 포도주, 비타민 음료 등이 부딪치며 소리를 냈다. 벽지와 장판 곳곳에는 거뭇거뭇 곰팡이가 슬어 있었다. 장판 일부는 보일러의 높은 온도 때문에 까맣게 탔다. 에어컨은 없고, 환풍기엔 회색 먼지가 가득했다.

컨테이너가 도로 옆에 바짝 붙어 있어 차 지나는 소리가 쌩하게 들렸다. 니마 씨는 "사장님이 에어컨을 안 사주는데 (말도 못 하고) 그냥 내 돈으로 선풍기를 샀다"며 "(신고한 걸) 사장님이 알면 불이익이 있지 않을까 걱정됐지만 너무 스트레스가 심했다"라고 말했다. 지난해 니마 씨는 숙소비로 월 13만 9600원을 냈다. 그는 "여기 컨테이너는 겨울에 너무 춥고 여름에는 너무 덥고 밖에 차 소리도 너무 나서 잠도 못 자는데 내 월급에서 (기숙사비) 빼간다"고 말했다.

니마 씨 동료들은 공장 입구에 있는 또 다른 기숙사에 산다. 어두컴컴한 복도를 따라 8개의 '쪽방'이 들어서 있다. 각 방에는 창문이나 환기구가 전혀 없다. 추운 겨울에 문까지 닫으면 바람이 전혀 통하지 않는다. 복도에는 스탠드형 에어컨이 한 대 설치돼 있다. 방과 방 사이는 얇은 나무판자로 구분돼 있어 옆방 통화 소리가 다 들린다. 노동자 15명이 소변기 2개, 좌변기 2개가 설치된 화장실 하나를 같이 쓴다. 공장 안

이주노동자 니마 씨가 사는 컨테이너 숙소. 왼편에 공장이 바로 붙어 있다. 외벽은 붉게 녹이 슬었고, 바닥엔 수평을 잡기 위해 각목과 벽돌을 받쳐두었다. ©이정헌

니마 씨가 사는 컨테이너 내부의 곰팡이 핀 벽지. ©김지연

쪽 구석에 길이 1.5미터(m)짜리 바벨 2개와 5킬로그램(kg)짜리 덤벨 하나로 간이 체력단련실을 꾸렸는데, 바로 옆에 '위험 특별고압 22,900V'라는 경고 문구가 선명하다. 네팔에선 온 20대 남성 락파(가명) 씨는 "네

창문이나 환기구가 전혀 없는 컨테이너 쪽방에서 쉬고 있는 이주노동자들. 냉장고, 세탁기, 주방 등 공용 시설은 쪽방 복도 앞에 자리 잡고 있었다. ⓒ이정현

팔에서 공부할 때 한국 집이 편해서 일하기 좋다는 이야기를 들었는데 와보니 여름에 에어컨도 1~2시간만 켤 수 있고 바람도 안 통한다"고 말했다.

이곳 노동자들은 숙소비로 1인당 14만 원을 내고 있었다. 3명이 사는 2평 남짓한 방의 월세가 42만 원이다. 이천시 창전동 시내에는 주방, 화장실, 베란다가 있고 세탁기, 침대, 냉난방시설을 갖춘 8평 원룸이 보증금 300만 원에 월세 30만 원쯤 한다. 락파 씨는 쪽방 바닥에 이불을 깔고 지내며 주방, 화장실, 세탁기 등은 공용으로 쓰고 있었다.

조립식 패널 등 '비주택'에서 화재 등 사고도 빈발

　이주노동자의 열악한 주거 문제가 지속적으로 제기되자, 지난 2018년 국가인권위원회가 22개 이주인권단체 및 노동조합과 함께 이주노동자 1215명을 대상으로 실태조사를 했다. 네팔, 베트남, 필리핀, 캄보디아 등 다양한 나라에서 온 이주노동자들이 설문에 답했다. 이들 중 회사에서 제공하는 숙소에 거주하는 비율은 85.5%였다. 그중 55.4%는 작업장 부속 공간 또는 조립식 패널, 컨테이너 같은 임시 주거 공간에 살고 있었다. 숙소에 에어컨이 없다는 응답이 42.6%, 실내 화장실이 없다는 응답이 39%였다. 공용 화장실이 부족하거나 욕실이 없어 불편하다는 응답도 각각 30% 이상이었다.

　지난 2015년 설립된 이주노동자노동조합의 우다야 라이(52) 위원장을 지난 1월 30일 서울시 은평구 녹번동에 있는 사무실에서 만났다. 네팔 출신인 라이 위원장은 "화장실이나 난방시설이 없다는 등 열악한 주거환경을 이유로 노동자들이 상담을 요청하는 경우가 많다"고 말했다. 2017년 논산에서는 농수로 위에 컨테이너가 버젓이 놓여 있고 그 아래로는 물이 흐르는 모습까지 봤다고 한다. 그는 "당시 일하던 노동자는 결국 사업장을 변경했다"고 말했다.

　허술한 가건물이 안전 관리도 제대로 되지 않을 때, 이주노동자가 목숨을 잃는 사고가 일어나기도 한다. 지난 2017년 12월 부산광역시 사상구 학장동 한 공장 컨테이너 숙소에 불이 나 32세 베트남 이주노동자가 잠자던 중 숨졌다. 전열기 과열로 인한 화재였다. 나흘 만에 부산 강서구 송정동 한 자동차 부품 공장에 또 불이 났다. 샌드위치 패널 숙소에서 잠자던 23세 러시아 이주노동자는 화재 직후 대피했다. 그는

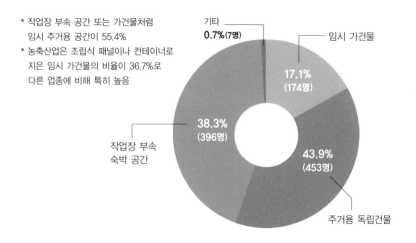

회사 제공 숙소(기숙사)의 유형 (n=1,033)

* 작업장 부속 공간 또는 가건물처럼 임시 주거용 공간이 55.4%
* 농축산업은 조립식 패널이나 컨테이너로 지은 임시 가건물의 비율이 36.7%로 다른 업종에 비해 특히 높음

기타 0.7%(7명)

임시 가건물
17.1% (174명)

작업장 부속 숙박 공간
38.3% (396명)

43.9% (453명)
주거용 독립건물

국가인권위원회가 2018년 22개 이주인권단체 및 노동조합과 함께 이주노동자 1215명을 대상으로 설문조사한 결과, 전체의 85.5%인 1033명이 회사 제공 숙소(기숙사)에 살고 있었다. ⓒ이주와인권연구소

부엌 쪽에서 연기가 났다고 진술했다. 2019년 3월에는 경기도 남양주시 화도읍 마석가구단지 내 한 공장에 불이 나 필리핀 이주노동자 21명의 샌드위치 패널 숙소가 전소됐다. 인명 피해는 없었지만 이들은 한순간 갈 곳 없는 이재민이 됐다. 마석가구단지 공장 화재는 언론에 보도된 것만 해도 2015~2017년 3년 동안 7건이나 된다. 가수를 꿈꾸던 필리핀 이주노동자 제이 월은 이곳 공장 화재로 얼굴과 손에 3도 화상을 입었다.

너울 치는 바다 위, 가두리양식장에서 홀로

"바람 불면 멀미 나와, 많이 힘들어."

바다에 있는 가두리양식장 가건물에도 이주노동자가 산다. 배가 없이는 들어갈 수도 나올 수도 없는 곳이다. 양식장 관리선으로 쓰이는 1톤(t) 미만 선박에 사업주가 태워 주어야 쉬는 날 육지로 나올 수 있다. 취재팀은 과거 가두리양식장에서 일해본 스리랑카 노동자 7명을 지난 2월 8일 전남 여수시 연등동에 있는 사단법인 여수이주민센터에서 만났다.

30대 남성 안바디(가명) 씨는 2년 전 '가두리 집'에서 지낸 기억이 생생하다고 말했다. 전라남도 여수시 돌산읍에는 그물 안에서 어류를 기르는 가두리양식장이 많다. 요즘 이곳에 일하는 사람들은 대부분 이주노동자다. 양식업은 24시간 인력이 필요하다. 우럭, 돌돔 등 어류는 특히 먹이를 주면서 성장 상태를 살피고, 수시로 변하는 해상을 감시해야 한다. 안바디 씨는 "센 바람에 컨테이너가 흔들리면 멀미가 나서 처음에 많이 힘들었다"며 "잠에서 깬 적도 여러 번"이라고 말했다. 여수이주민센터 김덕영 실장은 "너울이 치면 그냥 흔들리는 게 아니라 위아래 진동이 올 정도"라며 "차라리 배가 움직이면 나은데 가두리 집은 고정된 상태에서 계속 롤링만 하므로 멀미가 더 심한 것"이라고 말했다. 현재 여수에는 고기잡이배를 타는 어선원 역시 태국, 스리랑카 등에서 온 이주노동자가 많다.

"여기 작아, (머리 위 여유 공간이) 많이 없어요. 키가 머리 위에 닿았어."

전남 여수시 남면에 있는 한 섬의 풍경. 이주노동자 숙소와 창고로 쓰는 컨테이너가 바지선 위에 밀집해 있다. ⓒ최유진

전남 여수시 남면에 있는 한 섬에서 가두리양식장에 배를 댄 채 먹이를 주고 있는 이주노동자. 오른쪽에 창문이 두 개 있는 컨테이너 숙소가 보인다. ⓒ최유진

가두리 집은 천장 높이 2m가 넘는 주택용이 많은데, 이보다 천장이 낮은 사료 보관용 컨테이너도 숙소로 쓰인다. 바지선이 파도에 요동칠 때, 안바디 씨는 머리가 컨테이너 천장에 닿은 적도 있다고 말했다. 컨테이너 내부에는 TV, 세탁기, 냉장고 등을 설치해 집처럼 꾸며놓았다. 해저 케이블 덕에 인터넷도 쓸 수 있다.

"한 달에 한 번 쉬어, 그럼 그때 (육지로) 나와."

3년 전, 같은 양식장에서 일한 20대 남성 만다르(가명) 씨는 '한 달에 한 번' 땅을 밟았다. 쉬는 날엔 배를 타고 여수 시내로 나갈 수 있었다. 계절에 따라 다르지만, 보통 아침 7시에 일을 시작해 오후 5시쯤 끝냈다. 월급은 180만 원 정도였다. 사업주가 수시로 가두리 집을 드나들며 음식 재료를 가져다줬다. 만다르 씨는 미리 준비해둔 커리 향신료에 사업주가 사다 준 재료를 받아 '코투' 등 스리랑카 음식을 해 먹었다.

가두리 집은 겨울에 춥고 너울이 칠 때 구토 등 멀미 증상을 일으키는데, 바다에 고립돼 있어 증상이 심각해도 대처가 어렵다. 바다 날씨가 좋지 않으면, 몸이 아파도 육지로 나오지 못한다.

허술한 가건물 내주고 월세 받아가는 사업주

이주민을 위한 인권단체인 '이주와인권연구소'가 2019년 펴낸 「최저보다 낮은─2018 이주노동자 노동조건과 주거환경 실태조사」에 따르면 비닐하우스 등 가건물의 숙소가 많은 농축산어업에서 평균 숙소비는 20만 3200원이었다. 또 작업장 부속 공간의 비율이 높은 제조업은 평균 13만 4000원이었다.

캄보디아 출신 이주노동자들의 쉼터인 광주전남캄보디아공동체에서 만난 20대 여성 보파(가명) 씨는 농촌에서 일했다. 그는 "컨테이너 기숙사에서 3명이 사니까 너무 좁았다"며 "(그런 곳에서 1인당) 20만 원씩 내는 것은 맞지 않다"고 말했다. 이주노동자들은 사업주에게 주거 문제에 대한 불만을 제기하면 '고쳐주겠다'며 차일피일 미루거나 '원래부터 이렇게 해왔다'며 무시했다고 입을 모았다.

이주노동자의 집에는 적정 가격이 없다. 광주전남캄보디아공동체에서 만난 20대 남성 썸낭(가명) 씨는 "10평 정도 집에서 7명이 살았는데, 한 사람당 15만 원씩 돈을 냈다"고 말했다. 그는 돼지농장의 사무실 위에 딸린 방에 살면서 화장실도 아래층 것을 썼는데, 월세는 무려 105만 원이었다. 서울 강남구 논현동에서 깔끔한 욕실과 냉난방 시설, 침대, 냉장고, 소파 등을 다 갖춘 10평 원룸에 무보증 월세로 살 수 있는 가격이다.

사업주들이 이주노동자에게 이렇게 숙박료 '바가지'를 씌울 수 있는 것은 고용노동부의 「외국인근로자 숙식정보 제공 및 비용징수 관련 업무지침」이 엉성하게 돼 있기 때문이다. 2017년 2월부터 시행된 공제 지침은 주거의 '질적인 기준'을 제시하지 않은 채, 숙식을 제공하고 서면 동의를 받은 사업주가 이주노동자의 임금에서 일정 비율의 금액을 징수할 수 있다고 명시했다. 공제 비율은 주거시설 형태와 식사 제공 여부에 따라 통상임금의 8%에서 최대 20%에 이른다. 비영리 민간단체 이주민지원공익센터 '감사와동행'의 이현서 변호사(현 화우공익재단)는 이지침이 문제라고 꼬집었다.

수백 동 비닐하우스 단지 한편에 이주노동자의 집이 있다. 검은 차광막 안에 숨어 있는 1.5평 샌드위치 패널 쪽방의 월세 75만 원이다. ⓒ이정헌

"숙식비는 숙소의 면적, 상태 등을 기준으로 정해져야 상식이죠. 누구나 그렇게 집을 알아보고 다니면서 월세를 비교하잖아요. 그런데 이 지침에 따르면 (이주노동자의) 숙소는 비닐하우스도 상관없고, 화장실이 없어도 상관없다는 거예요."

지침에 따르면 사업주는 어떤 집을 제공하든 월세를 받을 수 있다.

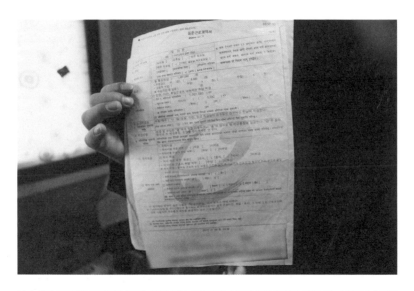

니마 씨의 2015년 표준근로계약서. 2017년 노동부에서 숙식비 공제 지침이 나온 뒤, 숙식비를 공제하기 시작한 사업주는 구두로 '법이 바뀌었다'고 설명했을 뿐 서면동의서를 작성하지 않았다고 한다.

ⓒ김지연

아무리 열악한 주거시설이라도 집으로 인정받을 수 있다. 일부 사업주는 형편없는 시설에 이주노동자를 모여 살게 하고 개별 숙식비를 걷는 방식으로 인건비를 깎는다. 이주노동자를 위한 쉼터이자 상담센터인 '지구인의정류장' 김이찬 대표는 "집이 아닌 곳에 사람을 살게 하면 안 된다는 원칙이 있어야 한다"고 주장했다. 그는 "숙식비 공제 지침은 (외국인노동자를) 집 아닌 곳에 살도록 하면서 (사업주가) 임금을 뜯어갈 수 있게 해주는 제도"라고 비판했다.

'이주와인권연구소' 이한숙 소장은 "집은 질에 따라서 적당한 가격이 매겨져야 하는데, 질적 기준 없이 부적절한 가격 산정이 일어나는 이유는 임금 삭감이 목적이기 때문"이라고 말했다. 이현서 변호사는 "사업주 입장에서 안전한 숙소를 만들어야겠다는 경각심이 사라졌다"며 "(노동부 지침은) 숙소로 돈을 벌 수 있다는 생각만 남긴 지침"이라고 꼬집었다. 국가인권위원회는 지난해 12월 발간한 '제2차 이주 인권 가이드라인'을 통해 노동부에 주거환경 실태조사와 숙식비 공제의 합리적 기준을 마련하고, 숙식비용 징수에 관한 지침을 폐지하도록 권고했으나 변화가 없다.

365일 24시간, 일터와 쉼터 구분이 없다

"기숙사가 작업장하고 너무 가까워서 야간작업을 하면 잠을 못 잡니다."(미얀마 건설업 남성)

"숙소가 공장 안에 있어 너무 시끄럽고 화학물질 냄새가 많이 나요."(몽골 제조업 남성)

지난 2018년 전국 22개 이주인권단체 및 노동조합이 이주노동자 1215명을 대상으로 실태조사를 실시한 결과, 회사 제공 기숙사의 67.9%가 회사나 공장 안에 있었다. 야간작업을 하거나 유해물질을 다루는 사업장에서는 기숙사에 사는 이주노동자들이 유해환경에 놓일 수밖에 없다. 응답자의 37.9%가 소음, 분진, 냄새 등으로 인한 어려움을 호소했다.

'이주와인권연구소'가 지난해 충남 지역 이주노동자 470명을 대상으로 실시한 조사에서도 유해환경에 노출되어 있다는 응답이 36.3%가 나왔다. 포천이주노동자센터 김달성 목사는 〈단비뉴스〉 인터뷰에서 "비

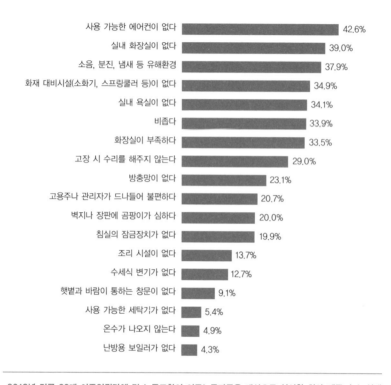

회사에서 제공하는 숙소의 조건 및 상태 (n=1,018)

항목	비율
사용 가능한 에어컨이 없다	42.6%
실내 화장실이 없다	39.0%
소음, 분진, 냄새 등 유해환경	37.9%
화재 대비시설(소화기, 스프링쿨러 등)이 없다	34.9%
실내 욕실이 없다	34.1%
비좁다	33.9%
화장실이 부족하다	33.5%
고장 시 수리를 해주지 않는다	29.0%
방충망이 없다	23.1%
고용주나 관리자가 드나들어 불편하다	20.7%
벽지나 장판에 곰팡이가 심하다	20.0%
침실의 잠금장치가 없다	19.9%
조리 시설이 없다	13.7%
수세식 변기가 없다	12.7%
햇볕과 바람이 통하는 창문이 없다	9.1%
사용 가능한 세탁기가 없다	5.4%
온수가 나오지 않는다	4.9%
난방용 보일러가 없다	4.3%

2018년 전국 22개 이주인권단체 및 노동조합이 이주노동자들을 대상으로 실시한 회사 제공 숙소 실태 조사 결과. ⓒ이주와인권연구소

닐하우스 농작물에 농약을 엄청 뿌리는데 바로 옆에 사는 이주노동자들이 지하수를 사용한다"라며 "농약이 스며든 지하수를 사용하는 것은 아닌지 걱정"이라고 말했다.

국제노동기구(ILO)는 '노동자 주택 권고(Workers' Housing Recommendation)'에서 사업주가 이주노동자에게 직접 숙소를 제공하는 방식이 '일반적으로 바람직하지 않다'고 지적한다. 이주노동자가 지역사회와 차단되고, 사업장에 종속되거나 통제받는 처지에 놓일 수 있기 때문이다. 그래서 이주노동자가 사업장 밖에 직접 숙소를 구하도록 권장한다. 사업장의 '일'이 사적 공간인 숙소와 구분되지 않으면 노동자가 신체적·정신적 스트레스를 받게 되기 때문이다.

인천의 한 깻잎농장에서 일하던 캄보디아 출신의 20대 여성 노동자 깐냐(가명) 씨와 미토나(가명) 씨는 일이 서툴다는 이유로 사업주로부터 '캄보디아로 돌아가'라는 말을 들었다. 그들이 귀국을 거부하자 사업주는 기숙사의 전기를 끊고 식사도 제공하지 않았다. 기숙사까지 찾아와 "밥 해 먹지 말고 밥솥도 쓰지 마" 등의 폭언도 했다. 그들은 결국 캄보

광주전남캄보디아공동체의 쉼터는 캄보디아 국적의 이주노동자들을 위한 모임의 장이자 사업장에서 나온 노동자가 이직할 때까지 잠시 머무는 곳이다. ©홍석희

디아로 돌아갈 수밖에 없었다. 김이찬 대표는 "(사업장으로부터) 분리되지 않은 노동 현장에서 벌어진 어처구니없는 경우"라고 말했다.

　도서 지역의 이주노동자는 섬 또는 바다 위에서 지낸다. 의사소통도 쉽지 않고, 혼자다 보니 이주노동자 커뮤니티와도 차단된다. 이들은 극심한 고립감과 외로움을 느끼고, 사업장에 매인 신분으로 인해 무력감과 두려움도 경험한다. 이한숙 소장은 "여성이고 남성이고, 무섭고 외롭다는 이야기를 많이 한다"며 "이주노동자가 한두 명뿐인 곳에선 (문제가 생겨도) 사업주에게 반항하지 못한다"고 말했다. 지난 2월 2일 전남광주 캄보디아쉼터에서 만난 아뜬(가명) 씨는 제주도 돼지농장에서 월 104만 원을 받으며 1년 6개월간 휴가도 없이 홀로 일했다고 말했다. 그는 마스크도 없이 축사에 소독약을 뿌린 탓에 지금도 코피가 계속 나고 아프다고 말했다. 그는 "한 달 내내 쉬지도 못하고 일하면서 지치고 힘들었는데 혼자라서 더 외로웠다"며 눈물을 쏟기도 했다.

사업장에 매인 여성 노동자 성범죄 위험 노출도

　'지구인의정류장' 김이찬 대표는 여성 이주노동자의 성추행·성희롱 피해를 담은 영상을 취재진에게 보여주었다. 피해 여성이 몰래 촬영한 것이었다. 경기도 여주시의 한 사업장에서 한국인 남성 관리자는 여성 이주노동자들의 숙소를 쉽게 드나들었다. 이에 여성 노동자가 불쾌감을 드러내자 "오빠한테 뭐야 이게, 한국에서 어떻게 하는 줄 아냐"며 여성 노동자를 강제로 쓰러뜨린 뒤 엉덩이를 때렸다. 이후 발생한 임금체불에 대해서 이주노동자들이 문제를 제기하자, 그는 "짐 다 싸, 너희들

월급 주고 캄보디아 보낼 거야"라며 협박하기도 했다. 고용허가제로 입국한 이주노동자는 체류 자격 유지가 사업주에게 달려 있기 때문에 취약한 입장에 놓인다. 김 대표는 "(사업장)을 나가면 미등록(불법체류)이 될 수밖에 없다"며 "불평능한 권력 관계가 니타난다"고 말했다. 영상 속 피해 노동자는 2017년 비자 만료로 귀국했고, 가해 남성 관리자는 처벌받지 않았다.

지난 2016년 말 서울 여의도 국회의원회관에서 김삼화 당시 국민의당(현 미래통합당) 의원 등의 주최로 열린 〈이주여성 농업노동자 성폭력 실태조사 결과 보고회〉에서는 농업 여성 이주노동자 202명 가운데 12.4%가 강간, 강제추행, 성희롱 등의 성폭력 피해를 경험했다는 조사 결과가 발표됐다. 36.2%는 '다른 사람의 피해를 들은 경험이 있다'고 응답했다. 같은 해 국가인권위원회가 제조업 여성 이주노동자 385명을 대상으로 실시한 '제조업 분야 여성 이주노동자 인권상황 실태조사'에서도 응답자의 11.7%가 '성희롱이나 성폭행을 당한 경험'이 있다고 답했다.

사업장 내 여성 이주노동자의 성폭행 피해 문제가 불거지자 노동부는 2019년 1월 '사업장 변경 사유 고시'를 개정했다. 개정된 고시는 이주노동자가 사업장 내 성폭행 피해로 근로를 계속할 수 없다고 '인정'되는 경우에 사업장을 변경할 수 있게 했다. 하지만 이한숙 소장은 "그런 '위험'이 있다는 것만으로는 사업장 변경을 할 수가 없다"며 "실제로 그런 일이 일어났다고 하더라도 증명하기 어렵다"고 지적했다.

이주노동자의 집은 지역사회에서 떨어져 있고, 사업주와 관리자에게선 가깝다. 사업주는 시설을 살피고 노동자를 관리한다는 이유로 이주노동자 숙소에 거리낌 없이 드나들 수 있다. 언제든지 누군가 들이닥칠 수 있는 상황은 일터의 긴장을 쉼터로 이어가게 만들고, 성범죄 등에 대

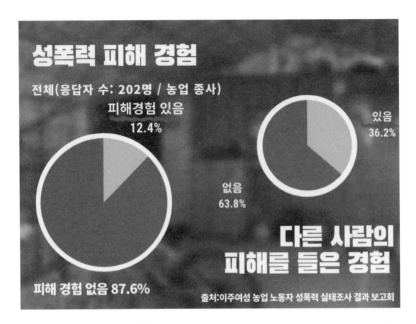

성폭력 피해 경험

전체(응답자 수: 202명 / 농업 종사)
피해경험 있음
12.4%

피해 경험 없음 87.6%

있음
36.2%

없음
63.8%

다른 사람의 피해를 들은 경험

출처:이주여성 농업 노동자 성폭력 실태조사 결과 보고회

이주 여성 노동자는 성폭력 피해에 대응하기 어렵다. 일터가 읍내나 시내에서 멀리 떨어져 있고, 의사소통도 원활하지 않아 외부에 도움을 요청하기 쉽지 않다. ⓒ이정헌

한 불안을 낳는다. 광주전남캄보디아공동체에서 만난 20대 여성 노동자 레악카나(가명) 씨는 "전라북도 익산 상추농장 컨테이너 숙소에 살 때, 샤워를 하는데 (남자) 사장님이 문을 열고 들어온 적도 있다"고 말했다.

이주노동자 처우는 한국 평판 좌우하는 바로미터

국내 이주노동자의 열악한 주거 문제는 다른 나라에서 한국의 평판

에 부정적 영향을 줄 수 있다. 지난 1월 24일 〈단비뉴스〉가 취재한 경기도 이천의 제조업 공장에는 이주노동 문제를 취재하러 온 네팔 일간지 〈칸티푸르 데일리〉의 옴 카르키 선임 편집인이 동행했다. 그는 "이런 열악한 기숙사에서 지내고 있다는 것을 상상하지 못했다"며 "(겨울에) 너무 춥고 (방 안에) 바람도 통하지 않아 노동자들의 건강이 걱정된다"고 말했다. 그는 "(네팔 사람들은) 한국을 좋은 나라, 발전한 나라로 알고 있는데 이주노동자에 대한 차별은 한국의 손해고, 한국의 이미지를 깎아내리는 행동"이라고 지적했다. 경기도 이천 현장 제보자인 니마(가명) 씨는 한국에서 일하고 싶어하는 네팔 친구들을 말리고 싶다고 했다.

"할 수 있으면 (최대한) 네팔에서 일하세요. 네팔에서 고생하고 받는 혜택을 한국에선 임금, 기숙사 같은 문제 때문에 받지 못합니다. (한국에) 가고 싶다면, 여행으로 가세요. 하지만 일하기 위해서는 안 가도 됩니다. (한국에서 고생한 만큼) 네팔에서 고생하면 그만큼 돈 벌 수 있다고 생각합니다."

'이주와인권연구소' 이한숙 소장은 "인권이란 누구나 누려야 할 기본적 권리"라며 국내 노동자와 마찬가지로 이주노동자의 인권을 존중해야 한다고 말했다. 이주민지원공익센터 '감사와동행'의 이현서 변호사 (현 화우공익재단)도 국내외 노동자 모두에게 최소한의 주거권이 보장되어야 한다고 강조했다.

"주거라는 하나의 필수적인 바탕이 갖춰지면 그 뒤에 일어나는 모든 것들에 좋은 영향이 있다고 생각합니다. 우리가 함께 안전하고 행복하게 살려면, 외국인이라고 덜 주고 안 해줘도 괜찮은 게 아니라, 누구나 다 안전한 생활을 영위할 수 있게 보장해야 합니다. 이곳에 원래 살고 있던 사람은 물론 이주해 온 사람에게도. 그래야 다 같이 건강하고 안전하게 살 수 있겠죠."

'주거의 질' 묻지도 따지지도 않는 정부

"기숙사는 소음이나 진동이 심한 장소, 산사태나 눈사태 등 자연재해가 우려되는 곳, 다습하거나 침수 위험이 있는 곳을 피해야 한다. 여성과 남성, 근무시간이 다른 근무 조 간에는 침실을 분리해야 한다. 방의 크기는 1인당 2.5평방미터(㎡) 이상이어야 하고, 한 방에는 15명을 초과해 거주할 수 없다. 화장실과 세면·목욕 시설, 냉난방 시설, 채광과 환기를 위한 시설, 화재 예방 시설은 반드시 설치해야 한다. 침실, 화장실, 욕실에는 잠금장치가 필수다."

외국인고용법 시행령에 따라 고용노동부 장관이 정한 '외국인 기숙사 시설표'의 내용이다. 이 시설표의 조건만 지키면 '살 만한' 주거시설이 될 수 있을까? 불행히도 현실은 그렇지 않다.

법정 조건 맞췄지만 실제론 '너무 열악한 거처'

지난 1월 24일 〈단비뉴스〉 취재진이 찾아간 경기도 이천의 한 플라스틱 제조공장 기숙사를 살펴보자. 이주노동자 니마(가명) 씨의 안내로 구석구석 살펴본 컨테이너의 조건을 시설표와 견주어 살펴보면 ② 주거시설 유형 중 컨테이너에 속하고 ④ 침실은 18평방미터(㎡)로 기준 (1인당 2.5㎡)의 7배 정도다. 컨테이너에는 잠금장치도 있고, 화장실이 숙소 외부에 있긴 하지만 수세식이며, 목욕실도 별도로 있어 ⑤ 화장실 ⑥ 세면 및 목욕 시설 기준도 충족한다. 난방시설로는 보일러가 있고 냉방장

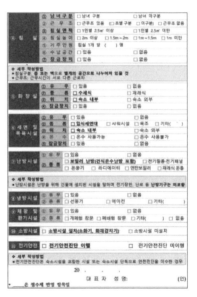

이주노동자의 주거 조건 점검을 위해 지난해 7월부터 개정 시행되고 있는 외국인 기숙사 시설표.

니마 씨의 컨테이너 숙소 창문 아래쪽 벽(좌)과 배전반(우) 등 내부 곳곳에 곰팡이가 피어 있다. ⓒ김지연

컨테이너 내부에 핀 곰팡이를 가리기 위해 방 안 곳곳에 해바라기 그림의 스티커 벽지를 붙여 놓았다.

ⓒ김지연

치로 선풍기가 있어 ⑦ 난방시설, ⑧ 냉방시설의 조건도 갖췄다. 3면에 4개의 창문이 있어 ⑨ 채광 및 환기 시설 기준은 물론 출입문 옆 소화기로 소방시설 기준도 맞추고 있다.

　기숙사 시설표의 '조건'으로만 보면 별 문제가 없는 집 같지만, 니마 씨는 이주노동자노동조합(이주노조)에 도움을 요청했다. 시설표에는 나타나지 않는 숙소의 '질' 때문이다. 컨테이너의 얇은 철판은 열기와 냉기의 단열이 거의 안 되고, 얇아서 소음에 취약하다. 그래서 내외부 온도차이로 결로가 생기고 곰팡이가 잘 생긴다. 니마 씨는 곰팡이가 핀 숙소 내부를 스티커 벽지로 군데군데 가렸지만 다 감추진 못했다.

컨테이너 밖에 있는 공용 화장실에는 좌변기 2개, 소변기 2개가 있다. 니마 씨를 포함한 15명이 사용하기에는 불편하다. ⓒ김지연

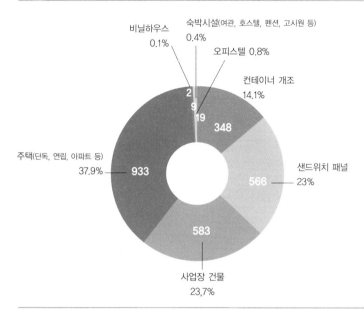

2019 외국인 고용 사업장 숙 소유형　(단위 : 숙소, 건수, %)

비닐하우스
0.1%

숙박시설(여관, 호스텔, 펜션, 고시원 등)
0.4%

오피스텔 0.8%

컨테이너 개조
14.1%

2
9
19
348

주택(단독, 연립, 아파트 등)
37.9%　933

샌드위치 패널
23%
566

583

사업장 건물
23,7%

〈단비뉴스〉가 정보공개 청구로 확보한 전국 48개 고용노동지청의 2019년 외국인근로자 주거환경 실태
조사 '숙소 유형' 항목 결과. ⓒ최유진

　　〈단비뉴스〉가 전국 48개 고용노동지청에 2019년 외국인 고용 사업
장 지도 점검 실적을 정보공개 청구한 결과 주거환경 실태조사 대상 이
주노동자 숙소 2494개 중 단독, 연립, 아파트 등 일반 주택은 933개로
38%에 불과했다. 나머지는 △사업장 건물 583개 △샌드위치 패널 (스
티로폼을 넣고 양쪽에 철판을 붙여 만든 판재) 등 기타 566개 △컨테이너 개조
348개 등이었고 오피스텔, 여관 등 숙박시설, 비닐하우스가 뒤를 이었
다. 니마 씨가 쓰는 화장실과 샤워실은 숙소 옆 공장에 붙어 있는 또 다
른 기숙사 안에 있다. 기숙사 시설표는 화장실 유무, 종류, 위치와 잠금

장치 여부를 확인하지만, 시설의 상태와 개수는 챙기지 않는다. 니마 씨 등 15명이 사용하는데 화장실과 샤워실은 항상 부족하다. 사람이 몰리는 아침에는 볼일을 보기 위해, 씻기 위해 화장실과 샤워실 앞에서 기다려야 한다. 샤워실 온수가 떨어져 아침에 씻지 못하는 사람이 생길 때도 있다.

"여기는 너무 추워요. 벽도 얇아서 바깥 소리가 너무 시끄러워요."

니마 씨 컨테이너 숙소에는 4개의 창문이 있지만 채광과 통풍을 위해 열어두는 경우는 없다. 창문을 닫고 살아도 소음이 너무 심하기 때문이다. 출입문 바로 앞으로 사람 한 명이 지날 정도의 공간을 두고 공장 작업장이 붙어 있다. 창호를 만드는 공장이라 플라스틱 자재를 자르는 소리가 시끄럽다. 컨테이너를 지나 몇 발자국 들어가면 공기를 압축하는 장비인 공업용 컴프레서도 있다. 엔진을 켜면 부르릉 하는 진동 소리가 깔리고, 압축된 공기가 좁은 관으로 빠져나오는 소음이 귀를 괴롭힌다. 때로는 총이라도 쏘는 것처럼 탕탕거리는 소리가, 때로는 증기기관차 떠나는 것처럼 칙칙대는 소리가 난다.

저녁 9시에 공장이 멈춰도 니마 씨의 밤은 조용하지 않다. 컨테이너가 차도와 붙어 있어 밤새 자동차 달리는 소리가 들리기 때문이다. 인터뷰를 하던 낮 시간에도 컨테이너의 얇은 벽을 뚫고 부우웅 지나가는 차들의 소음이 들렸다. 밤에는 잠을 못 잘 정도라고 니마 씨는 토로했다.

'곰팡이 핀' 침실이 있고, '15명이 함께 써야 하는' 화장실·샤워실에 '공장과 자동차 소음이 심해' 열지 못하는 창문이 달린 집. 기숙사 시설표는 이 집이 '살 만한 곳인지' 제대로 보여주지 못한다. 사업주는 이 컨테이너 숙소의 월세로 니마 씨 월급에서 매달 13만 9600원을 공제한다.

기숙사 종합평가는 '근로감독관 마음대로'

고용노동부가 이주노동자 숙소를 점검하는 일은 열악한 주거환경을 방치하지 않기 위해 중요하다. 노동자는 철저히 '을'의 처지라 사업주에게 숙소 문제를 제기하기가 어렵다. 노동부는 해마다 상·하반기 2회 이상 외국인근로자 고용사업장을 지도·점검하면서 주거환경 실태도 조사하게 돼 있다.

〈단비뉴스〉가 전국 48개 고용노동지청에 2019년 외국인근로자 고용사업 '지도·점검 등 기록부' 전문을 정보공개 청구했다. 노동부는 사업장 총 3063곳을 지도·점검해서 근로기준법, 외국인고용법 등 위반 사례를 6895건 적발했다고 밝혔다. 그러나 '외고법(외국인고용법) 위반' '근기법(근로기준법) 위반' 식으로 개요만 적은 이 자료만으로는 이주노동자 숙소에 어떤 문제가 있는지 알 수 없었다. 충주고용노동지청 외국인팀 관계자는 "사업장에 가면 주거환경 실태조사도 하고, 표준 근로형태 가이드라인을 준수하는지도 보고 여러 가지를 하는데, 기록부에 다 담을 수가 없다"며 "고용보험 전자데이터교환(EDI) 시스템에 입력해서 종합하는 체계는 없는 상황"이라고 말했다.

〈단비뉴스〉가 별도로 2019년 '외국인근로자 주거환경 실태조사' 세부 항목별 결과를 정보공개 청구했다. 숙소 유형과 소방시설, 화장실, 냉난방시설 등 11개 항목별 실태다. 결과는 예상대로 기본적인 공간이

〈단비뉴스〉가 정보공개 청구로 받은 2019년 외국인근로자 고용 사업장 '지도·점검 등 기록부'의 일부 내용. 근로기준법 위반 등 지도점검 내용의 개요만 기재돼 있다. ⓒ최유진

나 안전시설 등이 '있는지'만 확인하는 수준이었다. 보일러나 에어컨이 제대로 작동하는지 등은 알 수 없다. 종합적으로 평가하는 '숙소환경' 항목은 매우 양호, 양호, 보통, 불량, 매우 불량 등 5단계인데 불량과 매우 불량을 받은 사업장 숙소가 전체 1380개 중 18개뿐이었다. 고용 노동부 외국인력담당관실 관계자는 "숙소환경 항목 평가에 특별한 기준은 없고 근로감독관이 알아서 판단하는 것"이라고 말했다.

이주노동자 쉼터 '지구인의정류장' 김이찬 대표는 "불량과 매우 불량인 숙소가 전체 1.3%라는 게 제대로 현장 조사를 한 결과인지 믿기지 않는다"고 말했다. 그는 "가장 많은 양호 응답의 숙소들도 실내 화장실이 갖춰진 곳일지 의문이 든다"며 "양호하다는 숙소들을 단 몇 곳이라도 활동가들과 함께 가보면 좋겠다"고 덧붙였다.

외국인근로자 주거환경 실태조사

(2019년 기준/ 29개 고용노동지청 집계)

숙소 환경

기관		계	매우 양호	양호	보통	불량	매우 불량
대구지방고용노동청	영주지청	23	1	15	6	0	1
대전지방고용노동청	보령지청	30	5	15	7	3	0
	서산출장소	14	1	9	4	0	0
부산지방고용노동청	부산동부지청	23	2	15	6	0	0
	울산지청	45	3	13	29	0	0
	부산청	44	0	2	42	0	0
	진주지청	32	0	22	10	0	0
	창원지청	51	4	20	26	1	0
	통영지청	53	0	41	12	0	0
서울지방고용노동청	서울청	15	1	3	11	0	0
	서울강남지청	7	1	4	2	0	0
	서울남부지청	7	4	3	0	0	0
	서울동부지청	22	0	2	20	0	0
	서울북부지청	32	0	27	5	0	0
	서울서부지청	5	0	1	4	0	0
중부지방고용노동청	중부청	86	0	35	51	0	0
	강릉지청	20	0	5	15	0	0
	강원지청	35	5	11	18	1	0
	경기지청	179	3	44	131	1	0
	고양지청	52	2	12	36	2	0
	성남지청	132	5	60	67	0	0
	안산지청	116	5	38	72	1	0
	안양지청	25	1	13	8	3	0
	영월출장소	12	0	10	8	1	0
	원주지청	15	0	10	4	1	0
	의정부청	172	8	69	93	2	0
	태백지청	13	0	9	4	0	0
	평택지청	75	5	17	52	1	0
계		1,380	56	521	785	17	1

〈단비뉴스〉가 정보공개 청구한 전국 48개 고용노동지청 중 29곳에서 확보한 2019년 외국인근로자 주거환경 실태조사 '숙소환경' 항목 결과. '불량'이 17건, '매우 불량'이 1건이다. ⓒ이정헌

숙소 시설 부실해도 고용허가에 영향 없어

노동부는 2013년부터 '점수제' 방식으로 고용허가제 외국인 인력을 배정하고 있다. 고용허가 요건을 만족하는 사업장에 대해 항목별 점수를 주고, 높은 점수를 받은 사업장부터 고용허가서를 발급하는 방식이다. 전년도 지도·점검 결과 법 위반으로 지적된 사항이 있는 경우, 건당 0.1~0.3점이 깎인다. 가점 항목 중에는 '우수 기숙사 설치·운영'이 있다. 지도·점검에서 우수 기숙사로 인정된 경우 최대 2년간 5점이 가산된다. 컨테이너를 개조한 시설이나, 비닐하우스 등은 우수 기숙사에서 제외된다. 단독주택 등 사업주 소유거나 잔여 임대 기간이 20개월 이상, 소방시설이 있고 1실당 평균 거주 인원이 4명 미만이어야 한다. 사업주가 주거비를 전적으로 부담하는 경우 등도 가점을 받을 수 있게 했다. 하지만 현실적으로 가점을 받기 위해 숙소 여건을 개선하는 사업자는 별로 없다.

2020년 1분기 고용허가를 받은 사업장들의 평균 점수는 86.57점이다. 고용허가 '점수제' 하에서는 열악한 주거 문제로 감점을 받아도 다

도입 근로자의 체류 자격별 · 업종별 배분(2020년)

(단위 : 명)

구분	인원	제조업	건설업	서비스업	농축산업	어업
일반(E-9)	44,000[40,500 + a (3,500)]	30,130 + a	2,280 + a	90 + a	5,300 + a	2,700 + a
재입국 취업자	12,000	10,570	20	10	1,100	300
총계	56,000[53,500 + a (3,500)]	40,700 + a	2,300 + a	100 + a	6,400 + a	3,000 + a

고용노동부는 매년 고용허가제에 따른 이주노동자 쿼터를 발표한다. 2020년에는 총 5만 6000여 명이 비전문취업(E-9) 비자로 한국에 일하러 올 수 있다. ⓒ외국인고용관리시스템 홈페이지

른 항목 점수가 높을 경우 고용허가 사업장이 될 수 있다. 점수제 기본 항목에서 ① 외국인 고용 허용인원 대비 실제 고용하고 있는 외국인이 적을수록(22.4~30점) ② 외국인 고용 인원 대비 재고용 만료자가 많을수록(22.4~30점) ③ 신규 고용신청 인원이 적을수록(15~20점) ④ 내국인 구인 노력 기간 중 내국인을 많이 고용할수록(18~20점) 높은 점수를 받는다. ①, ④는 외국인보다 내국인에게 일자리를 더 많이 우선적으로 주려는 보호장치다. 반면 ②, ③은 이주노동자가 열악한 근로 및 생활환경을 벗어나기 어려운 원인으로 작용한다. 이주노동자가 근로계약 만기 전 사업장을 변경하면 사업주는 기본 항목에서 높은 점수를 받을 수 없기 때문이다.

노동부는 2020년 1분기 신규 외국인력 배정 점수제 기준 중 주거 관련 항목을 강화했다. 주거 감점 항목의 개수도 늘어나고, 감점 배점도 커졌다. 그러나 점수제 기본 항목만 모두 중간 점수를 받아도 2020년 1분기 고용허가 사업장들의 평균 점수인 86.57점을 넘는다. 사업주는 비용을 투자하면서까지 우수 기숙사를 만들어 가점을 받을 필요가 없는 셈이다.

〈단비뉴스〉는 한국고용정보원에 2019년도 고용허가서 발급 대상 및 발급 불허 사업장에 대한 점수제 채점 자료를 정보공개 청구했다. 특히, 주거관련 가점 항목 1개항과 감점 항목 2개항에 해당하는 경우는 별도 표기해줄 것을 요청했다. 한국고용정보원이 부분 공개한 채점표를 보면 주거 항목에서 감점을 받아도 사업주가 고용허가를 받는 데는 문제가 없었다.

점수제 채점 항목

가점 항목 9 : [농축산업] 주거환경 우수 사업장

감점 항목 13 : 농축산업 주거환경 가점을 허위로 받는 사업장

감점 항목 15 : [전 업종] 외국인근로자 숙소 최저 기준 미달 사업장

일련번호	업종명	발급 대상 여부	총점	가점 9	감점 13	감점 15
6055	농축산업	Y	85.2	0	0	−3
6286	농축산업	Y	86.4	0	0	−3
6047	농축산업	Y	87	0	0	−3
6154	농축산업	Y	87	0	0	−3
6038	농축산업	Y	82.8	0	0	−2
5667	농축산업	Y	85	0	0	−2
6229	농축산업	Y	85	0	0	−2
5781	농축산업	Y	85.6	0	0	−2
6344	농축산업	Y	85.6	0	0	−2
5728	농축산업	Y	85.8	0	0	−2
6034	농축산업	Y	85.8	0	0	−2
6440	농축산업	Y	86	0	0	−2
5618	농축산업	Y	86.2	0	0	−2
5672	농축산업	Y	86.7	0	0	−2
6035	농축산업	Y	86.8	0	0	−2

정보공개 청구에 따라 한국고용정보원이 부분 공개한 2019년 1분기 고용허가 점수제에 따른 채점표. 주거 항목에서 최대치인 3점을 감점당해도 고용허가를 받은 것을 알 수 있다. ⓒ한국고용정보원

2019 외국인 인력 고용허가 사업장 주거 감점 비중

(단위 : 사업장 수, %)

감점 2,562

가점 2,201

없음 20,399

10.2%

8.7%

81.1%

2019년 외국인력 고용허가 사업장 2만 5162곳 중 주거 감점(가점 9+감점 13+감점 15, 3개 항목 합산 기준) 해당 사업장은 2562곳으로 전체 10.2%에 해당한다. ⓒ최유진

맘 졸이며 신고했는데 '시정명령 6개월' 견뎌야

"많은 이주노동자들이 어떤 걱정을 하냐면, 사장님에게 숙소 문제 말했다가 혼자만 차별 당하면 지내기 어렵잖아요. 그거 걱정해서 안 하는 사람 많아요. 왜냐하면 어떤 사람은 좋게 말했는데, 나만 좋지 않게 말해서 나만 어려운 일 시키고, 집에 늦게 가게 하고……"

지난 2월 2일 광주광역시 광산구의 미얀마 담마야나 부디스트 센터에서 만난 림욕손(54) 박사의 말이다. 그는 미얀마 이주노동자들에게 한글을 가르치고, 근로계약 위반 등 문제가 생겼을 때 통역으로 도움을 주고 있다. 그를 찾아오는 미얀마 청년 대부분은 깻잎농장 등 농촌에서 일하며 비닐하우스 안 컨테이너에 살았다. 뚜야(가명) 씨는 "가로 10피트, 세로 10피트(약 1평)이고 가벽을 친 작고 시끄러운 방이 월 20만 원이었다"며 "전에 있던 사람이 방 열쇠를 쓰게 해달라고 말했지만 사장님이 해주지 않았다고 들었다"고 말했다.

2년 6개월간 경기도의 한 버섯농장에서 일한 아웅(가명) 씨도 비슷한 일을 겪었다. 그는 "좁은 방에서 3명이 붙어 자는데, 1인당 월 15만 원을 냈다"며 "사장님은 '원래 이렇게 해왔다'고 하더라"고 말했다. '이주노동자 차별 철폐와 인권·노동권 실현을 위한 공동행동(이주공동행동)'에 접수된 사례를 보면, 2015년 경기도 한 농장에서 처음 본 캄보디아 남녀 노동자 2명은 3~4평 크기 가건물에서 함께 지내야 했다. 칸막이도 없어 볼펜으로 바닥에 선을 그어 남녀 공간을 분리했다. 숙식비는 1인당 30만 원이었다.

이주노조 우다야 라이(50) 위원장은 "단지 숙소 공간이 좁아서 이런 일이 벌어진다고 생각하면 안 된다"며 "(남녀 혼숙을) 발상하는 농장주의 인식이 가장 큰 문제"라고 지적했다. 전기 설비가 잘못돼 벽에 손만 대도 전기가 통하는 곳 등 안전상 문제가 있는 숙소에 대한 증언도 나왔다. 그러나 '숙소 문제를 사업주에게 말해봤냐'고 묻자, 이주노동자들은 대부분 고개를 저었다.

"이주노동자가 직접 숙소 개선을 요구할 수는 없어요. 고용노동부 혹은 고용센터가 하는 겁니다."

'이주와인권연구소' 이한숙 소장은 "이주노동자 당사자가 문제 제기할 수 없는 건 문제"라고 말했다. 2019년 2월 고용부가 개정 고시한 '외국인근로자의 책임이 아닌 사업장 변경 사유'에 대한 지적이다. 이 고시에는 '숙소시설 기준을 충족하지 못해 직업안정기관의 장으로부터 시정할 것을 요구받았음에도 정당한 사유 없이 시정 기간 내에 이행하지 아니한 경우'가 명시됐다.

사업주는 이주노동자에게 '슈퍼 갑'이다. 일자리와 숙소, 체류 자격까지 좌우한다. 이주노동자가 숙소를 고쳐달라고 하더라도 사업주는 응할 의무가 없다. 견디다 못한 이주노동자가 노동부에 '사업장 변경'을 신청하면 노동부는 이를 허가하기 전에 숙소를 확인하고 '시정명령'을 내릴 수 있다. 사업주가 시정명령을 이행하면 문제가 해결된 것이니 계속 일하라는 식이다. 시정명령 이행 기간은 6개월이다.

"주거 문제를 신고하면 길게는 6개월을 기다려야 합니다. 그 이후에 사업장 변경할 수 있다는 확신도 없잖아요. 기간 안에 시정하면 이 사

2018년 이주노동자 투쟁투어버스 결의대회에서 〈지구인의정류장〉 김이찬 대표가 숙식비 명목으로 부당하게 임금을 착취하는 여주 버섯농장을 규탄하고 있다. ⓒ이주노조

람은 계속해서 그 사업장에서 일해야 합니다. 노동자들은 그걸 내가 어떻게 버틸 수 있냐, 사업주 눈치보면서 일할 수 있느냐고 말해요."

　네팔 출신인 우다야 라이 위원장은 2010년부터 민주노총에서 일하고 있다. 이주노조는 2005년 출범 당시 불법체류자가 포함됐다는 이유로 설립신고가 반려됐지만 10년 넘는 법정소송 끝에 합법 노조로 인정받았다. 사업장 변경을 원하는 많은 노동자들이 그에게 상담을 요청한다. 그는 "고용허가제 때문에 노동자들이 (주거에 관한) 당연한 권리를 보장받지 못하면서 참고 있다"고 말했다.

　지난해 2월 이주공동행동은 이주노동자의 사업장 이동 자유를 보장하라는 성명을 발표했다. 이들이 정보공개 청구로 확인한 결과 2019년 외국인 고용 사업장 2,441곳 중 22%인 530곳 (48개 고용노동지청 주거 실태 조사 기준)이 소방시설을 갖추지 않았다. 특히 광주고용지청 관할 사업장은 242곳 중 절반이 넘는 128곳에 소방시설이 없는 것으로 조사됐다. 이주공동행동은 스티로폼 집, 컨테이너 등 열악한 주거시설을 방관하고 있는 노동부를 비판했다.

스티로폼 숙소에서 1인당 월 60만 원 숙식비 공제도

이주공동행동은 지난 2018년 경기도 여주의 한 버섯농장을 경기도 성남고용노동지청에 고발했다. 당시 이 농장에는 태국, 캄보디아 등에서 온 이주노동자 20명이 있었다. 스티로폼 판넬로 지어 화재에도 취약한 임시 주거인데, 1인당 월 60만 원을 숙식비로 공제했다. 화장실과 샤워실을 8명이 함께 쓰고, 천장에는 빗물이 새는 걸 막기 위해 상자를 붙인 곳이었다. 해당 농장주는 양평에도 버섯농장을 운영하면서 2013년과 2014년에도 부당노동행위로 문제가 됐다. 그러나 결과적으로 농장주는 아무 처벌도 받지 않았다.

노동부는 2019년 7월 시행 고시에 제5조의2(기숙사의 제공 등) 내용을 추가해 근로기준법을 위반한 기숙사 혹은 실제와 다른 기숙사 정보를 준 사업장에 시정명령을 내릴 수 있게 했다. 노동부는 현장을 점검해 기숙사 기준 위반 등을 적발하고 신속히 사업장을 변경하도록 적극적으로 조치하겠다고 밝혔다. 그러나 기숙사 기준 위반을 신고해 이주노동자가 사업장 변경을 얻어내려면 '시정명령 이행 기간'을 견뎌야 한다는

2018년 성남노동지청 앞에서 경기 지역 농업 이주노동자들이 숙식비 강제 징수 지침을 비판하며 피켓 시위를 벌이고 있다. ⓒ이주노조

조건에는 변함이 없다.

"노동부가 시정명령을 내려도 문제가 있어요. 사업장이 정당한 이유 없이 개선하지 않으면 사업장 변경이 된다고 하는데, '정당한 이유'가 애매하거든요."

이한숙 소장은 노동부 개정 고시에 대해 "정당한 이유는 만들면 되기 때문에 빠져나갈 구멍이 많은 셈"이라고 지적했다.

"사업주는 전제군주, 감독관청은 감감무소식"

"2년 전 포천에 네팔 노동자가 살던 기숙사는 여름에 비가 새고, 겨울에는 난방이 허술했어요. 그 친구들은 농장주에게 기숙사를 수리해달라고 여러 차례 요청했지만 농장주는 수리해주겠다고 말만 하고 아무것도 해주지 않았어요. 나중에는 '우리를 다른 농장으로 갈 수 있도록 서명해달라'고 했지만 서명도 안 해주고 수리도 해주지 않으면서 그 기숙사에 계속해서 살도록 강요할 때, 그들은 참으로 힘겨워했어요."

포천이주노동자센터 대표인 김달성(66, 평안교회) 목사의 말이다. 그는 "근로계약을 맺을 때 숙소에 대해서 충분한 정보를 받는 걸 본 적이 없다"며 "이주노동자에게 고용주는 절대군주와 같아서 주거환경이 나쁘니 고쳐달라고 감히 말하기 힘들다"고 덧붙였다. 김 목사는 신학대학을 마치고 노동운동을 위해 공장에 들어갔다가 건강 악화로 일을 그만둔 뒤 노동자를 위한 교회를 세우고 포천 지역에 많이 사는 이주노동자들을 지원해왔다. 그는 이주노동자 들의 숙소 사진을 사회관계망서비스(SNS)에 공유하는 등 산업안전, 주거환경, 노동인권 문제를 고발해왔지만 상황은 별로 나아지지 않았다고 말했다.

김 목사는 "사업주도 인식이 바뀌지 않고, 지자체나 노동부에서 실태점검을 하고도 기숙사 시설이 1년 이상 바뀌지 않고 있다"며 "다른 데 갈 수 있도록 서명도 안 해줘서 이주노동자들이 요구를 관철하기 위해 태업에 돌입하기도 했다"고 밝혔다. 이주민지원공익센터 '감사와동행'의 이현서 변호사(현 화우공익재단)는 이주노동자 고용허가 요건으로 기숙사 기준을 넣을 것을 제안했다. 그는 "현재 외국인고용법상 고용허가가 요건이 너무 단순해 몇 가지만 지키면 누구나 외국인력을 고용할 수 있도록 돼 있다"며 "숙소 기준을 허가 요건에 넣어야 한다"고 말했다.

내외국인 차별 없이 최저 주거 기준 적용해야

"사업주 다수는 '이렇게 지내는 거 뭐 어떠냐, 우리도 이런 데 살고 있다' 그렇게 이야기합니다. 그렇지만 그분들도 개선해야 되고, 이주노동자도 개선해줘야 되는 거죠."

우다야 라이 위원장은 사업주들이 '돈이 없거나 건물 허가를 받기 어렵다'는 등의 이유 대신 '나도 컨테이너에 산다'는 식으로 대응하는 것을 꼬집었다. 실제로 농사짓는 동안 오가는 불편을 줄이려 집을 놔두고 비닐하우스에서 머무는 사람도 있지만, 그것이 이주노동자의 형편없는 주거를 합리화할 수는 없다는 것이 그의 생각이다.

한국인 중에도 열악한 거처에서 사는 사람들이 꽤 있는 것은 사실이다. 국가인권위원회가 한국도시연구소에 맡겨 2018년 작성한 '비주택 주거 실태 파악 및 제도개선 방안'에 따르면 국내 가구 중 판잣집·비닐하우스·움막에 거주하는 가구가 2015년 인구주택총조사 기준 1만 1409가구였다. 2010년의 1만 6475가구에 비해서는 47.3% 감소한 수치다. 반면 숙박업소의 객실, 기숙사 및 특수사회시설, 기타 등 '주택 이외 거처 거주 일반 가구' 수는 2015년 기준 39만 3792가구로 2010년의 12만 9058가구에 비해 590.1% 급증했다.

여기서 '기타'로 구분되는 시설은 고시원·고시텔, 일터의 일부 공간

(단위 : 가구, %)

구분	2005년	2010년	2015년	변화율
일반 가구	15,887,128	17,339,422	19,111,030	20.3
주택 이외의 거처 거주 일반 가구	57,066	129,08	393,792	590.1
호텔·여관 등 숙박업소의 객실	9,073	14,255	30,131	232.1
기숙사 및 특수사회 시설	3,450	11,943	29,661	759.7
판잣집·비닐하우스·움막	21,630	16,475	11,409	−47.3
기타	22,913	86,385	322,591	1,307.9
전체 일반 가구 대비 주택 이외의 거처 거주 일반 가구 비율	0.4	0.7	2.1	-

자료 : 통계청, 해당연도, 인구주택총조사
주 : 변화율은 2005~2015년 기준임

'비주택 주거 실태 파악 및 제도개선 방안' 보고서에 실린 주택 이외의 거처 거주 가구의 변화(2005~2015년) 표. ⓒ국가인권위원회

과 다중이용 업소 등인데, 최은영 한국도시연구소장은 2019년 YTN 라디오 인터뷰에서 "비주택 거주 가구가 급증한 원인은 고시원 증가 때문"이라고 설명했다. 1인 가구가 급격히 증가한 상황에서 저렴한 주거 공간이 재개발·재건축으로 사라지면서 고시원이 가난한 사람들의 집이 돼가고 있다는 것이다.

이 때문에 유엔(UN)이 2017년과 2019년 한국 정부에 '주거 최소 기준에 미치지 못하는 비적정 거주민이 증가하는 상황을 개선하라'고 권고했고, 국가인권위원회도 '비적정 주거 거주민 인권증진을 위한 제도개선 권고'를 냈다. 이에 따라 국토부는 최소 주거면적 등 양적 측면뿐 아니라 안전과 위생 등 질적 측면을 고려한 '최저주거기준' 마련 작업을 진행하고 있다. 그러나 새로운 기준이 마련돼도 이주노동자는 혜택을 기

대하기 어렵다. 현행 주거기준법의 대상이 '국민'으로 한정돼 있어 외국인(이주노동자)은 적용되지 않기 때문이다.

"사업주가 숙소를 제공하지 않는 곳에서는 이주노동자들이 나가서 자기 숙소를 구하는데, 임금은 적죠, 보증금은 없죠, 어디 가서 구하겠어요. 한국 사람들이 떠난 공단 주변에, 주거 중에서도 가장 열악한 주거들이 모여 있는 지역에 가보면 이주노동자들이 살고 있어요. 보증금 없이 집을 구할 수 있는 곳이요. 그러니까 도시빈민의 주거 문제도 이주노동자의 주거 문제와 같이 가야 한단 말이에요."

'이주와인권연구소' 이한숙 소장은 한국의 열악한 주거 문제에서 이주노동자를 떼놓지 않고 전체를 엮어가야 한다고 강조했다. 그는 근로기준법의 주거 관련 조항 등에서도 외국인이 제외된 경우가 많다며 외국인 차별 조항을 없애야 한다고 말했다. 국제노동기구(ILO)의 '노동자 숙소에 관한 권고'에도 이주노동자와 내국인 노동자에게 동일한 처우를 보장하라는 내용이 있다.

이주노동자 쉼터를 운영하는 여수이주민센터 김희진 이사는 "(이주노동자들은) 월세 내기도 빠듯하지만 일단 보증금을 감당할 목돈이 없다"며 "간혹 이주노동자 친구들이 '하우스'가 필요하다고 하는데, 그 하우스가 원룸 같은 집이 아니라 비닐하우스 집이었다"고 말했다. 한국의 취약계층이 '지옥고(반지하·옥탑방·고시원)'를 선택할 수밖에 없듯, 취약한 이주노동자는 '비닐하우스'를 강요당하고 있는 셈이다.

필수 주거 기준 미달 땐 고용허가 '퇴짜'

전통적 이민 국가인 캐나다는 내국인이 기피하는 농업 분야에 이주노동자를 최장 8개월까지 고용할 수 있는 계절근로자제도(SAWP)를 운영한다. 캐나다 서비스청(Service Canada)이 고용주의 채용·대리인 자격 여부를 심사해 '노동시장영향평가서(LMIA)'를 발급한다. 이것을 받은 사업주만 이주노동자를 고용할 수 있다. 자국 노동시장에 미칠 영향을 검토하려는 취지인데, 심사평가 항목에 '숙소 점검'도 들어간다.

고용주는 이주노동자에게 캐나다연방정부주택청(CMHC)의 기준에 맞는 숙소를 제공할 의무가 있다. 예를 들어 침실은 다른 생활시설과 반드시 분리돼야 하고, 화장실과 세면대 등 개인위생시설은 실내에 있어야 한다. 숙소 점검(Housing Inspection)은 연방과 주정부기관이 직접 하거나, 정부 승인을 받은 사설 주택점검 업체가 맡는다. 한국에서 시설표

항목을 사업주가 기재해 고용노동부에 제출하는 것과 대조적이다.

캐나다 · 미국 등 주거환경 세밀하게 심사

캐나다의 외국인력 정책에서 눈여겨볼 점은 10페이지에 달하는 '주거 점검 보고서'다. 주거지 외부와 내부로 나누어 점검 사항을 자세히 기재하게 돼 있다. 숙소의 종류와 상태, 조명과 환기시설, 방충시설 구비 여부 등 점검 항목이 41개나 된다. 시설이 있는지 여부만 확인하는 한국의 점검표와 달리, 캐나다는 일부 시설의 설치 위치와 개수까지 자세하게 파악한다. 소화기, 화재감지기, 대피로의 숫자를 적고 인원 대비 화

캐나다 브리티시컬럼비아주에 있는 체리 과수원에서 계절근로자제도로 입국한 이주노동자가 체리를 따고 있다 ⓒAdobe Stock

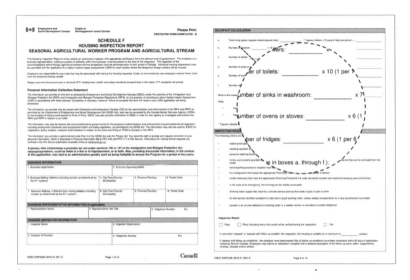

캐나다에서 노동시장환경평가를 위해 제출해야 하는 '숙소 점검 보고서'는 10페이지로 구성돼 세대, 냉장고, 오븐의 개수까지 자세히 쓰도록 하고 있다. ⓒCanada.ca

장실 수, 샤워기와 냉장고 개수도 기재한다. 작성자가 점검표의 26개 항목에 대해 정확하게 보고할 수 없다면, 그 사유를 적어내야 한다. 필요 시설과 장치는 갖추고 있지만 제대로 작동하는지 파악할 시간이 부족한 경우 등에 해당한다.

필수 주거 기준을 충족하지 못하면 사업주는 외국인 고용허가 대상에서 '자동 탈락'한다. 한국의 숙소시설 점검표는 고용허가 점수제에 반영되는 정도지만, 캐나다는 고용허가 여부를 좌우하는 것이다. 특히 사업주가 기재한 시설 점검표에 허위가 있을 경우 감점에 그치는 한국과 달리, 캐나다는 기재된 내용이 사실이 아닌 경우 '이민 및 난민 보호법'에 따라 10만 캐나다 달러(약 8600만 원) 미만의 벌금 또는 5년 이하의 징역에 처할 수 있다. 사업주는 또 외국인노동자를 고용할 자격을 2년 동안 상실한다. 이주민지원공익센터 '감사와동행' 이현서 변호사(현 화우공익재단)는 "한시적으로 일하는 노동자라 할지라도 그들의 사생활 보호를 위한 공간의 기준을 중요하게 생각하는 것"이라고 말했다.

미국은 '이주 및 계절농업 노동자 보호법(MSPA)'을 통해 이주노동자의 권리를 보장한다. 이 법은 임금, 주거, 교통 등에 관한 기준을 제시하는데, 사업주가 숙소를 제공하는 경우 '연방 및 주의 보건안전 기준'에 대한 인증을 받아야 한다. 근로자는 필수 주거 조건이 충족되지 않는 경우 계약을 해지할 수 있다. 연방의 산업안전보건법(OSH Act)은 부지, 주거지, 수도시설, 화장실, 세탁−목욕시설, 조명, 쓰레기 처리 등 12개 항목의 필수 사항을 구체적으로 정하고 있다. 예를 들어 한밤중에 다른 노동자의 침실을 지나가야 하는 일이 없도록 '적절한' 장소에 화장실이 있어야 한다는 식이다.

여기서 최종 허가를 받은 사업주만이 '농가 근로자 계약(FLC)'에 참여할 수 있다. 이주노동자를 고용할 수 있는 자격을 갖춘 사업장 명단은 미국 노동부 임금시간부서의 웹사이트에 게재된다. 또 허위 기재, 시정명령 불응, MSPA 기준 미달, 유죄 판결 등으로 자격을 상실한 사업장의 명단도 따로 올린다. 유관 부처로부터 관련 정보를 요청해 받아볼 수도 있다.

이주노동자는 주거문화의 차이 때문에 일하러 간 나라의 거주지에서 어떤 조건을 살펴봐야 하는지 잘 모를 수 있다. '지구인의정류장' 김이찬 대표는 "캄보디아 이주노동자는 추운 겨울에 바닥 난방이 없어서 발생할 문제를 (겪어보기 전엔) 모를 수밖에 없다"고 말했다. 이런 문제를 방지하기 위해 미국은 고용주가 이주노동자의 권리와 보호 사항을 명시

이주 및 계절농업 노동자의 권리와 보호 사항을 명시한 포스터는 비영어권 노동자를 위해 스페인어, 아이티어, 베트남어, 몽어(몽족 언어)를 병기한다. 내용 전달을 위해 취재팀이 일부 내용을 한글로 번역했다. ⓒ미국 노동부

한 포스터를 사업장 내 눈에 잘 띄는 곳에 부착하도록 하고 있다. 포스터는 주거권을 비롯해 노동자가 가진 권리를 구체적으로 명시하고 있으며, 사업장 내 차별·위반 등의 문제가 발생하는 경우 당국에 이의를 제기하도록 권고하고 있다.

핵심 빠진 법으로 '비닐하우스' 막을 수 있나

국내 이주노동자의 주거환경이 문제가 되자 지난 2017년 9월 더불어민주당 이용득 의원 등이 기숙사 설치 기준을 구체화하는 내용의 근로

기준법·외국인고용법 개정안, 일명 '비닐하우스 주거 방지법'을 발의했다. 2018년 말 국회 본회의에서 통과돼 지난해 7월부터 시행되고 있는이 법은 시행령 등을 통해 1개 침실 수용 인원 15명 제한, 화장실과 세면·목욕시설, 채광과 환기를 위한 적절한 설비 등 구체적 주거 기준을명시했다. 또 사업주가 이 기준에 미치지 못하는 기숙사를 제공했거나기숙사 정보를 사전 제공하지 않는 등 규정을 위반했을 경우 이주노동자가 사업장을 변경할 수 있다는 조항도 신설했다. 그러나 전문가들은이주노동자 주거환경이 실질적으로 개선되기 위해서는 추가적인 법개정이 필요하다고 지적한다.

'이주와인권연구소' 이한숙 소장은 "강제노동을 강요하는 '사업장 변경 제한'은 당연히 없어져야 하지만 그게 핵심은 아니다"며 "구체적인 (주거 기준) 조건을 충족하는 사업장에만 고용허가를 내주는 방향으로 가야 한다"고 말했다. 이주민지원공익센터 '감사와동행'의 이현서 변호사(현 화우공익재단)도 "현행 외국인고용법을 보면 고용허가 조건이 매우 단순하기 때문에 여러 문제가 발생하는 것"이라며 "정말 이주노동자를 고용할 자격이 있는 사람에게만 고용허가를 주도록 바꾸는 것이 중요하다"고 강조했다. 당초 이용득 의원 발의안에도 고용허가 요건에 기숙사기준을 포함하는 방안이 들어가 있었다. 그러나 노동부 등의 반대로 법안 심의 과정에서 삭제됐다.

2018년 9월 국회 환경노동위원회 속기록을 보면 이성기 고용노동부차관은 "이것(기숙사 기준)을 고용허가 요건으로 법제화할 경우, 기숙사제공이 사용자의 의무 사항으로 오해될 수 있기 때문에 신중해야 한다"며 반대했다. 이 차관은 '모든 사업장이 기숙사를 의무적으로 설치해야한다'는 것으로 법이 해석될 것을 우려했다고 볼 수 있다. 그러나 '기숙

시민단체가 제안한 외국인고용법 개정안	현행 외국인고용법
제8조 (외국인근로자 고용허가) ① ② (현행 유지) ③ 직업안정기관의 장은 제1항의 따른 신청을 받으면 외국인근로자 도입 없종 및 규모, **기숙사의 기준 등** 대통령령으로 정하는 요건을 갖춘 사용자에게 제7조 제1항에 따른 외국인구직자 명부에 등록된 사람 중에서 적격자를 추천하여야 한다. ④∼⑥ (현행 유지)	제8조 (외국인근로자 고용허가) ① ② (생략) ③ 직업안정기관의 장은 제1항에 따른 신청을 받으면 외국인근로자 도입 업종 및 규모 등 대통령령으로 정하는 요건을 갖춘 사용자에게 제7조 제1항에 따른 외국인구직자 명부에 등록된 사람 중에서 적격자를 추천하여야 한다. ④∼⑥ (생략)

외국인고용법 개정 최종적으로 통과된 현행안(국가법령정보센터). 고용허가 요건에 '기숙사의 기준'을 삽입하려는 시도가 무산됐다. ©홍석희

사를 제공하는 사업장에만 본 조항을 적용한다'는 등의 별도 항목으로 이런 문제를 충분히 해결할 수 있었다. 이 변호사는 "내국인이든 외국인이든 어떤 노동자를 우리 사업장에서 노동하게 하려면, 안전한 생활 조건을 구비하기 전까지는 고용허가를 내주면 안 된다"며 "일손이 부족하니 이 정도는 봐주자는 태도로 인해 원칙이 지켜지지 않는 것"이라고 말했다.

법 개정 당시 이용득 의원과 시민단체들은 근로기준법에 '근로감독관의 기숙사 관리감독 의무조항'을 넣으려는 노력도 했다. 그러나 의무 조항을 둘 경우 노동부의 행정력을 낭비할 수 있다는 반대에 부닥쳐 실현하지 못했다. 당시 회의록을 보면 이성기 차관은 "기숙사 관련 조항들이 정리되면 근로감독관 집무 지침에 따라 당연히 지도하고 점검하게 된다"며 "법에 (의무조항을) 정할 필요는 없지 않나"라고 말했다. 이 변호

이주민지원공익센터 '감사와동행'의 이현서 변호사가 지난 2월 13일 서울 서초구 서초대로에 있는 사무실에서 〈단비뉴스〉와 인터뷰하고 있다. ⓒ홍석희

사는 〈단비뉴스〉 인터뷰에서 "기숙사도 노동환경의 일부이기 때문에 근로감독관이 조사하도록 규정해야 한다"고 반박했다.

현행 근로기준법에는 근로감독관의 '비밀 유지 의무'만 규정되어 있다. 근로기준법 제103조(근로감독관의 의무)에 따르면, 근로감독관은 직무상 알게 된 비밀을 엄수하여야 한다. 근로 현장을 조사하는 과정에서 접하는 회사명, 노동자 신분 등을 외부로 발설해선 안 된다는 의미다. 이 변호사는 비밀 유지 의무 이외에도 근로감독관의 관리감독 의무를 추가로 규정해야 한다고 주장한다. 그는 "저희도 근로기준법 개정안을 연구하면서 근로감독관에게 주어진 의무가 너무 없어서 놀랐다"라며 "근로감독관에게는 당연히 '감독'을 할 의무가 있어야 한다"고 말했다.

시민단체가 제안한 근로기준법 개정안	현행 근로기준법
제100조2 (부속 기숙사의 유지관리 의무) ① 사용자는 전조의 기숙사에 대하여 근로자의 건강, 사생활 보호 등 인간다운 생활을 할 수 있도록 필요한 조치를 강구하여야 한다. ② 근로감독관은 전조의 기숙사의 기능 및 안전성이 지속적으로 유지되도록 당해 기숙사에 대한 관리감독을 연 2회 실시하여야 한다.	제100조의2 (부속 기숙사의 유지관리 의무) 사용자는 제100조에 따라 설치한 부속 기숙사에 대하여 근로자의 건강 유지, 사생활 보호 등을 위한 조치를 하여야 한다.

근로기준법 개정 논의 과정에서 시민단체가 제안했던 개정안(이헌서 변호사 제공)과 최종적으로 통과된 현행안(국가법령정보센터). 근로감독관의 관리감독 의무는 추가되지 못했다. ⓒ홍석희

열악한 주거·노동환경과 이주노동자 차별 악순환

　지방자치단체들이 조례 개정을 통해 이주노동자 문제에 적극 개입해야 한다는 목소리도 나오고 있다. 광주·전남 이주노동자들을 돕고 있는 '광주민중의집' 윤영대 대표는 "광주광역시 현행 조례에는 '이주민'에 대한 인권 조례만 있는데 이주민은 결혼이주 여성이 중심"이라며 "이주노동자의 인권과 노동권을 포괄적으로 보장하는 방향으로 조례 개정을 요구할 것"이라고 말했다. '이주와인권연구소' 이한숙 소장은 "현행 조례에는 '이주노동자를 지원해야 한다', '예산을 확보할 수 있다' 같이 추상적인 조항들이 많다"며 "그런 경우 공무원의 강한 의지가 없으면 실질적인 지원이 어렵다"고 지적했다.

　이주노동자의 열악한 주거환경을 방치하는 현실은 이주노동자를 멸시하는 인식을 확산하는 악순환을 낳는다. 2017년 한국이민학회 학술

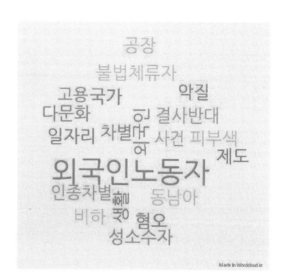

서울대 사회학과 김석호 교수가 '외국인노동자'를 포함한 트윗 1만 개를 분석해 추출한 연관 단어들. 부정적 표현들이 지배적이다. ⓒ김석호

심포지엄에서 김석호 서울대 사회학과 교수가 발제한 '한국인의 이주민에 대한 인식 변화'를 살펴보면, '외국인노동자'를 포함하는 트윗 1만 개를 분석한 결과 연관 단어로 '혐오', '새끼', '결사반대', '불법체류자' 등의 부정적 단어들이 대거 추출됐다. 이주노동자에 대한 차별적 인식을 그대로 드러낸다. 이한숙 소장은 "이주 노동자들이 처해 있는 노동조건이 굉장히 열악한데, '이주노동자는 우리와 다르다'는 인식이 차별적 대우를 용인하는 데 큰 역할을 한다"고 말했다.

이주노동자들이 일주일이라도 사라진다면

그러나 우리 경제는 이미 이주노동자가 없이는 돌아가기 힘든 구조

지난 2월 8일 부산시 부산진구 연수로의 '이주와인권연구소'에서 이한숙 소장이 이주노동자 주거환경 개선 방안에 대해 말하고 있다. ⓒ홍석희

다. 저출산과 내국인의 3D(힘들고, 더럽고, 위험한 일자리)업종 기피 현상이 맞물리면서 우리 산업에서 이주노동자가 차지하는 비중은 점점 커지고 있다. 통계청에 따르면 지난해 5월 기준 외국인 취업자는 약 86만 3000명이다. 그중 고용허가제(E-9비자)로 들어온 인력이 26만 명으로 가장 높은 비율을 차지했으며, 주로 중국 동포들이 활용하는 방문취업(H-2비자)이 15만 8000명, 결혼이민(F-6비자)이 5만 6000명을 기록했다. 이들은 제조업(46.3%), 건설업(11%), 농림어업(6%) 등 국내 산업의 다양한 분야에서 일하고 있다.

이한숙 소장은 "국내에 있는 이주노동자가 일주일만 싹 사라지면 어떤 일이 벌어지겠나"라며 "지금 같은 '두더지 잡기'식 정책 처방이 아니라 이주민 체류를 장기적·안정적으로 보장하는 넓은 시야가 필요하다"고 말했다. 정의당 심상정 대표는 이런 맥락에서 지난 2월 이주민 분야 공약 발표를 통해 기술숙련도·전문성 여부와 상관없이 법으로 정한 일정 요건을 충족하는 경우 이주노동자에게 영주권을 부여하는 '노동비자 영주제도'를 추진하겠다고 발표했다.

"주거권은 차별 없이 보장돼야 할 보편적 인권"

반지하 주택이 등장하는 영화 〈기생충〉의 아카데미 4관왕을 계기로 '지옥고(반지하·옥탑방·고시원)' 등 열악한 주거환경을 개선하고 안전하고 쾌적한 곳에서 살 권리, 즉 '주거권'을 모든 국민에게 보장해야 한다는 논의가 활발해지고 있다. 그러나 이주노동자는 주거권 논의에서 배제되고 있다. 현행 주거기본법 상 외국인은 '주거 급여'나 '임대주택' 같은 복지정책도 적용받지 못한다. 엘에이치(LH)토지주택연구원 진미윤 박사는 이런 차별에 문제가 있다고 말한다.

"학계에도 '내국인 정책만으로도 벅찬데 외국인까지 돌볼 여력이 있느냐'는 분위기가 형성되어 있는 것이 사실입니다. 그러나 이주노동자들이 우리 산업 경제 일부분을 담당하고 있는 것도 분명하거든요. 이주노동자들이 열악한 집에 살면서는 사업체에 제대로 생산성을 제공할 수 없어요. 궁극적으로 관련 산업의 생산력을 높이기 위해서도 그들에게 적정한 주거를 제공해야 합니다."

헌법재판소는 지난 2016년 네팔, 우즈베키스탄 이주노동자들이 퇴직금 지급 시기와 관련해 낸 헌법소원 사건에서 "이주노동자에게도 근로의 권리에 관한 기본권 주체성이 인정된다"고 판시했다. 여기서 근로의 권리에는 '일할 환경에 관한 권리'도 포함된다고 밝혔다. 일할 환경에 관한 권리란 건강한 작업환경, 일에 대한 정당한 보수, 합리적인 근로조건의 보장 등을 말한다. 이현서 변호사는 이주노동자의 주거권도 헌법상 기본권인 '일할 환경에 관한 권리'에 포함된다고 주장했다.

"인간다운 생활을 할 권리는 헌법적인 권리에 포함되는 것이거든요. 인간다운 생활을 하기 위해선 의식주가 갖춰져야 하고, 그중에 '주'가 바로 주거권이죠. 주거권은 외국인이라고 해서 인정되지 않는, 예를 들면 선거권 같은 정치적 권리가 아니라, 모든 인간에게 보편적으로 주어지는 것이죠. 선거권은 우리 국민에게만 주어지는 개별적 권리지만, 주거권은 모든 인간에게 주어지는 보편적 '인권'이에요. 인권 차원에서 주거권 문제를 다뤄야 합니다."

'이주와인권연구소' 이한숙 소장은 '이주노동자의 권리를 신장하는 것이 곧 우리 노동자를 위하는 길'이라고 강조했다.

"농촌에 가면 비닐하우스에 사는 우리 농민들이 많아요. 집이 있지만 일하는 곳이 멀리 떨어져 있어서 임시 주택을 짓고 사는 거잖아요. 농촌 지역에 그런 주거가 있다면 그게 문제고, 그걸 어떻게 해결할 것인가로 나아가야 하는데, '아니 이 사람들도 여기 사는데, 이주노동자들은 왜 못 사느냐'는 식으로 대응을 해버리는 거죠. 한국인 밑에 항상 이주노동자가 있어서, 한국인도 하는 거는 이주노동자도 당연히 받아들여야 한다는 관념이 깔려 있는 거죠. 이주노동자 인권 문제에 관심을 가져야 하는 이유는, 이주노동자의 인권 실태를 끌어올리지 않으면 한국 사회의 최저 인권 실태 또한 끌어올려지지 않을 것이기 때문입니다."

비닐하우스 · 컨테이너 속에 갇힌 외국인노동자의 주거권

많고 많은 집 가운데, 왜 외국인노동자의 집인가. 기획 단계부터 치열하게 고민한 질문이다. 열악한 주거 실태는, 지옥고 (반지하·옥탑방·고시원), 쪽방 등에서 나타나듯 내외국인을 가리지 않는다. 우리가 농업·어업·제조업 현장에서 집중 취재한 비닐하우스와 컨테이너도 내국인의 집과 기숙사로 쓰이는 일이 적지 않다. 문제의식에 설득력을 더하려면, 위 질문에 관한 분명한 답을 내놓아야 했다.

이주노동자의 집은 비닐하우스 아래, 공장 옆, 바다 위에 있다. 컨테이너와 샌드위치 패널 등 임시 가건물이 상당수다. 그러나 이주노동자가 선택한 집이 아니었다. 고용노동부는 숙소 제공 여부와 시설 유형을 명시한 표준근로계약서를 이유로, "취사선택할 수 있다"고 말한다. 그러나 고용이 '허가'되어야 하고 체류 자격이 사업장에 매인 외국인 노동자들은 "우리에겐 힘이 없다"고 말한다. 사업주는 열악한 숙소를 제공하고, 정부는 원리·원칙 없는 관행으로 관리·감독할 뿐이다. 사업주의 오만한 고용 태도와 정부의 방만한 관리·감독이 이주노동자의 집을 이루는 바탕이다.

사업장 안에 집이 위치한 탓에, 일터와 쉼터는 구분되지 않는다. 교외 벽지에 위치한 사업장이라면 임금체불, 폭행·폭언, 산업재해의 위험 등이 쉽사리 드러나지 않는다. 집 같지 않은 집에 지불하는 불합리한 월세는 임금을 깎는 수단이 되기도 한다. 연고 하나 없는 낯선 땅에서 장

시간·저임금 노동에 시달리고, 불쾌하고 불안한 공간을 집으로 삼아 생활해야 하는 사회적 약자. 이주노동자의 집을 취재할수록 질문은 확신으로 바뀌었다. 기성 언론의 보도가 외국인노동자의 주거 문제를 바꾸지 못하는 현실 또한, 우리가 '외국인노동자의 주거권'에 주목한 이유였다.

세명대 저널리즘스쿨 대학원에서 갖춘 저널리즘의 원칙과 취재 경험이 큰 도움이 됐다. 하지만, 취재팀의 열정만으로는 아무것도 할 수 없었을 것이다. 사업주에게서 받을지도 모르는 '불이익'을 무릅쓰고 사업장 숙소로 취재진을 불러준 이주노동자의 용기가 없었다면 처음 보는 취재진에게 자신이 거쳐 온 사업장과 집을 이야기해준 수십 명의 외국인노동자가 없었다면, 그들의 주거환경을 앞서 파헤치고 문제를 제기해 온 활동가들이 없었다면, 우리 취재는 한 걸음도 나아가지 못했을 것이다. 수십 명의 크고 작은 목소리와 선의가 「비닐하우스·컨테이너 속에 갇힌 외국인노동자의 주거권」을 만들었다. 모두에게 감사한다. 모쪼록 우리 기사를 통해, 우리 사회가 '집다운 집'을 고민하는 계기를 갖기를 희망한다. 만연한 주거 불평등 속에서, 이주노동자의 집을 인식하고 개선하는 시작점이 되기를 소망한다.

더욱 많은 독자에게 다가가기 위해, 〈단비뉴스〉 인터랙티브 기사를 준비하고 있다. 발제 단계부터 염두에 두었고, 첫 시도이기에 팀원들과 함께 공부하며 열심히 제작하고 있다. 별도 웹페이지를 마련해 5월 말 공개할 예정이다. 많은 관심을 부탁드린다.

—김지연, 이정헌, 최유진, 홍석희

소년보호 '6호 처분', 그 소년들이 사는 세상

새소년(최준경 · 나종인)

2020 뉴스통신진흥회 탐사 · 심층 · 르포 취재물 수상작

우수상

소년보호 '6호 처분', 그 소년들이 사는 세상

소년의 '보호'를 위한 6호 처분과 6호 시설에 관하여

"한 아이를 키우기 위해선 온 마을이 필요하다." 아프리카의 속담이다. 그만큼 한 명의 사람이 성장하기 위해선 수많은 사람, 나아가 사회의 도움이 절실히 요구된다. 하지만 우리 사회에 그런 '마을'은 없다. 특히 '범죄소년'에 있어 마을은 쉽게 곁을 내주지 않는다. 범죄소년은 '소년'이 될 수 없다는 암묵적인 약속이 어른들 사이에 존재하기 때문이다. 그럼에도 불구하고 범죄소년의 울타리가 되어주는 곳이 있다. 이름도 낯선 '6호 시설'이다. 범죄소년이라고 불리는 청소년이 소년보호처분을 받아 가는 시설 중 하나인 '6호 시설'은 누구도 보려고 하지 않는 곳이다. 하지만 그곳은 늘 우리 옆에 있었다. 그리고 그 안에는 범죄소년 이전에 '소년'이 있었다.

소년을 외면하는 사회를 향해 6호 시설은 그리고 아이들은 묻는다.

사회에서 소년은 어떤 존재인가 그리고 소년을 다루고 있는 소년법을 어떻게 바라봐야 하는가. 사회가 애써 눈길을 두지 않았던 소년을 보호하고, 이들이 다시 사회에 나갈 수 있게 그들 편에 서 있는 이들, '6호 시설'이 우리 옆에 있다.

'소년'을 보호하다
-소년법, 6호 처분 그리고 6호 시설

6호 처분과 6호 시설을 이야기하려면 '소년법'에 대한 이해가 필요하다. 소년법은 소년(만 19세 미만)을 대상으로 만들어진 특별한 법이다. 중한 범죄의 경우 성인과 마찬가지로 형사처벌을 받을 수 있다는 조항이 소년법 내에 마련되어 있지만, 소년법이 집중하는 부분은 소년의 '보호'이다. 범죄를 저지른 소년에 대해 검찰은 범죄의 경중에 따라 중한 범죄는 형사재판으로, 그보다 덜한 경우는 법원의 '소년부'로 사건을 송치한다. 이때 각급 가정법원의 소년부 판사들은 기존 형사재판과 달리 사건의 경중과 더불어 소년의 가정 상황 등 소년 개인의 배경을 고려해 '소년재판' 결과를 내린다. 소년부의 소년재판은 10개로 구분된 '보호처분' 중 하나 혹은 여러 처분을 병합하여 결정한다.

소년법은 소년을 '보호'하고자 하는 법이다. 소년법과 여론이 맞부딪히는 지점도 바로 이 부분이다. 가해자를 보호하는 법에 대다수의 사람이 동의하지 못하기 때문이다. 가해자 소년의 강력한 처벌을 요구하며 소년법 폐지나 개정을 주장하는 청와대 청원에 동참한 국민이 20만 명을 훌쩍 넘었던 것만 보더라도, 소년법에 대한 여론을 짐작할 수 있다.

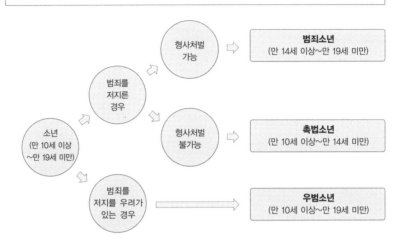

(그림 1) 범죄 여부 등에 따른 소년의 구분

형사처벌
가능

범죄소년
(만 14세 이상~만 19세 미만)

소년
(만 10세 이상
~만 19세 미만)

범죄를
저지른
경우

형사처벌
불가능

촉법소년
(만 10세 이상~만 14세 미만)

범죄를
저지를 우려가
있는 경우

우범소년
(만 10세 이상~만 19세 미만)

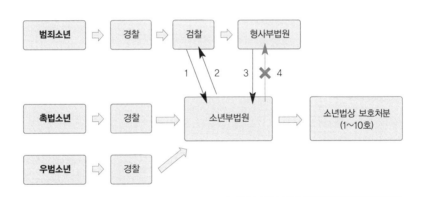

(그림 2) 소년법의 처분 과정

범죄소년 ⇒ 경찰 ⇒ 검찰 ⇒ 형사부법원

1 2 3 ✕ 4

촉법소년 ⇒ 경찰 ⇒ 소년부법원 ⇒ 소년법상 보호처분
(1~10호)

우범소년 ⇒ 경찰

* 통고제도 : 범죄소년, 촉법소년, 우범소년에 대하여 보호자, 학교장, 사회복지시설장, 보호관찰
소장이 소년부법원에 통고해 직접 재판을 요청하는 제도

1) 검찰은 소년을 형사부가 아닌 소년부로 송치할 수 있음
2) 소년부는 재판 과정에서 소년의 범죄가 형사처분을 할 필요가 있다고 판단되면 검찰에 다시 송치할 수 있음
3) 형사부의 판사는 사건을 심리한 결과, 보호처분에 해당할 사유가 있다고 판단하면 소년부의 판사에게 송치
할 수 있음
3) 소년부의 판사는 재판과정에서 소년의 범죄가 형사처분을 할 필요가 있다고 판단돼도 형사부의 판사에게는
직접 이송할 수 없음

그중 '촉법소년'을 둘러싼 논란이 대표적이다. 만 10세 이상 만 14세 미만의 소년은 범죄를 해도 형사처벌을 받지 않고 보호처분만 받는데, 이들을 촉법소년이라고 한다. 소년법에 부정적인 여론은 현 촉법소년 제도가 흉포화되고 저연령화되는 소년범죄의 현실을 반영하지 못한다고 주장한다.

하지만 소년에게 성인과 같은 기준에 근거한 형사처벌을 내리는 것은 사실상 사회적인 실효성이 없다는 게 전문가들의 의견이다. 단기적으로 봤을 때 교도소 구금 등이 '처벌'의 효과가 있어 보이지만 결국 장기적인 시각에서 보면 사회에 또 다른 피해자를 늘리는 것과 다름이 없기 때문이다. 서울가정법원 심재광 판사는 소년법을 다룬 본인의 저서『소년을 위한 재판』에서 소년범죄를 대상으로 한 형사처벌은 실효성이 부족하다고 지적했다. 소년이 자주 저지르는 절도 같은 범죄는 형사법상 집행유예로 풀려날 가능성이 높다. 집행유예는 소년에게 있어 즉각적인 자유를 의미해, 집행유예를 받은 소년은 성인에 비해 그 법적 심각성을 크게 느끼지 못한다. 즉 형사처벌을 통한 집행유예는 소년의 향후 범죄를 막는 효과가 그리 크지 않다는 것이다. 오히려 소년법의 보호처분은 소년의 '자유를 통제하는 수단'이 되어 범죄를 억제하는 기능을 수행한다고 심 판사는 덧붙였다. 범죄심리학자 이수정 교수도 한 TV 매체 강연에서 실제 형사처벌 대상 소년은 전체 소년범의 1% 정도에 불과함을 지적하면서, 이 적은 수의 소년을 처벌하기 위해 나머지 소년 모두를 형법 기준으로 처벌하는 것은 바람직한 방향은 아니라고 설명했다. 결국 '보호처분'은 '통제된 자유'를 통해 소년에게 적절한 교화의 기회를 제공하며 소년을 보호하는 제도이다. 그 중심에는 보호처분 중 '보호'의 기능을 가장 강조한 '6호 처분'이 있다.

소년법 6호 처분은 10가지로 구분된 소년법상 보호처분 가운데 '6호'에 해당하는 처분을 의미한다. 6호 처분은 비행성이 심화하지 않았으나 보호 환경이 매우 열악하거나 일정 기간 보호를 받아야 하는 자를 대상으로 6개월간의 교육을 통해 사회 복귀를 돕는 제도다. 쉽게 말해 재판부가 범죄의 경중뿐 아니라, 소년의 가정환경까지 고려해 가정의 보호력이 미약하다고 판단한 경우 내리는 처분이 6호 처분이다. 6호 처분은 '중간처우'라고도 불린다. 사회 내에서 보호자 보호, 봉사, 강의 등을 통해 소년의 보호처분이 이루어지는 1~4호 처분 그리고 소년원과 같은 교정시설에서 소년을 보호하는 7~10호 처분, 이 두 처분의 '중간' 성격에 해당하는 처분으로, 6개월간 지정 시설에서 머물고 교육을 받으며 다시 사회로의 복귀를 준비하게 된다.

보호처분	내용	기간	대상 연령
(그림 3) 소년법의 1~10호 처분			
1호	보호자 또는 보호자를 대신하여 소년을 보호할 수 있는 자에게 감호 위탁	6개월(6개월 연장 가)	10세 이상
2호	수강 명령	100시간 이내	12세 이상
3호	사회봉사 명령	200시간 이내	14세 이상
4호	단기 보호관찰	1년	10세 이상
5호	장기 보호관찰	2년(1년 연장 가)	10세 이상
6호	「아동복지법」상 아동복지시설이나 그밖의 소년보호시설에 감호위탁	6개월(6개월 연장 가)	10세 이상
7호	병원, 요양소 또는 소년의료시설에 위탁	6개월(6개월 연장 가)	10세 이상
8호	1개월 이내의 소년원 송치	1개월 이내	10세 이상
9호	단기 소년원 송치	6개월 이내	10세 이상
10호	장기 소년원 송치	2년 이내	12세 이상

출처 : 이승현·박선영, 「소년범 대상 중간처우제도의 활성화 방안 : 6호 처분을 중심으로」, 한국형사정책연구원, 2017)

6호 처분을 받은 청소년은 각 가정법원장이 지정한 시설에 위탁된다. 위탁의 기준은 아동복지법상 규정하는 아동복지시설이나 그 밖의 소년 보호시설이며, 현재 6호 시설은 모두 '아동보호치료시설'로 규정된 곳이다. 아동보호치료시설이란 아동복지법 제52조 제1항 제3호로 규정된 아동복지시설 중 하나다. 전국 17곳의 시설이 각 가정법원장으로부터 6호 시설로 지정되어 소년을 위탁받고 있다. 지역별로는 서울 4곳, 부산 1곳, 대구 2곳, 대전 2곳, 경기 3곳, 충북 1곳, 경북 2곳, 경남 1곳, 전북 1곳 등인데, 지역에 따른 시설 수 편차가 크다. 소년보호재판을 받는 소년의 수를 고려했을 때 전체 시설의 수도 많지 않다. 실제 소년재판에서 6호 처분을 내리는 경우는 전체 사건의 3~4%에 불과하다. 이는 6호 처분 대상자가 적기 때문이 아니라, 물리적으로 이들을 수용할 시설이 부족하기 때문이다.

'소년'은 성장한다
– 대안 가정, 교육기관으로서의 6호 시설

10호로 구분된 소년보호처분 중 6호 처분에 주목한 이유는 '보호'의 가치를 가장 잘 실현하고 있는 처분이기 때문이다. 6호 처분은 소년범죄의 가장 중요한 원인이 되는 '가정의 보호력'에 집중하고 있다. 소년보호재판에 올라온 소년 중 70%가 결손가정이라는 통계치에 비추어 볼 때, 가정을 비롯해 소년을 둘러싼 환경이 소년에게 미치는 영향은 지대하다. 범죄심리학자 이수정 교수는 소년이 재범하게 되는 결정적인 요인을 십수 년간 추적 연구한 결과, 무엇보다도 가정환경이 가장 큰 영향을 미친다는 사실을 확인했다. 연구 초기 수많은 예측 변수가 있었으나, 그중 마지막까지 유일하게 살아남았던 변수가 '가정환경'이었기 때문이다. 소년에게 그 어떤 요소들보다 가정환경이 중요하다는 사실은 연구를 통해 실증적으로 입증된 것이다. 이와 관련해 한국형사정책연구원 이승현 연구위원은 「소년범 대상 중간처우제도의 활성화 방안 : 6호 처분을 중심으로」라는 연구에서 "제대로 된 보호관찰을 받기 어려운 환경에 놓인 소년에게 6호 시설이 '대안 가정'으로서 소년보호에 나름대로 중요한 역할을 하고 있다"며 '중간처우'로서 6호 처분의 중요성을 설명했다.

대안 가정으로서 6호 시설의 역할을 시설 관계자들은 체감하고 있었다. A 시설 관계자는 소년 개인의 회복을 강조하며 6호 처분의 필요성을 설명했다. 그는 사회로부터 상처받은 소년이 사회에 대한 믿음을 회복하는 게 6호 시설이 가진 주된 목표 의식이기에 소년이 시설에서 즐겁고 행복한 경험을 많이 하는 것이 중요하다고 강조했다. 그 경험을 통해 사회로 돌아가서도 자신에게 좋은 것을 선택할 수 있는 힘을 길러주기 위해서다. 6호 시설이 하는 대안 가정으로서의 기능과 그 안에서의 경험이 소년에게 필요한 이유다. 그는 A 시설에서의 경험이 원 가정에서도 이어질 수 있도록, 보호자가 함께하는 가정회복캠프 등을 진행하며 소년과 그 외 가족 구성원 간의 관계 회복을 실질적으로 돕기 위해 노력한다고도 덧붙였다.

A 시설에 살며 프로그램에 참여했던 소년들 역시 시설을 긍정적으로 생각하고 있었다. 1년 6개월여간 6호 시설에서 생활한 ㄱ소년은 원생 시절 6호 시설이 '가족 같은 시설'이었다고 말했다. 함께하는 선생님들이 때로는 부모님이나 형, 누나처럼 대해줬기 때문이다. 가정회복캠프

에 대해서는 특히 마지막 프로그램을 기억나는 순간으로 꼽았다. 캠프의 마지막에 나무에 사진을 붙여 액자를 만들었는데, 말로 설명할 수는 없지만, 그 순간의 느낌이 너무 좋고 재밌었으며, 무엇보다 부모님과 함께할 수 있어서 좋았기 때문이다. 또, 해당 6호 시설을 다녀간 뒤, 부모님과의 분위기가 달라졌음을 느낀다며 앞서 얘기했던 가족캠프에서의 추억도 관계 회복에 도움이 됐다고 말했다.

또 다른 6호 시설인 B 시설의 시설장은 국가를 대신한 '대안 교육기관'으로서의 6호 시설을 강조했다. 그는 6호 시설을 '제도권 밖의 교육기관'이라고 설명했다. 6호 처분 청소년은 학교 밖 청소년이 대부분이기 때문에 제도권 내에 있는 학생과는 다른 접근과 교육이 필요하다. 국가가 이들도 함께 돌봐야 하지만 사실상 제도권의 사각지대에 놓인 청소년에게는 적극적으로 다가가지 못하고 있는 게 현실이다. 실제로 이 시설은 학업이 중단된 소년을 위해 검정고시 교육 등 여러 교육 프로그램을 운영하는 중이었다. 다른 6호 시설들의 경우에도 검정고시와 더불어 도예, 목공, 제빵과 같은 직업교육을 함께 실시해 소년 보호와 교육의 기능을 실현하고 있었다.

ㄱ소년은 6호 시설에서 검정고시 공부와 목공 프로그램에 참여했다. 검정고시에 대해 ㄱ소년은 "솔직히 아주 힘들고 귀찮았다"라고 답했다. 다른 친구들은 생활관에서 재밌는 저녁 프로그램을 할 때 따로 공부해야 하고, 모두 쉬는 주말에도 시간을 내서 공부하는 게 힘들었기 때문이다. 하지만 계속해서 공부하도록 유도하는 선생님들의 모습에서, 자신을 학교에 다시 보내려는 의지와 좋은 사람으로 성장하기를 바라는 마음이 느껴져 검정고시의 취지에 대해서는 긍정적으로 생각했다고 답했다. 목공 체험의 경우, 일상에서 쉽게 접할 수 없는 기계를 볼 수 있다

는 점이 신기했고 그걸 통해 원하는 걸 만들었던 것이 가장 좋았다면서, 색다른 경험이었다고 체험의 의미를 설명했다.

인터뷰에 응한 소년들은 해당 6호 시설에 갔던 것이 자신을 바꿀 수 있는 반환점이었다고 이야기했다. 자신이 나온 시설을 '또 다른 가족'이라고 표현하는 소년도 있었다. 한 소년은 이 시설을 다니지 못했다면, 자신은 더 심한 범죄를 저질러 소년원에 있었을 거라며 선생님들에게 감사의 마음을 표현했다. 잘못된 선택과 실수로 인해 해당 시설에 들어갔지만, 시설 선생님들과의 생활을 통해 소년들은 잘못을 깨닫고, 긍정적인 방향으로 삶을 바꿔나가고 있었다. 시설을 살다간 소년들의 이야기를 토대로 볼 때, 6호 처분이 중점으로 삼는 '복지적 관점'으로서의 접근은 소년에게 매우 큰 영향을 미치고 있었다. 6호 시설이 교정적 차원보다 복지적 차원에 더 집중해 운영돼야 할 필요성이 이 지점에 있었다.

'소년'을 위한 나라는 없다
−사회의 무관심 속 6호 처분과 6호 시설의 현재

6호 처분과 6호 시설이 마주하는 가장 큰 한계점으로 관계자들은 '6호'의 본질인 '중간처우' 기능이 제대로 이뤄질 수 없는 환경을 꼽았다. 6호 시설은 7~10호 처분처럼 시설에서 지낸다는 점에서 기본적으로 '시설 내 처우'의 성격을 띤다. 동시에 소년원과 비교해 지역사회와의 접촉이 빈번하다는 점에 비추어 볼 때 '사회 내 처우'의 모습도 보인다. 이처럼 사회와 시설의 중간에 위치하는 6호 시설이 중간처우로서 제대로 기능하기 위해서는 사회와 원활히 교류할 수 있는 인프라 마련이 필요하고 이를 위해선 지역사회의 협조가 필수적이다. 하지만 현재 우리나라 6호 시설은 그 기능을 제대로 수행하기가 어렵다. 그 기반에는 소년을 바라보는 주변의 인식 그리고 미흡한 법 제도에 대한 사회의 무관심이 있다.

"아이들이 매일 밖에 나가서 놀고, 스스로 들어오고. 그런 시설이면 가장 좋죠." B 시설장은 지금보다 훨씬 제약 없는 환경을 희망하며 이와 같이 말했다. 더 개방적인 6호 시설이 돼야 교육적 의미를 구현할 수 있다는 의미였다. 사회와 소년을 적극적으로 연결해 사회적 낙인 찍기를 없게 하고 소년으로 하여금 지역사회의 보호력을 느끼게 하기 위함이다. 이외에도 구금형 시설이 가지는 사회성 결여와 자치성 상실 등의 단점을 개방적인 운영을 통해 보완할 수 있다. 하지만 개방적인 운영이 현실적으로 쉽지 않다는 점을 B 시설장은 지적했다. 소년을 위험하게 바라보는 주변의 시선 때문이었다. "한번은 근처 빵집을 데리고 갔는데, 다른 사람들이 보기에 이 아이들이 보통 중고등학생과는 다르잖아요. 한 10명 정도 우르르 데리고 다니게 되니까, 사람들 눈치가 보이더라고요. 그러다 보면 대형 할인점 같은 그런 (아이들이 사람들 눈에 잘 안 띄는) 곳으로 가게 되죠." 6호 시설이 중간처우시설로서 잘 기능하기 위해선 더 개방적으로 운영돼야 한다고 전문가들은 말한다. 지역사회의 사람들이 자유롭게 시설을 드나들 수 있도록 해 아이들이 다양한 사람을 만날 수 있어야 하기 때문이다. 하지만 B 시설장의 말처럼 주변의 부정적 인식이 지속되는 한, 시설이 개방적으로 운영되기는 현실적으로 어려워 보였다.

"지금은 재판을 위한 시스템을 만들어놓은 거예요. 절대로, 소년 친화적인 재판이 아니에요." 박종택 수원가정법원장은 지역사회 연계가 이루어지지 않는 현 소년사법 체계를 지적하며 이처럼 말했다. 현재 우리

나라의 소년재판 구조는 지역사회의 협업을 통한 보호력을 체감하기 힘든 시스템이다. 소년은 재판 전부터 자신이 속한 지역사회를 떠나 분류심사원에 위탁된다. 이후 진행되는 재판도 자신이 사는 지역에 가정법원이나 소년부가 없다면, 거주지와 연관이 없는 법원의 소년부에서 재판을 받아야 한다. 그렇기에 처분 후 소년을 어떻게 보호해야 하는지 등에 대해 지역사회 기관과 구성원들이 재판 과정에서 구체적으로 논의할 수 없다. 이는 해당 소년의 가정과, 학교 상황 등을 구조적으로 살핀 뒤 지역사회가 어떤 도움을 줄 수 있는지에 대해 판단할 수 없음을 의미한다. 박 법원장은 소년 친화적인 재판을 위해서는 서울, 수원 등 본원에만 소년보호재판 관할권을 둘 것이 아니라 평택, 여주, 성남 같은 지원에서도 소년보호재판을 할 수 있도록 해야 한다고 설명한다. "소년 친화적인 재판은 지원에서 소년부 판사와 지역사회 여러 방면의 사람들이 모두 모여 한 소년을 어떻게 도와줄 것인지를 고민하는 재판이에요. 그래야 그 소년이 지역사회에 뿌리를 내리고 자리를 잡고 살 수 있는 거예요. 문제아 취급하며 소년원에 보내거나 6호 시설에 보낸 뒤 복귀하면 그 아이가 어떻게 지역사회의 일원으로 살아가겠어요." 지역사회 내에서 해당 소년의 비행 원인을 구조적, 다각적으로 분석하고 그에 맞는 처방을 내려 각 기관이 도와야만 처벌이 아닌 보호가 제대로 이뤄질 수 있다고 그는 덧붙였다.

6호 시설의 중간처우 기능이 활성화되기 위해선 소년을 받아줄 사회적인 인프라가 마련되어야 한다. 즉 한 소년을 위한 지역사회의 유기적인 지원이 필수적이다. 하지만 현재 우리나라의 시스템은 재판을 받는 과정부터 그 처분이 집행되는 과정까지 지역사회와 긴밀하게 연계하기 어려운 구조적 한계를 갖고 있다. 나아가 시설의 개방적인 운영조차 시민들의 부정적인 시선에 막혀 현실화하기 어렵다. 시설과 사회의 중간에서 6호 시설은 외로운 줄다리기를 하고 있다.

'소년', 세상을 만나다
−소년법, 6호 처분, 6호 시설과 사회가 마주해야 할 '소년 친화적' 변화

"'보호'의 기능을 적극적으로 강화하고 이 과정에는 사회 구성원이 모두 참여해야 한다." 6호 처분 그리고 6호 시설이 나아가야 할 방향에 대해 관계자들은 입을 모아 말했다. 사회로 다시 돌아갈 소년에게는 사회성을 강화하는 형태의 '보호'가 필요하다. 또한 소년과 사회의 접점을 늘리기 위해서는 6호 기관뿐 아니라, 지역사회에서부터 국가까지 모두가 함께 소년 보호에 협조해야 한다. 그래야만 소년이 보호받고 사회 구성원 모두가 보호받을 수 있다.

한계점으로 지적된 시설의 개방성 확장은 학업을 유지할 수 있는 방향으로 이어져야 한다고 박 법원장은 제안했다. 현재 6호 처분은 중간처우로 분류되지만, 사회와는 격리된 시스템을 유지하고 있다. 이는 또래 학생과 같이 학교에 다닐 수 없는 상황적인 한계를 지닌다. 하지만 중간처우의 성격에 비추어 볼 때, 학업을 유지하는 것은 사회와 소년의 접점이 지속되는 가장 효과적인 방안 중 하나다. 박 법원장은 학업 유지는 소년이 사회에서 역할을 할 수 있도록 하는 기본적인 요소라면서, 퇴학 등의 조치보다는 처분을 유지하며 학교를 다닐 수 있도록 하는 것이 중요하다고 강조했다.

현재와 같이 많은 인원이 한 시설에서 사는 경우, 사실상 모든 소년을 관리하기 어려운 만큼 소년의 학업 유지를 위해서는 시설 증가가 필수적이다. 예를 들어 서울은 현재 6호 시설이 3곳 있는데, 시설 수를 이보다 훨씬 늘릴 필요가 있다. 이수정 교수는 세분화한 형식으로 6호 처분이 바뀌어야 한다고 강조했다. "예를 들면 비행청소년만 생활하는 그룹홈을 많이 만든 다음에 그걸 6-1호 처분이라고 한다거나, 그런 식의 특화를 해야 해요. 다양한 시설을 지역사회가 운영할 수 있도록 재량권을 지역사회에 부여할 필요도 있고요." 현 6호 처분이 결핍된 소년의 환경을 바꿔주기 위해 내리는 처분이라는 점을 이 교수는 주목했다. 그는 지금처럼 대형 시설에서 다양한 아이들을 키우기보다 6-1호, 6-2호, 6-3호 처분 등 더 다양한 처분을 만든 뒤 아이의 상황에 맞춰 처분을 내리고 이들을 그 지역에서 키워야 한다고 덧붙였다.

6호 처분을 받는 동안의 개선점에 더해 시설을 나간 후 '보호관찰' 과정에서의 실효성을 강화해야 한다는 지적도 있었다. 보호관찰은 야간 전화, 정기적인 보호관찰소 직접 방문 등을 통해 퇴소 후 소년이 잘 지내고 있는지를 주기적으로 확인하는 절차를 의미한다. 현재 6호 처분의 경우 1년의 단기 보호관찰에 해당하는 4호, 혹은 2년의 장기 보호관찰에 해당하는 5호와 함께 중복으로 처분이 내려지는 경우가 대다수다. 6호 처분을 받고 6개월 혹은 1년간 시설에서 보낸 후 소년은 최장 3년 동안 보호관찰을 이행해야 한다. 보호관찰을 제대로 이행하지 않을 때에는 다시 시설로 들어가거나 9호, 10호 처분을 받아 소년원에 들어갈 수도 있다. B 시설장은 '아이들이 추가적인 처분을 감당하기가 쉽지 않다'고 설명한다. 대다수 소년의 가정은 보호력이 부족한 상황이기에 소년의 보호관찰 과정을 보호자가 일일이 신경 써줄 수 없는 환경인 것이 가장 큰 이유다. 설사 보호자의 보호력이 있는 경우에도 2~3년이라는 시간 동안 보호관찰을 이행하는 것은 부담스러운 일이다.

실제로 소년들은 보호관찰, 특히 야간 전화로 인한 불편함을 호소했다. 보호관찰을 진행 중인 ㄴ소년은 야간 전화를 기다리는 과정에서 잠을 제대로 잘 수 없는 점이 가장 힘들다고 털어났다. 보호관찰소 출석의 경우 한 달이나 두 달에 한 번 방문하면 되지만, 야간 전화는 매일 밤 반복되기도 하고, 새벽 중 언제 전화가 올지 몰라 긴장해야 하는 등 어려움이 많기 때문이다. 특히 ㄴ군의 경우 야간 전화를 받기 위해 저녁 아르바이트를 마치고 나서도 쉴 수 없는 등 생활에 어려움이 많다고 털어났다. 쉬다가 잠이 들어 야간 전화를 받지 못하면 그때 잠을 잤다는 사실을 입증해야 하고, 입증하지 못할 경우 향후 재판에서 불이익을 받을 가능성이 있기 때문이다. "(아르바이트 후에) 잠깐 잤다가 전화 못 받아서 불이익받고 싶지는 않고. 그래서 야간 전화 다 받기 전까지 그냥 밤을 새우는데 새벽 2시, 이쯤 지나면 잠이 깨요. 가끔은 야간 전화 기다리다가 너무 답답하니까 오히려 나가고 싶고… 괜히 그런 마음이 들기도 해요. 전화 다 받은 다음에 자려고 해도 이미 잠이 깨기도 했고, 야간 전화 다 받으면 대부분 해 뜰 때니까 그때 자기 시작하면 잠도 깊이 못 자고…" 물론 범죄에 대한 '보호처분'이라는 측면에서 소년의 상황을 모두 반영하는 것은 제도의 취지에 맞지 않다. 하지만 '소년의 일탈 방지'라는 보호관찰의 목적에 비추어 볼 때 그 결과가 생활의 제약으로까지 이어지는 것은 오히려 보호라는 본질적 목적과는 배치된다. 많은 소년이 보호관찰 제도를 견디지 못하는 이유다. B 시설장은 '6개월 시설에서 잘 생활하고 나가도, 결국 보호관찰 4호와 5호 위반에 걸리곤 한다며 '다른 범죄를 안 저질러도 보호관찰 위반으로 소년원에 다시 가는 것은 아이들에게도 힘든 일'이라고 지적했다. 보호관찰 위반으로 인해 다시 시설이나 소년원에 들어와야 하는 상황은 결국 소년의 회복을 방해하는 족쇄로 작용한다.

소년의 회복을 위한 보호관찰이 이루어지려면 보호관찰 제도 자체의 개선도 필요하다. 현재 보호관찰을 담당하는 소년보호관찰소는 전국에 단 11곳, 소년보호관찰관 1인이 담당하는 소년은 2018년 기준 114명에 달한다. 이를 개선하기 위해선 보호관찰관 증원이 필수다. 하지만 개선책 마련은 요원해 보인다. 지난해 7월, 30년 만에 소년 보호관찰 전담 인력이 증원됐으나 그 수는 37명에 그치는 등 제도 개선을 위한 정부의 적극적인 노력이 뒷받침되고 있지 않기 때문이다. 보호관찰 제도의 한계를 지역사회 연계를 통해 보완할 수 있다는 제안도 나온다. 박 법원장은 독일의 사례를 통해 소년 1명의 '회복'을 위해 지역사회가 어떻게 노력해야 하는지 방향을 제시했다. "독일 같은 곳은 소년 한 명이 범죄를 일으키면 학교 선생님, 지역 사회복지사, 지방자치단체 공무원, 경찰까지 여러 기관이 한 팀이 되어서 아이를 어떻게 보호해줄 것인지 회의를 해요. 여기에 정신과 의사들까지 포함해 건강검진도 하고 가족들 간 관계나 심리 상태를 확인하고요. 종합적으로 상황을 검토한 뒤 거기에 맞는 처방을 내리는 거죠. 그 기저에는 소년이 지역사회 일원이란 인식과 처벌의 대상이 아닌 보호의 대상이라는 인식이 깔려 있어요." 지역사회 연계는 보호관찰보다 실질적인 사례 개입이 가능하다는 점에서도 중요하다. 지역사회 연계를 할 경우, 소년의 상황을 지속해서 모니터링하고 문제가 생겼을 때 즉시 개입이 가능하다. 그밖에도 보호가 필요한 부분에 대한 지역 내 맞춤형 서비스, 지역사회 내 가족기능 강화 프로그램 활용을 통해 기존 보호관찰관의 역량이 미치지 못한 영역까지 보완할 수 있다.

피해자의 보호도 개선되어야 할 지점이다. 박 법원장은 현 제도는 가해자 소년이 피해자 소년과 적극적으로 화해를 시도할 동인이 마련되어 있지 않다고 지적했다. 범죄 후 가해자 소년의 행실, 피해자와의 화해 노력 등을 고려해 상 혹은 벌과 같은 형식의 동기 부여가 필요하다. 현 제도는 가해자 소년이나 피해자 소년의 회복에 적극적으로 개입하기보다 당사자들의 '회복 의지'에만 의존한다. 예를 들어 소년부로 형사재판부나 검사가 사건을 넘기면, 소년부 판사의 재량으로 이 사건을 다시 형사재판부에 직접 보낼 수 없다. (79쪽 그림 2 참고) 박 법원장은 그런 이유로 소년부에 사건이 넘어오고부터는 소년이나 그 보호자가 피해자와의 적극적 화해나 피해 회복을 위해 노력하지 않는다고 지적한다. 언제든 사건이 다시 살아나 형사처분 등 더 중한 처벌을 받을 가능성이 있을 때 적극적인 화해 권고와 피해 회복을 위한 노력이 이뤄질 수 있다. '벌'의 기능을 강화하는 제도의 개선 외에도 '상'의 기능을 강화한 제도 역시 필요하다. 미국이나 독일의 경우, 피해자와 적극적으로 화해하려는 가해자의 노력이 이뤄지고 이를 피해자가 수용할 경우 학적부에 올라가는 범죄의 기록을 말소시켜주는 제도가 존재한다. 박 법원장은 이 제도를 우리나라 시스템 내에도 적극적으로 도입해야 한다고 주장한다. '상'의 기능을 하는 제도가 있어야 소년에게 동기 부여가 가능하기 때문이다. 그밖에도 박 법원장은 피해자 심리 상담과 같은 기본적이고 필수적인 지원이 부족하다고 지적하며 국가 차원의 피해자 회복 시스템 마련이 필요하다고 덧붙였다. 국가와 사회의 외면으로 가해자가 된 소년과 그에 피해를 본 소년을 끝까지 보살피기 위한 노력의 책임은 결국 국가에 있다.

"한 아이를 키우기 위해선 온 마을이 필요하다"

소년이 우리 눈에 보이지 않았던 이유는 그리 복잡하지 않았다. 범죄소년이라는 '사회적 낙인'과 '경제적 편의성'과 같은 어른들의 이기심은 소년에 대한 시선을 거두기에 충분한 핑계였다.

"문제를 쉽게 해결하고 싶어하는 사람들은 나쁜 짓을 한 아이들을 보면 그냥 '걔들은 원래부터 나쁜 인간들이었어'라고 생각해요. 그러면 제일 쉬우니까요. 그걸 사회심리학에서는 '기질적 귀인 착오'라고 합니다. 그들(아이들)이 처한 빈부격차, 부모가 어땠는지, 학교는 얼마나 무책임했는지, 이런 복잡한 사회문화적 문제들이 분명히 존재하지만 (보지 않고) 그냥 걔들한테 책임을 뒤집어씌우면 빈부격차와 같이 해결하기 어려운 문제들을 고민하지 않아도 되기 때문인 거죠." 이수정 교수는 우리 사회의 소년법에 대한 편견을 이야기하며 이와 같이 말했다. 이제는 다시 그들에게 눈을 돌려야 할 때다. "네 탓이야"라며 소년에게 모든 탓을 돌리기보다 소년이 한 번 더 세상에 발을 딛고 살아갈 수 있게 지역사회의 문을 열어줘야 한다. 소년을 내몬 구조와 이유를 찾아 변화하도록 도와야 한다. 소년의 범죄 이유에는 그들을 범죄소년으로 정의 내린 채 외면한 사회의 무관심도 존재하기 때문이다.

"나한테는 모든 아이의 처분이 다 와요. 대충 무슨 죄를 저질렀는지 다 알죠. 그래도 소년은 그냥 소년으로 바라봐야 해요. 여기 왔을 때 애들은 다 그냥 예뻐요. 애들 때문에 화났다가도 애들 덕분에 웃고…." 6호 시설의 B 시설장은 소년은 무엇이라고 생각하느냐는 질문에 이렇게 답했다. 모든 소년은 그냥 똑같은 소년일 뿐이다. 범죄소년, 모범적인 소년 등 어른들의 편의에 따른 구분 짓기가 소년을 소년 그 자체로 보지 못하게 했다.

취재하며 바라본 6호 시설은 '섬' 같았다. 도심 안에 있을지라도, 사람들의 관심 밖에 있었다. 6호 시설이 소년에게서 희망을 보고, 그 희망을 다시 안겨주었듯 이제는 사회가 함께 소년의 목소리에 귀를 기울일 때다.

"어떤 잘못을 했건, 어떤 벌을 받았건 여기서는 다시, 똑같이 시작하니까. 그걸로 자기들을 평가하지 않으니까. 그래서 애들이 6호 시설에 온 다음에 좋아지는 것 같아요." (B 시설장의 말)

이제 공은 다시 사회로 넘어왔다. 소년은 어떤 방식으로든 결국 다시 돌아온다. 소년과 함께 살아갈 준비가 필요한 시점이다.

안녕하세요, 소년에 대한 새로운 정의, 새로운 이야기를 바라는 새소년 팀입니다.

우선 좋은 기회를 주시고, 저희 기사를 선정해주신 뉴스통신진흥회 측에 감사드립니다. 최근 여러 사건들로 인해 소년 범죄에 대한 여론이 긍정적이지만은 않은 상황임에도 불구하고, 기사가 가진 의미를 들여다보고 선정해주심에 감사드립니다. 기사를 쓰는 과정에서 따뜻한 조언과 도움을 주신 많은 분들께도 감사드립니다. 저희에게 2년간 소년들을 만날 수 있게 도와주신 6호 시설 관계자분들 그리고 긴 시간 동안 함께 봉사한 동료들이 있어 만들 수 있었던 기사였습니다. 또한 그 누구보다 자신의 깊고 다양한 모습을 보여주며 다가와주고 친구가 되어준 소년들에게 가장 감사합니다. 시설에서 보낸 모든 시간과 경험을 정리하고 기사로 쓰는 과정을 통해 많이 배울 수 있었고 성장할 수 있었습니다.

이번 기사는 2년간 6호 시설에서 봉사하며 저희가 보고 느낀 것을 기반으로 기획했습니다. '소년', '범죄소년', '소년법'에 대한 세상의 시선을 잘 알기에 기사를 쓰기 전 고민도 많았습니다. 하지만 소년을 위해 헌신하는 사람들과 그로 인해 변화하는 소년을 지켜보며 더 나은 사회를 만들기 위한 방향성을 이야기할 때라는 확신을 가질 수 있었습니다. 기사를 쓸 때 가장 주의한 점은 해당 소년 개개인의 사연을 구체적으로 서술하지 않는 것이었습니다. 소년의 사연을 전시하는 것보다 그 뒤에 가려진 사회문화적 구조에 대한 이야기를 하고 싶었습니다. 그것이 결국 소년을 위한 일이라고 생각했기 때문입니다.

소년을 제대로 돌볼 수 없는 가정, 성적순으로만 평가하는 학교에서 소년은 설자리를 잃고 내몰릴 수밖에 없었습니다. 소년을 사회의 사각지대로 내몰았던 어른들의 무관심과 기성세대가 만들어낸 구조를 얘기하고, 그로부터 소년을 보호할 수 있는 장치를 만들어야 합니다. 구조적 문제 해결을 위해선 언론의 역할도 중요합니다. 지금까지 언론은 소년범죄 사건에 있어 "왜"라는 질문을 던지기보다 자극적인 몇몇 사건에 주목하는 데 그쳤습니다. 보도가 나가고, 여론은 들끓고, 다시 언론은 비슷한 사건을 보도하기를 반복했습니다. 소년범죄가 결코 비난받지 않아야 할 성역화된 지점임을 이야기하는 것이 아닙니다. 지금까지 하지 않았던 최소한의 '질문', 아이들이 왜 길에 내몰렸는지에 대한 질문이 한 번이라도 던져질 때, 소년범죄를 구조적으로 해결할 수 있는 새로운 방향성이 생길 것이라 생각합니다. 기사에서는 깊게 다루지 못했던 피해자에 대한 지원책, 6호 시설 종사자들의 실무적 어려움 등 역시 언론이 주목하고 나아가 국가 차원에서 적극적으로 나서서 해결해야 하는 개선이 시급한 또 다른 소년보호의 한 측면입니다.

'세상에는 나쁜 소년이 아닌 여러 상황의 소년만이 존재한다'는 한 판사의 글을 기억합니다. 저희의 기사를 시작으로 소년을 향한 끊임없는 구분 짓기가 사라지고 소년을 내몬 구조에 대한 논의가 진행될 수 있기를 바랍니다.

—최준경, 나종인

국가가 사람을 버렸다, 군 사망사건 유족들이 묻는 '국가의 책임'

정현환

2020 뉴스통신진흥회 탐사·심층·르포 취재물 수상작

'010-9175-XXXX'

어느 날 전화가 걸려왔다. 군에서 자식을 잃은 어머니가 "자식이 정말 보고 싶은 데 볼 수 없어 슬프다"라는 한 통의 전화였다. 국가에서 데려갈 땐, '대한의 자랑스러운 아들'이라고 데려갔는데, 막상 군에서 아들이 죽으니 "모르쇠로 일관한다"라고, 그래서 "너무 억울하다"라고 어머니가 말했다. 자식을 황망하게 잃은 것도 서러운데, "국가의 조치가 사람을 너무 서럽게 한다"고도 했다. 문제가 생기자 군은 "자신들은 잘못이 없으니 아들이 일반 사회에 있을 때, 무슨 문제가 있었던 거 아니냐"라고, "평소 가정에 불화가 없었는지, 다니던 대학교로 전화하고, 고등학교로 연락해 성적과 품성을 물었다"라고 했다.

어머니만 전화를 한 것이 아니었다. 어느 날 모르는 번호로 낯선 남성이 전화를 걸어왔다. 국회 군 인사법 제정과 의문사 문제 개선을 위한 세미나에서 만난, 자식 잃은 아버지의 연락이었다. 내일 새벽부터 국회 앞에서 피케팅 시위를 할 건데, 같이 나와 줄 수 있냐는 부탁이었다. 그렇게 2014년도 2월 한 겨울에 아버지는 의족(義足)을 한 채 국회 앞에 섰다. 새벽 댓바람을 맞으며, 지나가던 국회의원에게 "제발 법 좀 만들어 달라"고 소리쳤다. 아버지의 애끓는 목소리가 여의도에 울리고 퍼졌다. 하지만 그 어느 누구도 답변해 주지 않았다.

이번 취재는 그 연장선이다. 우리 군대에서 아들과 딸을 잃은 부모와 가족의 삶에 대해 다루고자 했다. 징집된 청년을 제대할 때까지 책임져 주지 못하는 국가, 동시에 우리 국방부가 유족을 어떻게 방치했는지, 형제와 자매를 잃은 가족에게 그동안 얼마나 무신경했는지를 드러내는 취재물이다. 군 의무복무 도중 사망한 사건을 중심으로, 그 이후 유족이 어떤 삶을 살고 있는지를 살펴보고자 했다. 군대에서 자식을 잃은 부모와 가족은 지금 어떻게 살고 있을까.

2011년 고 노우빈 훈련병과 어머니 공복순 씨

훈련병 노우빈

군번 11-76017865. 공복순 씨는 아들을 잃었다. 2011년도 3월 21일 논산 훈련소에 입소한 아들이 4월 24일 영영 돌아올 수 없는 길을 갔다. 훈련소로 입대하기 전 출근길에 나서던 어머니에게 "엄마 잘 갔다 와"라고 한 말이 살아서 아들 우빈이가 건넨 마지막 말이 됐다. 지금 살아 있었으면 30살이 됐을, 공복순 씨에게 하나밖에 없는 아들인 노우빈 군은 그렇게 당시 나이 21살에 영영 돌아올 수 없는 길을 갔다.

소극적인 대응

고 노우빈. 2011년 노 씨는 군대에서 군의관을 보조하면서 환자를 간호하는 '의무병'으로 군에 입대하게 됐다. 대학교 전공을 살려 징집됐다. 하지만 아픈 사람을 돌보는 임무를 맡았던 노 훈련병은 정작 군에서 제대로 관리를 받지 못했다. 자신의 주특기를 살려 복무하게 될 '의무대'에서 오히려 군 의료사고로 목숨을 잃었다.

어머니 공복순 씨는 회상한다. 고 노우빈 훈련병이 평소 지병이 없었음을 강조했다. 입대 전 치과에 2번 간 기록이 전부였음을 보여줬다. 사소한 질환도 전혀 없었던 사람. 하지만 밖에서 전혀 이상 없던 아들은 훈련소에 입소하자마자 몸살을 겪었다. 목숨을 잃는 순간까지 늘 감기를 달고 있었음을 어머니는 아들을 잃고 나서 뒤늦게 알게 됐다. 어떻게 된 영문일까.

이유는 이랬다. 나중에 사실이 밝혀졌다. 아들만 아픈 게 아니라 같이 군 복무를 하던 당시 훈련병의 1/4이 동일한 증상을 겪고 있었음이 향후 군 조사 결과 드러났다. 고 노우빈 훈련병이 있었던 2011년 3월 논산 훈련소에서 3종 법정 전염병인 창궐했던 것이었다. 노 훈련병이 목숨을 잃기 전, 이미 같은 훈련소 다른 훈련병이 뇌를 둘러싸는 뇌막층에서 염증이 발생하는 '뇌수막염'을 겪었음이 사망 이후 조사에서 밝혀졌다.

당시 군은 전염병이 퍼지고 있는 상황에서 이렇게 조치했다. 고 노우빈 훈련병의 옆 소대에서 노 훈련병과 비슷한 증상이 발생했다. 군은 뇌수막염 증세를 보이는 환자를 건양대 병원으로 후송, 해당 병원은 곧바로 군부대에 "조치를 하라"고 통보했다. 이에 따라 뇌수막염 치료제로

고 노우빈 훈련병의
어머니 공복순 씨
ⓒ정현환

사용되는 '리팜핀'이 투입됐다.

　하지만 거기까지였다. 군은 첫 번째 전염병 환자가 나온 상황에서, 사태의 심각성을 제대로 인지하지 못했다. 군은 "건양대 병원의 조치가 정식 공문이 아니었다"는 점을 들어 조치와 책임을 회피했다. 그렇게 전염병이 퍼지는 조짐에서 모두에게 먹여야 할 뇌수막염 치료약은 일부 소수의 몇몇에게만 적용하는 데 머물렀다. 군은 뇌수막염 징후를 보이는 훈련병이 얼마나 있는지 더 꼼꼼히 확인했어야 했지만 그러지 못했다.

국가가 사람을 버렸다, 군 사망사건 유족들이 묻는 '국가의 책임'

격리? 더 큰 병원으로 후송? 전염병 예방약 및 백신 투입? 3종 법정 전염병이 창궐하려는 분위기가 조금씩 나타나는 상황에서 논산 훈련소는 미비했다. 뇌수막염 첫 환자와 그 훈련병이 묵고 있던 소대원 일부에게만 리팜핀을 조치하는 수준에 그쳤다. 그 이상 그 이하도 없었다. 딱 거기까지. 그렇게 훈련소의 소극적인 대응으로 공복순 씨의 아들을 살릴 수 있는 첫 번째 기회가 날아갔다.

관리 및 감독 부재(不在)

그런데 거기서 끝이 아니었다. 고 노우빈 훈련병을 살릴 수 있는 두 번째 기회도 군의 안이한 조치로 날아갔다. 훈련소에서 몸살과 감기를 달고 다녔던 노 훈련병은 심한 감기 증상이 있는 상황에서 40kg 완전군장을 하고, 20km를 완주하는 행군을 했다. 행군하기 직전, 의무대에서 감기약 처방을 받은 게 전부였다. 노 훈련병은 몸에 이상 증세가 있는 상황에서 훈련을 강행해 아픔이 증가했는지, 새벽에 부대로 돌아오자마자 그대로 널브러졌다.

그냥 피곤해서 그런 게 아니었다. "얼굴이 창백했다", "숨을 쉬지 못해 헉헉거렸다"라고 고 노우빈 훈련병과 같은 소대를 썼던 다른 훈련병들이 노 훈련병이 목숨을 잃기 전 다급했던 상황을 이후 조사에서 설명했다. 하지만 노 훈련병의 상태를 본, 당시 훈련소 소대장은 "더운 물에 샤워하라"라는 지시가 다였다. 스스로 군장도 군화 끈도 못 푸는 상태에서 까라져 있는데, 군에서 해준 거라곤 "씻으라"는 말 뿐이었다. 그렇게 2011년 4월 23일 새벽, 노 훈련병을 살릴 수 있는 2번째 기회가 사라졌다.

　놓쳐버린 기회는 두 번이 다가 아니었다. 행군이 끝나고 극도로 건강이 나빠진 상태에서 고 노우빈 훈련병은 어렵사리 의무대를 찾았다. 하지만 그곳에 군 의무관은 없었다. 행군 이후 물집, 근육통 등을 호소하며 훈련병들이 군 의료진을 찾는 군대 상황과 특성을 고려해 볼 때, 있어야 될 사람이 제때에 자리에 있지 않았다. 대신 의무병이 그 빈자리를 채울 뿐이었다.

　그렇게 노우빈 훈련병은 다시 받았다. 행군하기 전에 받았던 감기약과 유사한, 감기 증상에 흔히 처방받는 '타이레놀 2정'을 의무관이 아닌 의무병에게서 건네받았다. 아픈 증상이 나아지기는커녕 더 악화되고 있는데, 적절한 치료와 처방을 받지 못했다. 군과 훈련소의 관리 및 감독 부재(不在). 약을 받고 자리에 누운 노 훈련병은 다시는 스스로 일어나지 못했다.

2011년 4월 23일

　"병원 가고 싶어", "나 죽을 거 같애", "나 병원에 입원하고 싶어." 고 노우빈 훈련병이 사망한 뒤, 당시 불침번을 섰던 훈련병이 증언했다. 노 훈련병의 두 눈이 "새빨간 토끼눈 같았다"라고, "금세라도 관자놀이의 힘줄이 터질 것 같았다"라고, 제발 병원에 보내달라는 말과 함께 "심각한 몸 상태가 겉으로 확연하게 드러났었다"라고 진술했다.

　그렇게 군은 사람을 살릴 수 있었던 수많은 기회와 시간을 허비했다. 갈수록 증상은 나빠지는데, 악화일로를 걷는데 훈련소의 조치는 미비

고 노우빈 훈련병은 국가유공자로 지정됐다. ⓒ정현환

하기 짝이 없었다. 2011년 4월 23일 토요일 낮 12시. 새벽 내내 신음하던 고 노우빈 훈련병은 뒤늦게 군 앰불런스에 실려 갔다. 그리고 그것이 끝이었다. 사람을 살릴 수 있는 마지막 기회를 놓쳤다.

어머니 공복순 씨는 고 노우빈 훈련병이 사경을 헤매던 그 날을 이렇게 기억한다. 벚꽃이 너무 예뻐 사직공원을 걷다가 군으로부터 낯선 전화를 받았고, 이름 모를 사람으로부터 아들이 "쇼크"라는 말에 그대로 길거리에 주저앉았다고 회상했다. 그렇게 엄마는 마른하늘에 날벼락같은 상황에서 애써 정신을 차리고 한걸음에 아들에게 달려갔다. 병원에서 다시 보게 된 아들. 처음엔 제대로 못 알아봤는데 마음을 가다듬고 살펴보니, 분명 내 아들이었다고 기억을 더듬었다.

엄마가 자신의 아들을 한 번에 확인하지 못했던 이유는 무엇이었을까. 이유는 이랬다. 고 노우빈 훈련병이 뇌수막염으로 인한 '패혈증(敗血症)'으로 퉁퉁 불어 있었기 때문이었다. 말 그대로였다. 피가 부패하고, 제대로 몸을 순환하지 않아, 175cm에 75kg으로 입대한 청년이 병실 침대를 꽉 채울 정도로 심하게 부풀어 올라 있었다. 몸의 크기만 그런 게 아니었다. 색도 변해 있었다. 패혈증으로 몸은 검은색, 보라색, 그리고 붉은색으로 뒤섞여 있었다.

"가망이 없습니다" 그렇게 논산 훈련소에 입대해 잠깐 이별했던 엄마와 아들은 짧은 만남을 끝으로 영영 헤어지게 됐다. 하루도 채 같이 있지 못하고, 2011년 4월 24일 오전 6시 57분 엄마와 아들은 영원한 이별을 맞이하게 됐다.

발로(發露) : 숨은 것을 겉으로 드러냄

울렸다. 어떻게 번호를 알았는지 〈한겨레〉 기자의 전화를 받게 됐다. 군인권센터 임태훈 소장으로부터 연락도 왔다. 아직 다른 가족들에게 알리지도 않았는데, 고 노우빈 훈련병이 정말로 죽은 것이 맞는지를 확인하는 연락들이었다. 엄마는 갑작스럽게 아들을 앞세워 보내고, 무서움에 떨며 경황이 없는데, 영문도 모르는 사람들로부터 계속 전화를 받게 됐다. 슬퍼할 틈을 주지 않는 세상. 한 번의 전화는 다음 전화로, 그렇게 군에서도 "제발 언론에 알리지 말라"라고 연락이 왔다.

그렇게 엄마는 아들을 보냈다. 자포자기 하는 심정으로 교편을 내려두고자 했다. 몸은 학교에 있는데, 생각의 대부분은 아들로 향해 있었기 때문이었다. 그러자 주변 사람 모두가 말렸다. 이런 식으로 일을 그만 두면 안 된다고 사정을 아는 사람들이 조언했다. 하지만 엄마는 아들을 잃고 일에 재대로 집중할 수 없었다.

8년이 지난 지금 공복순 씨는 기억한다. 돌이켜 생각해 보면 당시에 더 적절하게 대처하지 못 했음을 못내 아쉬워했다. 당시 언론의 취재 요청, 시민단체의 손길, 군의 요구에 더 현명하게 대처할 수 있었는데, 거절했던 자신의 모습과 상황을 설명했다. 나중에 아들 소식을 알게 된 가족과 지인의 도움을 더 잘 받아들어야 했었는데 그렇지 못했음을 후회했다.

그래서일까. 공복순 씨는 2016년 1월 16일 군피해치유센터 '함께'를 만들었다. 아들을 잃고 방황하는 시간이 반복됐고, 슬픔에 잠겨 무의미하게 흘려보낸 시간을 멈추기 위해 뭐라도 해야겠다는 생각 때문이었다. 자신의 서툴렀던 부분을 인정하고, 슬픔에서 벗어나 스스로 마음의 상처를 치유하기 위해 단체를 만들었다. 엄마로서, 한 여성으로서 더 적절하게 아들의 죽음을 받아들였어야 했는데, 그러지 못했던 아쉬움의 발로(發露)였다.

군피해치유센터 '함께'

국가가 지켜 주지 못했다. 군은 한 번, 두 번, 그리고 세 번. 고 노우빈 훈련병을 살릴 수 있었던 수많은 기회와 시간을 놓쳤다. 국가와 군은 있어야 될 곳에 제대로 있지 않기도 했다. 군은 노 훈련병한테만 그런 게 아니다. 징집된 청년을 잃은 유족도 지켜주지 않았다. 부모가 자식을 잃었는데, 엄마가 아들을 졸지에 잃게 됐는데 적절한 위로를 먼저

공복순 씨는 자신과 같은 비극을 막기 위해 논산 훈련소 정문에서 입대하는 청년과 가족에게 전단지를 배포했다. ⓒ정현환

건네준 적이 없었다.

그래서 시작했다. 아들이 죽고 국가유공자가 됐으니 이제 다 끝났다고 마침표를 찍는 세상에 공복순 씨는 다시 시작점에 섰다. 자신의 아들이 죽은 훈련소 앞에서 전단지를 돌리며, 군 복무 도중 아플 때, 병영부조리를 겪게 될 때 어떻게 행동하면 되는지, 입대하는 청년과 그 가족에게 홍보했다. 이 비극을 멈추기 위해, 적어도 악화되는 것을 막기 위해 길거리로 나섰다.

2016년 공복순 씨는 군피해치유센터 '함께' 활동을 시작했다. 아들 노우빈을 잃고, 군 사망 사고와 의문사로 많은 사람들이 군대에서 목숨을 잃고 있음을 알게 됐기 때문이었다. 공 씨는 전쟁 상황이 아님에도 매년 100여 명의 군인이 우리 군에서 죽는 현실을 직면하며, 유족을 이어주는 끈이 되고자 했다. 활동한 지 4년이 된 지금, 공 대표는 "군대에서 자식을 잃은 아픔을 가진 사람들이 모여 서로서로 위로하고, 치료하는 공간을 만들고 싶었다"라고 강조했다.

그동안 군피해치유센터 '함께'는 무엇을 했을까. 2016년 이후 2020년 지금까지 공복순 씨는 '함께' 대표로 활동하고 있다. 순직자, 보훈대상자, 국가유공자 문제와 관련된 법의 잘못된 점과 미비점을 고쳐줄 국회의원을 찾아가 입법을 호소했다. 진보와 보수 가리지 않고, 여당과 야당을 구분하지 않고 찾아갔다. 간담회, 토론회 등 병영문제를 개선한다는 자리가 열리면 만사를 제치고 찾아가 의견을 제시했다. '함께'의 대표로 60만 군을 상징하는 국방부를 만나, 군 의료체계의 부실함을 알려 왔다.

진심이 통했을까. 지난 노력이 헛되지 않았는지, 서주석 전 국방부 차관을 비롯하여, 고위급 군 관계자를 만나 군 의료체계의 부실함을 지적했다. 송영무 전 국방부 장관을 만나, 이 문제의 심각성을 호소했었다. 현재도 국방부와도 소통, 단순히 만나서 이야기를 나누고 위로받는 것을 넘어 제도를 바꾸고자 노력하고 있다. 가장 대표적인 성과가 '군 앰뷸런스'다.

세상에 잘 알려지지 않은 사실이 있다. 대한민국의 모든 사람은 앰뷸런스를 탈 수 있지만, 군인만 일반 사람들이 타는 앰뷸런스를 타지 못한다. 군인은 오로지 '군 앰뷸런스'만 탈 수 있다는 얘기다. 공복순 씨는 군피해치유센터 '함께'의 대표 자격으로 국방부 관계자에게 이 문제에 대해 물었지만 "그 이유를 정확히 모른다"는 답변을 들었다고 말했다.

왜 군인이 꼭 군 구급차만 타야 되는지 담당기관인 국방부도 정작 제대로 모르는 상황이었다. 공복순 씨는 '몸이 아프면 군인이든 아니든 아무 앰뷸런스나 타도 되는 거 아닌가?' 의문이 꼬리에 꼬리를 물었다고 설명했다. 관련 기준과 법, 제도가 명확하지 않은데, 그동안 군은 단순히 '관행'이라는 이름하에, 사람의 목숨이 촌각을 다투는 상황에서 아픈 군인이 타야 될 구급차와 타지 말아야 될 앰뷸런스를 구분해 오고 있었던 것이었다.

그런데 이 '군 앰뷸런스' 문제가 앞으로 바뀌게 될 예정이다. 군피해치유센터 '함께'가 제안했고, 국방부가 응답했다. 시민단체의 제안에 군이 이전과 다르게 적극적으로 나섰다. 더불어 보건복지부도 현재 같이 하고 있다. '함께'의 문제제기에 현재 국가의 주요부서가 나서 관련 절차와 제도를 정비, 2020년 시행을 앞두고 있다. 국무총리령으로 국방부, 소방방재청, 보건복지부 세 개의 정부기관이 협의해 군인이 사회의 일반 앰뷸런스를 탈 수 있고, 일반인도 군 앰뷸런스를 탈 수 있는 현실이 곧 이뤄질 전망이다.

공복순 씨가 군피해치유센터 '함께'를 하면서 제도만 바꾸자고 한 것이 아니다. 동시에 '문화'도 바꿨다. 2018년이었다. 공복순 씨는 군에서 아들을 잃은 다른 유족의 기일에 대전 현충원을 방문했다. 공 씨는 그곳에서 그동안 한 번도 보지 못했던 광경을 보게 됐다. 군에서 군 복무 도중 사망한 군인의 사망 1주년을 맞아 나팔수를 보내, 유족을 위로해 주는 모습을 볼 수 있었다. 군은 생전에 고인이 어떤 사람인지, 어떻게 살았는지를 알려주는 시를 낭송하기도 했 다.

이전까지 단 한 번도 볼 수 없는 모습에 공복순 씨는 "내 아들의 기일이 아니었지만 크게 위로를 받았다"라고 그 때를 떠올렸다. 그런데 거기서 끝이 아니었다. 그렇게 사망 1주년 행사에 감동을 하고 자리를 뜰 때였다. 공 씨는 정체 모를 남성이 눈앞에서 쭈뼛거리고 있음을 확인했다. 이내 그 남자가 조심스럽게 다가와 말을 건넸다고 당시 상황을 기

공복순 씨는 군피해치유센터인 '함께'의 대표로 활동하며, 현재 국방부와 소통, 군 의료체계 개선을 위해 노력하고 있다. ©정현환

억해 냈다.

"고 노우빈 훈련병 어머니 맞으시죠?"

"네, 맞아요."

공복순 씨에게 말을 건넨 이는 이 행사를 주관한 군 관계자였다. 관계자는 군피해치유센터 '함께'의 창립 소식과 그간 활동을 보고, 이러한 행사를 마련했다고 설명했다. '함께'에 참여한 유족들이 서로를 보듬고, 자식을 잃은 상처를 치유하는 신문 기사를 접하고 큰 감명을 받았다고 했다. 그래서 이런 행사를 앞으로도 꾸준히 기획, 그동안 군 의무복무 도중 사망한 청년들에게 국가와 군이 제대로 해주지 못한 것을 뒤늦게

나마 할 수 있도록 "노력하겠다"고 했다.

그래서 공복순 씨는 오늘도 밖으로 나선다. 아들을 잃은 엄마가 거리로 향한다. 때때로 길거리에서 군복 입은 청년을 우연히 마주치게 될 때, 아들 또래의 청년을 스쳐지나갈 때, 슬픔이 밀려와 그만두고 싶었던 적도 있었지만 "멈출 수가 없다"고 강조했다. 이유는 이렇다. 국가와 군이 해야 될 일을 과거도 현재도 제대로 하고 있지 않아서, 대신 개인인 유족과 시민이 직접 나서서 해야 되기 때문에 길거리로 발걸음을 잡는다고 했다.

힘들어도 할 예정이다. 공복순 씨는 수혜의 대상자가 아니라, 군 의무복무 도중 사망한 유족으로서, 동시에 이 사회의 '주인'으로서 지난하지만, 더 뚜벅뚜벅 걸어갈 거라고 강조했다. 군에서 자식을 잃은 부모들이 죄를 지은 것처럼 숨는 것이 아니라 당당히 밖으로 나와, "이 비극을 멈출 수 있게 나설 계획이다"라고, "서로의 상처를 보듬으며, 치유하고 치료하는 게 목표다"라고 힘주어 말했다.

국가가 사람을 버렸다

그동안 국가는 보여줬다. 하나밖에 없는 자식을 잃고 신음하는 유족에게 상처를 돌보기는커녕 더 크게 할퀴었다. 데려갈 땐 '자랑스러운 대한의 아들'이라고 해놓고 문제가 생기거나, 사망하게 되면 책임을 회피하기 바빴다. 명백한 군의 과실이 있음에도 진위를 가려야 한다며, 보상과 배상과 관련 시간을 끌어 유가족의 상처를 더 벌어지게 했다.

국방부만 그런 것이 아니다. 보훈처에서도 그러했다. 순직자냐, 보훈대상자냐, 국가유공자냐를 두고 허점이 많은 조항과 명확하지 않은 위원들의 판정으로 군에서 자식을 잃은 상처에 다시 상처를 내, 아물게 하기는커녕 더 크게 만들었다. 국가가 군인이 필요해 시민을 데려갈 때는 언제고, 정작 징집한 뒤 문제가 생기자 모르쇠로 일관했다. 입소에서 제대까지 "끝까지 책임지겠다"고 해놓고 제대로 돌보지도 않았다. 책임과 사람을 모두 버렸다.

그래서 오늘도 향한다. 현재 군에서 자식을 잃은 수많은 유족이 국방부, 대법원, 국가보훈처로 향하고 있다. 공복순 씨와 군피해치유센터 '함께'도 지금처럼 앞으로 이들과 같이 할 예정이 다. 국가가 징집된 군인도 모자라, 그 유가족도 버리고 있는 상황에서 당당하게 목소리를 낼 계획이다.

하지만 한계가 명확하다. 동서고금을 막론하고 한 개인이나 시민단체가 국가와 군의 시스템을 개혁하려는 상황은 정상적인 모습이 아니다. 그동안 우리 사회에서 끊임없이 문제 제기되고 지적받아 왔던 병영문화 개선, 군 의료체계 보완 문제는 아직 갈 길이 멀다. 이제 막 군피해치유센터 '함께'의 노력으로, 힘들게 첫걸음을 내디뎠을 뿐이다. 이 발걸음이 계속 이어져 쉽게 지워지지 않는 발자국을 남기며, 더 이상 국가가 사람을 버리지 않는 길로 나아가길 기대해 본다.

군피해치유센터 '함께' 정기후원 문의 : 02-313-2588/ 후원계좌 : 신한은행 110-453-712526

2013년 15사단 고 오혜란 대위 사건

대위 오혜란

"이 억울함 제발 풀어주세요. 여군, 여군, 여군! 그놈의 여군 비하발언 듣기 싫고 거북했습니다. 저는 명예가 중요한 이 나라의 장교입니다. 짓밟힌 제 명예로서 저는 살아갈 용기가 없습 니다. 2009년 임관부터 지금까지 제 임무를 가벼이 대한 적 단 한 번도 없습니다. 정의가 있다면 저를 명예로이 해주십시오."

2013년 햇살 좋은 어느 가을 날, 젊은 여성 군인이 조용히 흐느끼며 삶의 마지막 글을 남겼다. 블랙박스엔 그녀의 마지막 훌쩍임과 기침소리가 녹음됐다. 동시에 렌터카 사업을 하던 아버지가 임관 때 사준 모닝 자동차 안이 흰색 연기로 가득 찼다. 남은 것은 그녀가 생전에 즐겨

고 오혜란 대위의 유서
(제공 : 고 오혜란 대위
아버지 오○○ 씨).

듣던 음악 소리뿐. 그렇게 흰 연기에 가려 모든 것이 하나, 둘 정지했다. 얼마나 시간이 지 났을까. 차 안을 가득 채웠던 노래도 끝이 났다. 흐느낌, 훌쩍임, 기침소리가 멈췄다.

딸을 잃었다. 2013년 10월 16일 오○○ 씨는 첫째 딸을 앞세워 보냈다. 육군 15사단 고 오혜란 대위(여군 54기)는 부대 전입부터 스스로 극단적인 선택을 할 때까지 약 10개월 동안 직속 상관인 노○○ 소령(3사 35기)으로부터 지속적으로 신앙을 강요당했다.

'종교의 자유'라는 기본권을 침해받은 것도 모자라 '성폭력'도 당했다. 수시로 이뤄진 인권 유린에 부대원들로부터 신망이 두텁고 전도유망한 군인의 삶이 짓밟혔다. 그녀는 도대체 어떤 고통을 받았을까. 약 7년이 지난 지금, 하나밖에 없는 딸을 잃고 아버지는 어떻게 살고 있을까.

114

기본권 침해

"내일 11시까지 교회 앞으로 오거라"(2013년 3월 30일 오전 11시 40분) "필승 교회 안에 있습니다"(2013년 3월 31일 오전 11시 3분) "오늘 교회에 나와줘서 고맙고 매주 나오거라."(2013년 3월 31일 오후 5시 35분)

고 오 대위는 평생 불자(佛子)였다. 하지만 2012년 12월 15사단 부관부 인사행정장교로 전입한 뒤로, 노○○ 소령으로부터 지속적으로 교회에 다닐 것을 강요받았다. 노 소령은 2013년 3월 30일을 시작으로 오 대위가 사망하는 그 순간까지 '종교의 자유'라는 기본권을 침해했다.

단순히 교회에 한 번 나와 보라는 권유가 아니었다. 2013년 4월 3일 화요일 오전 7시 30분 노○○ 소령은 카카오톡(이하 카톡)으로 성경과 관련된 내용을 메시지로 보냈다. 첫 문자는 성경 데살로니가전서 5장 18절이었다.

"범사에 감사하라 이것이 그리스도 예수안에서 너희를 향하신 하나님의 뜻이니라."

"주님께 감사하면 이 땅에서의 축복으로도 천국을 경험할 수 있다"라는 문구를 이른 아침부터 보냈다. 우연히 아침인사를 대신하는 아름다운 말 한 줄을 보낸 것이었을까. 그저 좋은 이야기라 한 번 읽어 보라고 보낸 것이었을까. 아니었다. 다음날인 4월 4일 오전 7시 22분. 전날과 비슷한 시각에 노○○ 소령은 카톡 메시지를 하나 더 보냈다. 마태복음 6장 34절, "그러므로 내일을 위하여 염려하지 말라", "내일 일은 내일이 염려할 것이요, 한날의 괴로움은 그날로 족하리라"

성경 데살로니가전서는 마태복음을 거쳐 고린도전서로 이어졌다. 이사야와 에베소서로 고린도후서로, 디모데전서와 누가복음을 거쳐 다시

평일 아침마다 노○○ 소령은 오혜란 대위에게 성경 구절을 카톡으로 보냈다. ⓒ정현환

고린도전서로 돌아왔다. 노○○ 소령은 평일 오전 7시와 9시 사이에 오혜란 대위에게 언제나 답장 없는 메시지를 보냈다. 토요일엔 "내일 일요일 예배 나오라"고 연락을 했으며, 일요일엔 교회 참석 여부를 확인, 나오지 않으면 왜 못 나왔는지를 캐묻는 카톡을 보냈다.

직속상관인 노○○ 소령의 지속적인 종교 강요에 오혜란 대위가 할 수 있는 건 별로 없었다. 불교 신자였던 오 대위는 카톡을 확인하고, 대부분 반나절이 지나 "필승"이라는 군대식 구호를 앞세워 업무 관련 문의로 대답할 뿐이었다. 그렇게 한 달, 두 달, 약 10개월간 노○○ 소령은 오 대위에게 예수의 가르침을 전했다. 기본권 침해이자 동시에 직장 내 괴롭힘이었다.

사랑한다

얘기할 수 있다. 부하를 위해 성경의 좋은 구절을 보낸 게 무엇이 문제냐고 반문할 수 있다. 신앙심이 깊은 나머지 남의 입장을 배려하지 못한걸 죄로 물을 수 없는 거 아니냐고 말할 수 있다. 그런데 정말 단순

유부남이었던 노○○ 소령은 미혼인 오혜란 대위에게 지속적으로 "사랑한다"고 표현했다. ⓒ정현환

문자였을까? 부주의함이었을까? 아니었다. 종교적 이야기는 이내 이 성(性)적 호감을 드러내는 내용으로 이어졌다.

"보고 싶구나(편집자 주 : 휴대전화 이모티콘, 눈물)(눈물)."(2013년 4월 14일 오후 1시 53분)

"오늘밤 뭐하니(편집자 주: 휴대전화 이모티콘, 크크)(크크)(크크)(크크)."(2013년 4월 17일 오후 1시 14분)

"데이트할까."(2013년 4월 17일 오후 1시 51분), "잘 나온 사진한장 보내봐라"(2013년 4월 19일 오후 12시 27분)

노○○ 소령은 유부남이었다. 2013년 당시 이미 결혼을 해 아내와 자식을 두고 있었다. 오혜란 대위가 지속적으로 싫다고 의사를 표현했음에도 불구하고 노 소령은 오 대위에게 노골적으로 자신의 감정을 표현했다. 시간이 지날수록 더했다. 직속상관이 자신의 부하에게 하기 힘든 말을 지속했다. "보고 싶다"라고 했고, "데이트를 하자"라고 요구했으며, "오 대위 사진을 보내라"라고 했다.

"그동안 수고했다, 사랑한다."(2013년 6월 14일 오후 3시 04분) "항상 사랑한다."(2013년 7월 26일 오후 5시 10분) "사랑하고 신뢰한다."(2013년 7월 31일 오후 2시 47분)

집착

거기서 끝이 아니었다. 노○○ 소령의 치근거림은 시간이 지날수록 더 강해졌다. 2013년 6월을 시작으로 오혜란 대위에게 "사랑한다"는 말을 반복적으로 전송했다. 오 대위가 휴가로 자리를 비우면 "빨리 돌아오라"는 말과 함께 "보고 싶다"라고 했다. 지속적으로 '사랑'을 상징하는 휴대전화 이모티콘을 보냈다.

"어디인고? 냐고 물었는디? (크크)(크크)"(2013년 8월 2일 오후 9시 22분) "필승 아;; 군폰 착신전환하고 미쳐 못봤습니다 숙소입니다."(2013년 8월 2일 오후 9시 23분) "니차 없던데? ㅋ"(2013년 8월 2일 오후 9시 24분) 노○○ 소령은 노골적으로 사랑한다고 한 것으로 모자라 오혜란 대위에게 집착했다. 어디에서 무얼 하고 있는지, 오 대위가 휴가 중에 남자친구와 어떤 시간을 보냈는지, 식사 시간에 누구와 밥을 먹었는지 꼬치꼬치 캐물었다. 오전과 오후를 가리지 않고, 평일과 주말 구분 없이, 일을 해야 될 업무시간에 오 대위에게 집중했다. 집착했다.

성폭력

기본권 침해와 직장 내 괴롭힘이 반복됐다. 단순히 치근거리는 것에서 그치지 않았다. 노○○ 소령은 오혜란 대위에게 성폭력도 저질렀다. 노 소령은 15사단 부관참모였고 바로 밑에서 보좌했던 이가 인사행정장교 오 대위였다. 두 사람은 매일매일 얼굴을 볼 수밖에 없는 사이였다. 군대라는 제한적인 공간과 겹치는 업무 속에서 노 소령은 오 대위에게 시도 때도 없이 성적 수치심이 드는 발언을 했다.

"자는 시간 빼고 거의 하루 종일 같이 있는데, 그 의도도 모르냐, 같이 잘까?"

오혜란 대위는 듣게 된다. 다른 여성 장교와 함께 있는 자리에서 노○○ 소령은 오 대위에 노골적으로 성관계를 요구했다. 성희롱이 발생한 상황에서 부관참모실에서 오 대위가 X반도(서스펜더)를 착용할 때 노소령은 도와준다는 핑계로 오 대위의 어깨를 만졌다. 등을 쓰다듬고, 어깨를 주물렀다. 성희롱에 이어 성추행을 저질렀다.

오혜란 대위는 15사단 여군 고충상담관이었다. 사단에 딱 하나밖에 없는 보직. 말 그대로다. 15사단 내의 여군들의 고충을 듣고, 조언하는 역할을 맡고 있었다. 하지만 정작 오 대위는 자신의 고충을 어디에도 얘기할 곳이 없었다.

2013년 10월 16일. 매일매일 반복되는 기본권 침해와 직장 내 괴롭힘, 시도 때도 없이 저질러지는 성폭력에서 벗어날 수 없었던 오 대위는 부대 인근 화천군 청소년 야영장에서 숨진 채로 발견됐다. "군 복무 잘하라"라고 아버지가 사줬던 모닝 자동차에서 스스로 목숨을 끊었다.

아버지와 수면제

"딸이 우는 모습을 처음 봤다. 회식자리에서 참모가 다리를 더듬고, 노래방에서 안고, 하룻밤만 자면 군대 생활 편하게 할 수 있는데, 그 의도도 모르냐고 했답니다."

딸을 잃고 법정에 섰다. 고 오혜란 대위의 아버지인 오○○ 씨는

2014년 2월 11일 2군단 보통 군사법원에 서서 증언했다. 살아생전 딸이 어떤 가혹한 행위를 당했는지를 진실되게 고백했다.

군사법원은 1심에서 가해자 노○○ 소령에게 징역 2년 집행유예 4년을 선고했다. 10개월에 거쳐 지속적인 성폭력과 인권침해에 시달려 사람이 죽었는데 군은 가해자를 불구속 상태로 수사했다. 노 소령의 가혹행위와 강제추행 부분을 오 대위 자살과 분리해 재판을 했다. 군은 가해자는 있지만 피해자가 없는 꼴로 만들어 재판을 진행했다.

그래서 심리부검을 했다. 군인권센터의 도움으로 아버지 오○○ 씨는 딸이 왜 사망했는지 정확한 원인을 확인하기 위해, 가해자를 제대로 처벌하기 위해 오 대위의 일기장, 유서 등을 토대로 정신분석을 의뢰했다. 한 달여 진행된 심리부검에는 7명의 전문가들이 참여했다.

심리부검 결과 밝혀졌다. 고 오혜란 대위가 15사단으로 전입 오기 전까지 자살 징후가 없음이 드러났다. 하지만 15사단에 온 뒤, 노 소령의 괴롭힘이 시작된 시점부터 오 대위에게 직장 내 괴롭힘, 적응장애, 주요 우울장애 등의 증세가 나타났음이 확인 됐다.

친구들과의 관계가 좋았던 사람. 남자친구를 이해하려는 모습이 늘 돋보였던 인물. 하지만 노 ○○ 소령과는 아니었다. 오혜란 대위는 노 소령과의 관계에서 문제가 있음이, 상황이 심각했었음이 조사결과 밝혀졌다. 단순 문제와 가벼운 증상이 아니었음이 도출됐다.

아버지의 노력이 통했을까. 2015년 7월 9일, 대법원은 보통군사법원의 원심을 깨고 가해자 노 ○○ 소령에게 징역 2년을 확정했다. 가해자인 노 소령의 가혹행위가 인정, 피해자인 오혜란 대위는 순직처리가 되어 지금 대전 현충원에 안장되어 있다.

"수면제가 없으면 잠을 잘 수 없어요."

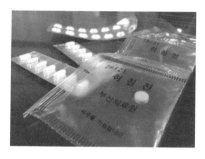

7년 전, 군대 내 성폭력으로 딸을 잃은 오○○ 씨가
먹는 수면제 ⓒ정현환

아버지 오○○ 씨는 말한다. 2013년 사
건이 있고 7년이라는 시간이 지난 지금 이
야기한다. "딸을 잃고 정말 상상도 할 수 없
는 충격을 받았다"라고 슬픔을 토로했다.
그 고통이 지금도 가시지 않아 "수면제가
없으면 잠을 이룰 수 없다"고 강조했다. 앞
서간 딸을 뒤따라가려고 시도했지만 아내
와 남은 자식이 눈에 밟혀 그러지 못했음
을, 견딜 수 없는 현실에 "딸과 오랫동안 함께 살았던 집을 헐값에 팔고
이사했다"라고 말했다.

7년의 시간

아버지 오○○ 씨는 고백한다. 지금 돌이켜 생각해 보면, 경황이 없
는 상태에서 딸의 문제를 해결했다고 회상했다. 2013년 당시 군대 내
성폭력으로 딸을 잃고 뭘 어떻게 해야 될지 모르는 상황에서 아버지는
"군이라는 국가조직을 개인이 직접 마주해야 했다"고 강조했다.

연이어 아버지는 딸이 죽고 그 뒤로 2년 동안 재판을 하면서 뼈저리
게 느낀 게 있다고 설명했다. 아버지는 "피해자인 딸이 죽고 없는데, 가
해자의 범죄 행위를 유족이 하나하나 입증해야 한다"라는 부당한 현실
에 분노를 표출했다.

군은 줬다. 오혜란 대위는 임관, 53사단을 거쳐 15사단에서 있을 때까
지 우리 군은 오 대위에게 각각 상장, 표창장, 사단장의 이름으로 11개의

국가가 사람을 버렸다, 군 사망사건 유족들이 묻는 '국가의 책임'

상을 수여했다. 그래서인지 오 대위는 남들보다 빨리 진급했다. 오 대위는 그 누구보다 우수한 장교였다. 업무 능력이 탁월한 사람이었다.

하지만 정작 문제가 생기자 군은 아버지와 유족을 외면했다. 훌륭한 장교라고 할 때는 언제고, 정작 사건이 터지자 미온적으로 대응했다.

고 오혜란 대위 ⓒ정현환

딸을 잃은 유족을 방치하고 보듬어 주지 않았다. 군 대신 유족을 도와준 건, 군인권센터라는 시민단체였고, 이 사연이 세상에 알려지고 일반 시민들이 내민 손길과 응원이었다. 국가가 아니었다.

그래서 봐야 했다. 군의 협조가 거의 없는 상태에서 아버지는 자신의 딸 오 대위가 노 소령으로부터 지속적으로 압박당한 내용을 마주해야 했다. 일기, 메모, PC 등에 저장된 가해자의 폭력이라는 사실과 진실, 동시에 딸의 고통을 마주해야 했다. 나아가 들었다. 자신이 직접 사준 자동차에 손수 달아준 70만 원 짜리 블랙박스에 녹음된 딸의 마지막 흐느낌과 슬픔을 들어야만 했다.

딸을 잃고 아버지는 마음의 병을 얻었다. 앞으로 영영 딸을 볼 수 없는데, 가해자는 감옥에서 고작 2년을 산 것이 전부였다. 2017년에 출소했을 테다. 피해자는 죽었는데, 가해자는 살아서 밖을 활보하고 있다. 그래서 약 7년이라는 시간이 흘렀지만, 아버지는 딸이 죽은 2013년에 머물러 있다. 고통의 크기는 지금이나 그 때나 똑같다. 한(恨)의 크기는 전혀 줄지 않는데, 한(恨)의 숫자는 나날이 더해졌다. 가해자를 처벌하고 딸이 국가유공자로 지정이 됐어도 덜해지지 않았다.

아버지는 기억했다. 국가의 도움? 군부대의 협조? "전혀 없었다"라고 힘주어 말했다. 딸을 비극적으로 보내고, 딸과 유사한 성희롱, 성추행을 당했던 동료들이 처음엔 함께 했지만, "시간이 지날수록 이탈했었다"라고 당시 힘겨웠던 상황을 떠올렸다. 아버지 오○○ 씨는 군대라는 국가 조직에 한 개인이 혼자 맞서 싸워야 했던, 그래서 너무나 외로웠던 싸움의 부당함을 역설했다.

왜 그랬을까. 고 오혜란 대위처럼 노○○ 소령으로부터 유사한 성폭력을 겪고, 딸의 죽음으로 고소를 같이 했던 3, 4명의 사람들이 중간에 무슨 이유로 하나, 둘 고소를 취하했을까. 그래서 왜 고인과 유족이 시간이 지날수록 외롭고 힘겨운 싸움을 했어야 했을까. 그 때 군은 뭘 하고 있었을까.

성폭력은 '권력관계'

이 지점에서 2014년 있었던 군인권센터의 '군성폭력실태조사'를 눈여겨 볼 필요가 있다. 설문조사에서 여군의 90%가 "성 관련 피해를 당해도 대응하지 않겠다"고 응답했다. 그 이유로 47.4%가 "소용없어서", 44.7%가 "불이익 때문에", 5.3%가 "나쁜 평판 때문"이라고 꼽았다. 피해 여군의 95.7%는 "군으로부터 보호받지 못했다"고 응답했다.

또한, 조사에서 성폭력 피해사실이 드러났을 때 35.3%가 "집단따돌림을 경험했다"고 응답했으며, 23.5%는 "가해자로부터 보복을 당한 경우도 있었다"고 답변했다. 80%의 여군이 군사 재판을 "신뢰하지 않는다"고 했고, 92%가 "헌병대와 징계위원회를 각각 신뢰하지 않는다"고 말했다. 성폭력 관련, 군의 처벌에 여성 군인들이 강하게 불신하고 있음을 확인할 수 있는 대목이다.

가해자가 장교일 경우 실형 선고율은 2011년부터 2013년까지 단 1건도 없는 '0%'이었다. 이마저도 2013년 기준이다. 군대 내 여성의 규모가 약 1만여 명이 되는 현실에서, 군은 그동안 의미 있는 여군 실태조사를 제대로 한 적이 없다. 군보다 먼저 나선 건 군인권센터라는 시민단체였다. 현재 군은 '강한 군대'를 외치지만, 현실은 '강한 남성 군대'라는 그 이상 그 이하도 아닌 것이다.

고 오혜란 대위 사건을 지원하고, 2014년 '군성폭력실태조사'를 조사했던 김숙경 군인권센터 부설 군성폭력상담소 소장은 말한다. "오 대위 사건을 통해 성폭력의 본질은 권력관계이며, 성적 매력이 충만한 젊고 아름다운 여인이 성폭력 피해자의 대부분을 차지할 것이라는 생각은 허상에 불과하다"고 주장한다. "오히려 장애여성이나 어린이 등 성적 매력과 무관한, 권력관계의 하층부를 차지하는 사람들이 대부분을 차지한다"고 강조했다.

숙제다. 문제다. 과연 군은 이 문제를 개선할 마음이 있는 것일까. 이러한 문제제기에 김숙경 소장은 현재 우리 군이 "자정능력을 상실했다"고 판단했다. 군에서 일어나는 구타 가혹행위 뿐만 아니라 성폭력 문제를 해결하기 위해서는 "외부로 문을 열어야 한다"라고, "바깥의 감시와 견제가 없으면 모든 것이 의미 없는 시늉일 뿐"이라고 힘주어 말했다.

덧붙여 김숙경 소장은 우리 군에 현재 약 1만여 명의 여군이 "직업군인이다"라는 점을 강조, 직업이 생존권과 연결된다는 점을 고려해 볼 때,

"일반 사회에서처럼 군대 내 성폭력 문제를 밖으로 꺼내기가 어려울 것"이라고 설명했다. 다른 직업과 다르게 인사고과가 여성이 군에 있는 한 계속 따라다닌다는 점을 고려해 볼 때, "군에서 성폭력을 당하고 이를 고발, 이 사실을 증언하는 게 처음부터 무리"라고 부연했다.

끝으로 김숙경 소장은 "군 성폭력은 가해자 개인의 문제라기보다 제도적이고 문화적인 문제다"라고 설명하며, 군대 내 성폭력 사건 발생 시 "개인만 골라내서 처벌하면 안 된다"고 강조했다.

그렇다. 문제를 해결하기 위한 첫 조건은 정확한 실태를 파악하는 일이다. 그런데 우리 군의 현주소는 어떠할까. 여성 군인을 대상으로 한 군 실태조사를 찾아보기가 매우 힘든 게 현실이다. 늦은 감이 있지만 이제라도 전 여성 군인을 대상으로 성폭력 및 성차별 실태조사를 해야 한다. 문제가 터지고 난 뒤, 부랴부랴 하는 조사는 늦다. 사고 직후, 그때만 잠시 하는 일회성 조사는 더더욱 의미 없다.

성폭력은 피해자중심주의 원칙에 입각해서 성역 없이 이루어져야 한다. 성폭력이 다른 사건과 다르게 은밀하게 이뤄져 증거와 증인을 확보하기 어렵고, 군대 내 성폭력도 권력 관계에 의해 이뤄지기 때문에 피해자들이 직접 나서기 힘들기 때문이다. 일반 사회에서처럼 군 내부에서도 첫 수사단계부터 사건 종료 후 보상단계까지 피해자를 지원하는 방식이 더 제도적으로 갖춰져야 한다.

실효성 있는 성폭력예방교육, 피해자(일시)보호시설, 2차 가해방지 체계, 판결문에 군 성폭력 가해자의 신상정보공개등록과 고지 및 정착화 등 앞으로 할 일이 많다. 합리적인 피해자 보상 체계, 피해자의 사회적 복귀를 위한 정서적 치유가 더 적극적으로 보장돼야 할 것이다. 이것이 오 대위가 우리에게 남긴 숙제다.

2014년 고 윤승주 일병과 매형 김진모 씨

일병 윤승주

군번 14-76085925. 6년 전 김진모 씨는 처남을 잃었다. 2014년 4월 7일 육군 제28보병사단 977포병대대 의무대에서 사랑하는 아내의 남동생인 고 윤승주 일병을 잃게 됐다. 윤 일병은 2014년 3월 3일 자대배치를 받고 의무대에서 무려 30일 동안 구타 및 가혹행위, 언어폭력, 성폭력을 당했다. 4월 6일 국군양주병원으로 후송될 때까지 이어진 폭력은 20살 윤 일병을 젊은 나이에 영영 돌아올 수 없는 길을 가게 했다.

총 6명. 선임병 5명과 부사관 1명이 저지른 폭력은 상상을 초월했다. 이 살인사건을 주도한 이○○ 병장은 윤 일병의 성기에 '안티푸라민'이라는 소염 진통제를 바르는 성폭력을 저질렀다. 윤 일병에게 자신의 침을 빼고 핥으라고도 지시하며, 이를 주저하자 폭력을 행사했다. 군 검찰 조사결과 드러났다. 이○○ 병장이 윤 일병에게 다양한 폭력을 행사한 것도 모자라, 잠을 안 재우고 밥도 못 먹게 했다는 사실이 추후에 밝혀졌다. 어머니와 두 누이에 대한 패륜적인 욕설도 윤 일병이 사망하는 그 순간까지 이어졌다.

고인이 사망하기 전날인 2014년 4월 6일에 윤 일병이 군 병원에 후송됐을 때, 가해자들은 윤 일병의 물건을 불태웠다. 누구의 지시로 그랬는지, 자발적으로 행동한 것인지 지금까지 정확히 밝혀진 바 없으나 행여 자신들에게 불리할 것 같은 증거와 물품들을 소각하고 폐기했다. 폭력으로 사람을 사경에 헤매게 해놓고, 정황을 은폐한 뒤, 아무 일 없다는 듯이 잠을 청했다. 다음 날인 7일에 윤 일병이 사망, 그렇게 가해자들은 부대에서 긴급체포를 당했다.

처남을 잃고 은퇴를 했다. 이 일에 집중하고자 매형인 김진모 씨는 하던 일을 그만뒀다. 그 이유는 간단했다. 군 헌병대의 부실한 초기수사,

고 윤승주 일병의 매형 김진모 씨가 윤 일병이 구타 및 가혹행위를 당한 상황에 대해 설명하고 있다.
(제공 : 김진모 씨)

군 검찰의 이상한 공소, 군사법원의 석연치 않은 진행으로 '진실'이 제대로 밝혀지지 않았다는 생각 때문이었다.

그렇게 6년. 매형은 좋았다. 지난 시간 동안 확보한 약 3만여 건의 문서와 20여개의 진술 및 조서 영상, 407건의 정보공개청구를 통해 얻어낸 문헌 자료, 약 30회 고소 고발 소송을 통해 그동안 드러나지 않은 정보를 얻어냈다. 고 윤승주 일병의 매형인 김진모 씨가 찾아낸 진실은 무엇일까.

부검의

고 윤승주 일병 사건의 부검의는 윤○○다. 윤○○는 2014년 4월 8일 윤 일병을 부검했다. "코 끝과 윗입술에 멍이 관찰", "다발성 골절이 관찰되며 그 주위로 출연이 동반 함", "폐를 절단하였을 때, 기관으로부터 양측 기관지에 걸쳐 내강에 음식물이 관찰된다"라고 윤 일병의 부검감정서를 작성했다. 덧붙여 윤○○는 부검감정서 마지막 장에,

가. 후두, 기관 기관지에서 음식물이 관찰된다는 점

마. 민간병원 의사에 의하면 최초 사망자 기도에 음식물이 차 있었다는 점

바. 민간병원 의사에 의하면 "기도폐쇄에 의한 뇌손상으로 사망했다"는 소견이 있는 점

사. 사망자가 생활관에서 취식 중 선임병들에게 폭행을 당하다 의식을 잃고 쓰러져 민간병원으로 후송하였으나 사망한 정황 등을 종합할 때,

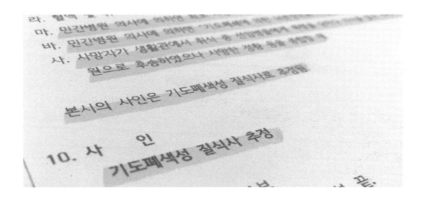

2014년 4월 8일 부검을 실시한 윤○○ 부검의는 5월 12일에 고 윤승주 일병이 "기도폐색성 질식사로 추정된다"고 사인을 직접 썼다. ⓒ정현환

"본시의 사인은 기도폐색성 질식사로 추정됨"

이라고 명시했다. 윤○○ 부검의는 네 가지 이유를 들어 고 윤승주 일병이 기도폐색성 질식사, 그러니까 기도가 막혀 숨을 쉴 수 없어 사망했다고, 기도에 음식물이 차 있었고, 이 사실을 민간병원 의사에게 들었다는 취지로 자신이 '직접' 부검감정서를 썼다.

또한 답했다. 윤○○ 부검의는 윤 일병을 직접 부검한 지 약 4개월이 지나서인 2014년 8월 22일에 제3야전군사령부 보통검찰부에 임의로 출석하여 진술했다. 윤 부검의는 군 검찰이 기도 폐쇄에 의한 사망을 추정한 이유를 묻는 질문에, "부검결과 기도에서 음식물이 발견됐다"는 점을 밝히며, "취식 중에 폭행을 당했다", "민간 병원에서 사망자 기도에 음식물이 차 있었다", "당시 피해자를 진단한 임상의의 의견에 기도 폐쇄가 있었다"는 기존의 의견을 재차 반복했다.

거짓말

기도가 막혀서 사망했다? 사실일까? 매형인 김진모 씨는 주장한다. "조작된 진실"이라고 강조한다. 육군이 고 윤승주 일병 사망과 관련 "처음부터 끝까지 조작했다"고 설명했다. 김 씨는 "군 헌병대와 군 검찰의 조사가 이뤄지기 전부터, 부검이 시작되지도 않았는데 이미 육군본부에서 사인을 단정했다"라고 확신했다.

이렇게 주장하는 구체적인 배경은 무엇일까. 도대체 군이 어떻게 윤 일병 사건을 조작했다는 것일까. 6년이라는 시간 동안 매형이 처남의 죽음과 관련 추적하고 다닌 진실은 과연 무엇일까. 누가 지금까지 거짓말을 하고 있는 것일까.

스스로 뒤집었다. 부검의 윤○○가 '직접' 작성했다던 부검감정서와 제3야전군사령부 보통검찰부에 임의로 출석해 진술한 내용을 맞춰보니, 부검의가 자신의 기존 진술을 뒤엎었다는 사실이 밝혀졌다. 특히, 2014년 12월 29일 국가인권위에 의해 이뤄진 현장조사 결과가 그랬다. 고 윤승주 일병이 4월 6일 연천군보건의료원에서 후송된 후, 국군양주병원 관계자들이 들었다는 윤 부검의의 진술에 거짓이 있음이 드러났다. 그 내용은 무엇이었을까.

현장조사에서 연천의료원 간호사 김○○는 말했다. "양주병원이 의료원측으로부터 윤 일병의 기도에서 다량의 음식물이 나왔다는 이야기를 들었다고 했으나, 의료원에서는 그런 말을 한 사람이 없다"라고 설명했다. 덧붙여 김 간호사는 "의사들은 일반적으로 사망원인에 대해 단정하지 않는다"고 하며, "의료원에서는 그런 말을 한 사실이 없다."고 강조했다.

한 사람만 그렇게 말한 것이 아니다. 국군양주병원 군의관도 거의 똑같이 진술했다. 국군 양주병원 이○○ 군의관은 "연천의료원에서 동행한 간호사나 부대 관련자를 직접 접촉한 사실이 없다"라고 말했다. 같은 병원 이○○ 간호사도 "인튜베이션(편집자 주 : intubation, 기관내 삽관)에 이물질이 확인되었는지 여부에 대해 들은 기억이 없다"라고 설명했다.

부검의 윤○○를 제외하고 모두 다 고 윤승주 일병의 기도에 음식물이 있었는지, 있었다는 사실을 누가, 언제 확인했는지, 그래서 누구에게 말했는지 "알지 못한다"라고 국가인권위 현장 조사에서 진술했다. 그렇다면 윤○○는 기도에 음식물이 있었다는 얘기를 누구에게 들은 것일까?

번복

"양심에 따라 숨김과 보탬 없이 사실 그대로 말하고, 만일 거짓이 있으면 위증의 벌을 받기로 맹세합니다."(2015년 1월 8일, 윤○○, 고등군사법원 제2회 공판조서의 일부)

그렇게 부검의 윤○○는 번복한다. 자신이 직접 고 윤승주 일병을 부검했음에도, 검찰에 출석해 스스로 말했던 사실에서 물러선다. 2015년 1월 8일 고등군사법원 증인신문조서에서 그동안 본인이 한 말과 전혀 다른 말을 한다. 군 검찰관과 윤○○는 아래와 같은 질문과 답변을 주고 받는다.

Q. 군 검찰관 : "민간병원 의사의 소견이라는 것 역시도 민간병원 의사로부터 직접 전해들은 것이 아니라 수사기관으로부터 전해들

2015년 1월 8일 고등군사법원에서 윤○○ 부검의는 자신이 그동안 밝혀왔던 진술과 배척되는 답변을
한다. ⓒ정현환

었다는 것이지요."

A. 윤○○ 부검의 : 예.

Q. 군 검찰관 : "여기서 수사기관은 헌병을 말하는 것인가요."

A. 윤○○ 부검의 : 예.

그렇다. 부검의 윤○○는 부검하기 전에 이미 헌병대로부터 수사정
보를 개략적으로 듣고 부검을 진행, 이에 따라 사인(死因)을 작성한 것
이었다. 자신이 들었다던 민간병원 의사는 존재하지도 않았고, 그 '민
간병원' 이야기도 결국 군 헌병대(현 군사경찰)가 한 것이었다.

윤○○ 부검의는 부검도 실시하기 전에, 부검의로서 직접 시신을 확
인하고 부검한 뒤 의견을 냈어야 했는데 하지 않고, 헌병대의 입장을 대
변했을 뿐이었다. 유족이, 고 윤승주 일병의 매형인 김진모 씨가 군 수
사당국의 부실한 수사와 이 사건의 초기 은폐를 의심하는 대목 중의 하
나다. 지난 6년간 찾아낸 정보다.

진실을 추적

　28사단 헌병대에서 시작된 조작과 거짓은 용인 군사법원을 거쳐 용산 고등군사법원에 이르렀다. 군은 진실을 드러내기는커녕 덮으려고 애를 썼다. 특히 군 검찰이 그랬다. 이 사건은 군대 내 구타 및 가혹행위로 인한 살인사건임에도, 처음에 '상해치사'라고 기소했다. 상해치사는 사람의 신체를 상해하여 사망에 이르게 한 죄를 일컫는 말로, 최대 징역 3년인 형벌에 불과하다.

　이러한 군 검찰의 이상한 공소장은 가해자 측의 입장을 대변하는 변호사도 납득할 수 없는 재판으로도 이어졌다. 도대체 왜 그랬을까? 무슨 이유로 육군은 2014년 당시 진실을 밝히기는커녕 덮으려 애를 썼을까. 육군 제28보병사단 고 윤승주 일병 사건. 세간 사람들은 2018년 1월 3일 윤 일병이 국가유공자로 지정되어 끝난 줄로 알고 있다. 하지만 아니었다. 매형은 아직 끝나지 않았다고 생각한다.

　그 이유는 이렇다. 딱 6명만 군사법원에 세워졌기 때문이다. 고 윤승주 일병을 직접 구타한 징집된 병사 5명과 부사관 1명만 처벌을 받았다. 주범은 현재 40년형을 받고 경북 북부 제1 교도소에 있다. 하지만 종범들

충혼당 안장 위치번호 102197에 고 윤승주 일병이 안치되어 있다. ⓒ정현환

은 1년 쯤 후 풀려날 것이고 의무지원관 하사는 2019년에 출소해 일반 사회를 활보하고 있다.

그래서 고 윤승주 일병의 매형인 김진모 씨는 주장한다. "처음부터 끝까지 육군본부가 진실을 조작하고, 증거를 사라지게 했다"라고, "부검과 군사재판에서 미흡하게 처리된 이유가 있다"라고, "국방부의 잘못된 발표로 언론에 진실이 잘못 알려져 진상을 규명하는데 힘들었다"라고, "고작 부사관 1명과 징집된 병사 5명만 처벌 받는데 머무른 이유가 반드시 있다"라고 강조했다.

사실 그랬다. 당시 지휘계통에 있던 연대장은 견책을 받았고, 대대장은 정직 3개월을 받았다. 중대장은 정직 2개월 조치에 취해졌다. 하지만 당시 국방부 장관이었던 김관진은 2014년 6월 1일부로 박근혜 정부 당시 청와대 국가안보실장으로 사실상 영전했다. 당시 육군 참모총장이었던 권오성만 2014년 8월 5일자로 이 사건의 책임을 지고 물러났을 뿐이었다.

한 청년이 거의 고문에 가까운 끔찍한 폭력을 무려 30일 동안 당하고 사망했는데, 가장 최말단의 청년 6명만 처벌 받는 데 그쳤다. 담당 부검의는 제대로 부검도 하지 않고, 헌병대는 초기수사도 적절하게 하지 않았으며, 군 검찰은 이상한 공소장을 작성했음에도 관련자 그 누구하나 처벌과 책임 추궁을 받지 않았다.

그래서 오늘도 매형은 좇는다. 정보공개를 청구하고, 이제는 일반인이 된 당시 군 검찰, 군 판사를 만나 진실을 덮으려고 했던 당시 상황을 확인하고 있다. 약 3만여 건의 문서와 20여개의 진술 및 조서 영상, 407건의 정보공개청구를 통해 얻어낸 문헌 자료, 약 30회 고소 및 고발 소송에 이어 추가로 절차를 밟고 있다. 진실을 추적하고 있다.

2015년 고 홍정기 일병과 어머니 박미숙 씨

일병 홍정기

군번 15-71024066. 고 홍정기 일병의 어머니 박미숙 씨는 군에서 사랑하는 아들을 잃었다. 2015년 8월 4일에 입대한 홍 일병은 군 의료사고로 2016년 3월 24일 숨을 거뒀다. 처음 몸에 이상 증세가 발생되고 9일 동안 군에서 적절한 조치를 취하지 않아, 뇌출혈로 21살 짧은 생을 마감했다.

"살아도 될까" 박미숙 씨는 오늘도 홀로 되뇐다. 자식 잃은 부모가 무슨 면목으로 앞으로 삶을 살아야 할지 고민이 많다고 한다. "자신이 없는 나날의 연속"이라고 설명하며, "살릴 수 있었던 아들을 잃어 지금 너무 보고 싶다"고 흐느꼈다. 아들을 잃고 연극배우가 된 엄마 박미숙

고 홍정기 일병의 어머니
박미숙 씨
ⓒ정현환

씨. 어머니가 무대 위에 오르게 된 건 어떤 사연일까.

특급전사

　군에서 고 홍정기 일병에게 부여한 주특기는 운전병이었다. 동시에 홍 일병은 행정병도 같이 병행했다. 군 입대 전에도 군 복무 도중에도 누구보다 건강했고, 두 가지 보직을 겸하며 다른 누구보다 군 복무에 열심이었다. 동시에 홍 일병은 군에서 아무에게나 주지 않는, 전투원으로서 탁월한 능력을 인정받은 사람에게만 부여되는 '특급전사' 체력요건을 모두 갖추기도 했었다.

그런데 2015년 3월 22일 오전 9시 즈음, 군에서 갑자기 연락이 왔다. 군 행정보급관이라는 사람이 "홍정기 일병이 강원도 춘천병원으로 후송되고 있다"라고 말했다. "저희가 가야 되나요?" 군의 전화에 고 홍정기 일병의 어머니인 박미숙 씨가 물었다. 행정보급관은 "검사를 해보고 이상이 있으면 연락을 드리겠습니다"라고 답변했다.

얼마나 시간이 지났을까. 홍 일병의 아버지도 군에서 한 통의 전화를 받게 됐다. 다급하게 돌아가는 상황에 아버지는 "'가봐야겠다'는 마음이 들었다"라고 당시 상황을 설명했다. 그렇게 아버지와 어머니는 하던 일을 멈추고 아들이 있는 군 병원으로 발걸음을 고쳐 잡았다.

두드러기약과 감기약

3km 달리기 '1등', 윗몸일으키기와 팔 굽혀 펴기 '특급'. 고 홍정기 일병은 입대 뒤 체력검정에서 매우 우수한 성적을 기록했다. 군 복무 도중 자격증을 딸 정도로 몸과 마음이 건강했던 청년이었다. 그랬던 그에게 도대체 군에서 무슨 일이 생긴 것일까.

고 홍정기 일병의 죽음의 진실을 제대로 알기 위해선, 고인이 사망하기 11일 전으로 돌아가야 한다. 홍 일병은 급성 뇌출혈과 다발성 장기부전이라는 최종 진단을 받았지만, 처음 증상이 발생하고 목숨을 잃을 때까지 무려 11일이라는 시간이 있었다. 홍 일병은 사망하는 그 순간까지 도대체 무슨 일을 겪었을까.

고 홍정기 일병이 사망하고, 작성된 '사망 발생 경위서'에 자세히 적혀 있다. 2016년 3월 13일 저녁 7시. 홍 일병은 심한 구토를 하게 된다. 여러 차례 화장실을 다녀올 정도로 상태가 심했다. 증상이 심상치 않아 밤 10시 사단 의무대로 후송됐다. 홍 일병을 진료한 당시 군의관은 '두드러기약'을 처방했다.

부대로 복귀한 고 홍정기 일병은 주변 전우들에게 "어디 부딪히지도 않았는데, 자꾸 멍이 든다"라고 설명하며, 멍 자국을 직접 보여줬다. 처음 진료와 처방을 받고 일주일이 지난 3월 20일까지 홍 일병은 '구토'와 '멍'이라는 동일한 증상을 호소했다.

동시에 고 홍정기 일병은 두통, 시야 이상, 무기력증에 시달렸다. 행정보급관에게 자신의 멍을 직접 보여주며, 몸 상태를 알리기도 했다. 고통을 참다 참다 더 이상 참지 못해서였을까. 21일 홍 일병은 연대 소속 군의관에게 두 번째 진료를 받게 된다.

그렇게 얻었다. 감기약 처방을 받았다. 연대 군의관은 '혈소판' 관련 질환임을 의심했지만, 응급한 상황이 아니라고 판단했다. 대신 혈액 검사를 받을 수 있도록 예약을 잡아줬다. 그것이 전부였다. 군의관은 잘 모를 수 있지만, 고 홍정기 일병이 이미 별다른 이유 없이 몸에 멍이 생긴다는 걸 알고 있는 행정보급관도 나쁜 증상을 멈출 수 있는 조치를 취하지 않았다.

특히, 당시 행정보급관은 고 홍정기 일병과 함께 민간병원을 방문했다. 하지만 거기서도 마찬가지였다. "혈액암이 의심, 즉각 검사해야 한다"는 민간 의사의 소견을 듣고도 행정보급관은 홍 일병과 함께 전문병원으로 직행하는 것이 아니라 오히려 군부대로 복귀했다. 대신 이렇게 조치했다. 두드러기약과 감기약을 줬다. 혈액암 가능성이 제기되는 분위기에서, 그래서 한시가 급한 응급상황에서 군이 실질적으로 해준 조치는 그게 전부였다.

편두통약과 군 버스

21일 밤, 고 홍정기 일병은 극심한 두통으로 잠을 자지 못했다. 군의관리가 잘못됐다는 것을 반증하듯, 구토가 끊어지기는커녕 더 자주 반복되기 일쑤였다. 그러다 가게 됐다. 연대 의무중대로 향했고, "외진이 필요하다"는 소견에 따라 사단 의무대로 후송됐다.

연대에 이어 사단 의무대에서 만난 군의관도 비슷하게 판단했다. 혈액에 문제가 있는 것으로 의심하면서 응급상황이 아니라고 결론지었다. 그렇게 홍 일병은 '편두통약'을 처방받았다. 두드러기약, 감기약에 이어 군이 해준 조치였다.

고 홍정기 일병은 사단 의무대에서 돌려보내졌다. 병실이 없다는 이유로 처음 갔던 연대 의무중대로 이동됐다. 도착 시간은 22일 새벽 2시 39분. 홍 일병은 다시 토하기 시작했다. 05:00. 침대에서 구토, 화장실로 가려다가 침상에서 쓰러졌다.

06:00. 홍 일병은 잠을 자지 못하고 휴게실 책상에 엎드려 있었다. 09:00. 새벽 내내 이어진 구토로 아침밥을 먹지 못했던 홍 일병은 '군 버스'에 실려 국군춘천병원으로 후송됐다. 군 앰뷸런스가 아니라 시내에서 흔히 볼 수 있는 마을버스와 같은 구조인 '군 버스'에, 혼자 몸을 가눌 수 없는 상태로 옮겨졌다.

약 1시간의 이동. 고 홍정기 일병의 몸 상태가 계속해서 상황이 나빠지는데, 이동되는 동안 이 상황을 멈춰 줄 어떠한 도움도 받지 못했다. 응급조치가 불가능한 군 버스에 실려 홍 일병은 오전 10시경 국군 춘천병원에 도착, "백혈병 가능성이 높다"는 진단을 받게 됐다.

그동안 구토가 반복되어 복부 X-ray만 찍었었는데, 처음 증상이 발견되고 9일이 지난 뒤에 첫 CT를 찍게 됐다. 촬영 결과 '뇌출혈'로 진단, 급박한 상황으로 춘천병원에서 한림대학교 성심병원으로 후송됐다.

돌고 돌았다. 고 홍정기 일병은 연대 의무중대, 사단 의무대, 다시 연대 의무중대로 왔다 갔다만 했다. 홍 일병이 3월 13일부터 3월 22일까지 몸 상태가 단 한 번도 나아지지 않았음에도, 군은 이 악순환의 고리를 되풀이할 뿐이었다.

"혈액암이 의심된다"는 민간병원의 첫 진단은 참고사항일 뿐, 군은 다람쥐 쳇바퀴 돌 듯, 돌고 돌 뿐이었다. 손을 쓸 수 없는 상태가 됐음에도 마찬가지. 최첨단 장비와 전문의가 준비되어 있는 3차 병원으로 가지 않고, 군은 오직 군 의료기관만 고집했다.

고 홍정기 일병의 어머니 박미숙 씨는 회상한다. 2016년 3월 22일 화요일을 이렇게 기억한다. 병원에 도착하자마자 만난 의사가 "수술 사인을 하라"라고 말했고, "뇌압이 너무 높다"는 소견이 그 뒤를 따랐다고 설명했다. 박 씨는 아들을 보러 갈 때, 단 한 가지 생각뿐이었다고 했다. 더 크고 좋은 병원을 옮길 마음뿐이었는데, 막상 병원에 도착하니 할 수 있는 게 거의 없었다고 그 때를 기억했다.

"혼자서 얼마나 무서웠을까요." 어머니 박미숙 씨는 지금도 그 때를 생각하면 속이 상한다. 그렇게 시작된 수술. 사망 경위서는 당시 상황을 이렇게 기록하고 있다. "너무 늦게 왔다." "뇌압이 너무 높다"라고,

"뇌압을 낮추기 위해 뇌의 위, 아래를 다 열었어야 했는데, 상태가 심각해 위에만 열었다"고 쓰여 있었다.

15:50. 수술한 홍정기 일병은 중환자실로 향했다. 어머니 박미숙 씨는 당시 담당 의사에게 간절히 호소했다. "평생 누워만

고 홍정기 일병의 사망확인서 ⓒ정현환

있어도 좋으니 제발 살아만 있게 해달라"라고 빌었다. 하지만 수술이 끝나고 52시간이 지난 3월 24일, 홍 일병은 21살 청춘을 제대로 꽃 피우지 못하고 져버렸다.

솜방망이와 명예

그렇게 아들을 잃었다. 박미숙 씨는 딸 같이 다정다감했던 아들을 다시 만나볼 수 없게 됐다. 살릴 수 있는 기회가 그렇게 많았는데, 당시 아들을 진료했던 연대 군의관과 사단 군의관은 각각 감봉 1개월과 3개월이라는 징계를 받았을 뿐이었다. 두 군의관의 징계는 SBS <끝까지 판다>의 연속 취재로 세상에 더 자세히 알려졌다.

군은 잘못했다. 고 홍정기 일병 죽음 이후 조사와 보도를 통해 군부대의 잘못이 크다는 점이 드러났다. 하지만 솜방망이 처벌이었다. 그래서 아들을 잃고 어머니 박미숙 씨는 진행했다. 순직 심사 3개월, 보훈처 보훈 등록 3개월, 총 6개월이라는 과정을 거쳐 고 홍정기 일병은 현재

연극 〈이등병의 엄마〉와 현대무용 〈쓰리 쓰리랑〉의 한 장면(왼쪽 순으로). 박미숙 씨는 군에서 아들을 잃은 다른 어머니들과 함께, 의무복무 도중 사망한 군인과 유족의 이야기를 공연했다(제공 : 대한민국 육군, 출처 : Ohmy TV 유튜브).

보훈대상자로 지정이 됐다. 현재 어머니는 군이 과실을 인정한 만큼 국가유공자로 지정받기 위해 절차를 밟고 있다.

고 홍정기 일병의 어머니 박미숙 씨는 말한다. 아들이 죽은 지 5년이라는 시간이 지났지만 지금도 "억울하다"라고 설명했다. 군대에서 사람을 살리는 것이 아닌, 죽이는 과정을 반복했는데, 군 관계자 어느 누구 하나 직접 나서 이 문제에 대해 사과하고 "개선하겠다"라고 한 사람이 없었음을 강조했다.

아들이 사망한 이후, 앞으로의 절차나 조치, 과정 등에 대해 어느 누구도 안내해 준 적이 없다고 설명했다. 유족이 하나하나 직접 알아내야 했고, 변호사를 고용해 도움을 받아야 했음을 언급했다. 자신은 운이 좋은 편이라며, "경제적으로 넉넉지 않은 유족의 경우, 유족이 직접 나서서 절차를 받을 수 없는 사례가 많다"는 점을 강조했다.

명예

박미숙 씨가 이렇게 하는 이유는 간단했다. 아들의 명예를 지켜주기 위해서다. 어머니 박미숙 씨는 "군 복무 도중 군인임을 자랑스러워했던 아들의 명예를 회복해주기 위함"이라고 힘주어 말했다. 무슨 설명일까. 어떤 배경과 이유에서일까.

박미숙 씨는 받았었다. 군은 홍정기 일병 사망 이후 고인의 유품을 가족에게 전달했다. 거기서 어머니는 아들이 군에서 썼던 일기, 메모 등을 보게 됐다. 거기엔 적혀 있었다. 홍 일병이 평소 군을 사랑했다는 사실이, 홍 일병이 군 복무를 명예스럽게 생각했고, 특히 "군 복무가 대한민국이라는 좋은 나라에 자신이 보답하는 길"이라고 일기에 쓰여 있었음을 확인했다.

그래서 어머니 박미숙 씨는 "늦었지만 지금이라도 아들의 다짐을 꼭 지켜주고 싶다"고 했다. 박 씨는 군 의료체계의 미흡으로 아들인 고 홍정기 일병을 잃었지만, 군에 대한 아들의 신념과 가치관만큼은 "시간이 얼마나 걸리더라도 살리고 싶다"라고, 동시에 "군인으로서 명예를 꼭 지켜주고 싶다"고 강조했다.

서울 동작구 현충원 충혼당 103258 에 고 홍정기 일병이 잠들어 있다.
ⓒ정현환

한(恨)

슬펐다. 상심이 컸다. 박미숙 씨는 2016년도 3월 24일 아들을 잃고 상실감에 힘든 나날을 보냈다. 아들이 보고 싶은데 볼 수 없어 한스러웠다. 그러다 어느 날 나섰다. 마냥 이렇게 슬퍼하고 있을 수만은 없다는 생각에 세상 밖으로 나갔다.

그러다 만났다. 박미숙 씨는 군에서 자식을 잃은 어머니와 아버지들을 만나다 알게 됐다. 내 아들은 보훈대상자로 지정됐지만, 나처럼 군에서 아들을 잃은 다른 부모들이 순직자, 보훈대상자, 국가유공자로 인정받기 위해 짧게는 몇 년, 길게는 몇 십 년을 싸우고 있음을 보게 됐다.

몰랐다. 어머니 박미숙 씨는 아들을 잃기 전까지는 몰랐었는데, 국가유공자는커녕 순직자로도 인정받지 못해, 국가와 싸우는 유족의 현실을 "지난 5년 동안 봤다"고 설명했다. 그래서 "마음이 너무 아팠다"라고, 자식을 먼저 앞세운 것도 비통할 노릇인데, "그 죽음의 가치와 정당성을 유족이 증명하고 입증해야 하는 현실이 슬펐다"고 말했다.

박미숙 씨는 군에서 자식을 잃은 유족들이 전국 방방곡곡에 흩어져 있다는 사실을, 짧게는 몇 년, 길게는 몇 십 년 동안 국가를 상대로 싸우고 있다는 점을, 유족 단체 내에서도 순직자, 보훈대상자, 국가유공자로 각각 나눠져 자식을 잃은 지옥에서 벗어나기 위해 각자도생하고 있는 게 군 사망사고 유족의 현실이라고 강조했다. 이 모든 상황이 "그동안 국방부가 제대로 조치해 주지 않은 결과"라고 힘주어 말했다.

이들과 함께 하며, 박미숙 씨는 군에서 자식을 잃은 유족의 삶에서 벗어나고자 했다. 박 씨는 슬픔에 매몰되는 것을 넘어, 획일화된 군 의료 체계, 전문성 없는 군 의무관의 일선 배치, 문제가 생기면 솜방망이로 처벌하는 군 제도를 개선하는 데 작은 밀알이 되고자 노력했다. 지금 당장 군의 미흡하고, 잘못된 모든 것을 바꿀 수 없지만, 박 씨는 슬픔에 안주하지 않고, 지금 당장이라도 군이 나아질 수 있는 일에 다른 유족과 연대하여 목소리를 내고자 했다.

그렇게 시작했다. 고 홍정기 일병의 어머니 박미숙 씨는 배우가 됐다. 2017년 5월 연극 〈이등병의 엄마〉에 참여했다. 같은 해 9월 현대무용 〈쓰리 쓰리랑〉 무대 위에 올랐다. 1년에 27만여 명이 군에 입대하고, 평균적으로 약 100여 명이 군에서 사망하는 현실에서, 자식을 잃은 어머니들이 함께 모여 공연을 꾸렸다. 연극은 스토리 펀딩으로 진행됐는데, 시민들의 도움이 없으면 불가능한 일이었다.

연극의 인기 때문이었을까. 사람들의 지지 덕분이었을까. 연극은 세간의 관심을 이끌었고 영부인 김정숙 여사도 관람하게 했다. 박미숙 씨는 세상에 보여줬다. 무대에 직접 올라 "우리 아들의 죽음을 기억해 달라"라고, "군에서 자식 잃은 부모의 고통과 슬픔을 외면하지 말아 달라"고 외쳤다. 진심이 제대로 전달됐을까. 세상이 반응했다. 그동안 미온적이었던 군에서 응답이 왔다. 꿈쩍도 하지 않을 것 같은 국방부의 문이 조금씩 열리기 시작했다.

요구와 외침

고 홍정기 일병의 어머니 박미숙 씨의 요구는 이렇다. 아들을 잃은 어머니들이 군에 바라는 점은 "다시는 이런 일이 되풀이 되지 않기 위해 예방책을 힘써 달라"는 얘기였다. "군에 입대할 때 신체 건강한 모습 그대

고 홍정기 일병의 어머니 박미숙 씨는 군에서 자식을 잃은 부모와 함께 오늘도 길거리를 나선다(제공 : 박미숙 씨).

로 제대해, 집으로 돌아올 때까지 국가가 책임지고 관리"를, "군에서 사고를 당해 사망하게 됐을 때, 적절하고 합리적인 예우"를, "군 복무 도중 부상을 입었을 때, 신속하고 정확한 치료를 하루 속히 마련해 달라"는 내용이었다.

그래서 어머니 박미숙 씨는 오늘도 길거리로 나선다. 내 아들처럼 누군가의 자식이 갑자기 군에서 목숨을 잃는 것을 막기 위해, 국회, 길거리, 무대 위를 누빈다. 군 의료체계 개선을 위해, 나보다 더 열악한 처지에 있는 유족을 보살피기 위해 밖으로 향한다. 언제든지 무대 위에 오를 준비를 하며 오늘도 신발 끈을 질끈 동여맨다.

김정민 변호사

"터지면 임 병장, 참으면 윤 일병"

　세상에 이런 변호사가 있을까. '특이하다'는 말이 가장 딱 맞아떨어지는 법조인이 있다. 의뢰인의 이익을 대변해야 하는데, 오히려 불리하게(?) 재판을 이끈 변호사가 있다. 2014년 고 윤승주 일병 사건에서 가해자 하○○ 병장의 변호를 맡았던 김정민 변호사(군 법무관 15기)의 모습이 그렇다. 김 변호사는 "군 검찰의 공소가 잘못됐다"라고 재판 도중에 군 검찰을 꾸짖었다. 당시 군 판사에도 항의, "적절하고 올바르게 재판을 진행하라"고 요구했다.

　군 법무관 10년 출신의 김정민 변호사는 2014년 4월 세간에 '윤 일병 사건'으로 알려진 제28 보병사단 의무병 살인사건에서 가해자 측을 변호했다. 같은 해 6월, 앞선 사건에 이어 우리 사회를 경악하게 했던 '임

병장 사건'으로 알려진 제 22보병사단 총기난사 사건을 맡기도 했다. 그 뒤로도 크고 작은 군대 내 사망사건을 다뤄, 다른 어떤 변호사보다 우리 군의 민낯을 재판 현장에서 고스란히 목격했다.

그래서 말할 수 있다. 김정민 변호사는 다른 누구보다 군에서 아들을 잃은 유족이 어떠한 삶을 사는지, 우리 군 사법제도와 의료체계가 어떻게 문제인지

김정민 변호사(군 법무관 15기)는 고 윤승주 일병 사건에서 가해자 측 변호사를 포함, 그동안 다양한 군 사망사고 변호를 맡았다. ⓒ정현환

가장 가까이서 지켜봤다고 할 수 있다. 변호인이 바라본 유가족의 삶은 어떠했을까. 앞으로 우리 사회와 군이 무엇을 해야 할까. 지난 2월 27일 서울 송파구에 있는 그의 사무실에서 인터뷰를 진행했다.

궁금하다. 2014년 고 윤승주 일병 살인 사건 재판 당시, 경기도 용인에 있는 3군 사령부 보통군사법원에서 왜 군 검찰을 나무랐나?

군 검찰의 공소사실이 잘못됐었다. 처음 군 검찰은 윤 일병 가해자들에게 '상해치사죄'를 적용했다. 누가 봐도 '질식사'가 아닌데, 가해자 6인의 무자비한 구타 및 가혹행위로 무려 30일 동안 윤 일병을 때렸는데,

김칠은 '살인죄'가 아닌 '상해치사죄'로 공소를 유지했다. 속된 말로, 윤 일병은 정말 맞아 죽었는데, 군 검찰의 잘못된 공소와 당시 이 사건을 담당했던 군사법원의 이상한 재판 진행에 참을 수 없어 지적했다.

변호사가 의뢰인의 형량을 낮추기 위해 노력해야 하지만, 그보다 중요한 건 공명정대한 법 집행과 진실규명이 최우선이라고 생각한다. 그러한 마음으로 늘 사건을 맡고, 하○○의 변호도 그 연장선에서 맡게 됐다. 이 사건의 진실을 안 뒤, 가장 먼저 하○○ 병장의 부모를 설득했다. 하 병장의 아버지가 제안을 흔쾌히 수락, 고심 끝에 군인권센터에 이 사실을 알려, 결국 진실을 규명할 수 있었다.

윤 일병, 임 병장, 군 포로체험 사건과 같은 군 사망사건을 맡으면서, 그동안 지켜본 유족의 삶은 어떠한가?

갇혀 있다. 시간이 흐르지 못하고, 자식을 잃은 사건 당시에 머물러 있다. 영원히 그 순간에 붙잡혀 있다. 아버지들은 그나마 그 순간에서 벗어나 있는데, 대부분의 어머니는 그 때 그 순간에서 살고 있다.

게다가 대부분 지쳐 있다. 시간이 지날수록 힘들어 한다. 군에서 자식이 사망하고 상실감이 클 텐데, 곧바로 군과 보훈처를 대상으로 순직자, 보훈대상자, 국가유공자로 인정받기 위해 힘든 싸움을 벌여야 한다.

최근 과거보다 나아졌지만 국가를 상대로 법률 싸움을 해, 이기는 건 과거엔 정말 쉬운 일이 아니었다. 불가능에 가까웠다. 소송에 또 소송. 그동안 유족의 몸과 마음이 지쳐가는 걸 옆에서 볼 수 있었다.

군 사망사고 유족들이 왜 힘든 싸움을 하는가?

군에서 사망사건이 발생하면, 그 부대에서 재판을 한다. 해당 부대에서 조사하고 판결한다. 가해자가 고위 지휘관이거나 상급자와 관련이 있다면? 재판이 잘 이뤄질 리가 없다. 유족 입장에서는 자식을 잃고 경황이 없는데, 법적 싸움도 해야 하는 이중고에 놓이게 된다.

적이다. 아군이 없다. 유족을 도와주는 사람과 조직이 거의 없다. 국가라는 이름으로 최근에 '국선변호인' 제도를 도입하려는 것 말고 적절한 조치가 없다. 군에서 사람이 사망하면 보험으로 처리하는 것 정도가 전부다. 어느 유족이 이 상황을 받아들일 수 있을까.

고 윤승주 일병 사건도 세상에 알려지기 전까지 약 3개월 동안 유족은 공소장 한 장을 제대로 본 적이 없다. 군 검찰은 수사과정에서 유족을 그동안 철저히 배제했다. 다른 사람은 몰라도 왜 자식이 죽었는지 유족에게 알려줘야 했는데 늘 폐쇄적이었다. 이렇게 군 검찰이 유족을 대하는데 어떻게 쉬운 싸움을 할 수 있을까.

유족을 만나고 이야기를 나누면서 어떤 감정이 주로 드는가?

일상의 행복이 없어 보인다. 대한민국이 5G시대에 살고 있고, 아무리 발전한 나라가 된다 하더라도 그 분들하고는 아무런 상관이 없다. 아비규환(阿鼻叫喚). 그저 지옥일 뿐이다. 이 문제는 단지 유족에 머무르지 않는다. 유족이 만나야 될 사람들에게도 지옥이 전이된다. 그래서 이 사건을 해결하고 싶은 군 관계자들도 너무 힘들어 한다. 담당자가 바뀌고 처음 접하는 군 실무자도 어려움을 호소한다.

그래서 해야 한다. 빨리 처리해야 한다. 순직자, 보훈대상자, 국가유공자 지정에 있어서 쓸데없이 유족의 힘을 빼는 짓은 이제 멈춰야 한다. 수사과정을 공개하지 않고, 제대로 안내해 주지 않아 유족의 감정을 재차 상하게 하는 일은 이제 그만둬야 한다.

하지만 현실은 그렇지 않다. 문제가 해결되지 않으니 시간이 지날수록 유족은 군을 적대시하게 되고, 그렇게 결국 적이 된다. 왜 국가가 이렇게까지 해야 하는가. 국가를 지지하는 세력으로 만들기는커녕 반국가세력으로 만드는가. 유족 개개인마다 심리적 상태와 성향 차이가 있겠지만, 지금 국가의 대응은 적절하지 않다. 잘못됐다.

한 사례가 있다. 최근 국가유공자 인정을 받은 유족이 동반자살을 했다. 비극적인 일이다. 이 유족은 처음엔 군에서 아들을 잃었다. 그 다음에 국가와 싸웠다. 그 과정에서 같은 처지에 있는 다른 유족과 사람들의 도움을 받았다. 하지만 모든 인간관계가 그렇듯 얼마 지나지 않아 그 사이에서 갈등이 생겼다. 서로 배신하고 배신하게 됐다.

유족이 왜 극단적인 선택을 했는지 정확히 모르지만, 그동안 유족을 옆에서 지켜본 상황과 유사하다. 군에서 자식을 잃고, 가정이 와해되는 경우를 너무 많이 봤다. 현재 국가의 조치가 미흡함을 보여주는 대목이다. 자식을 잃고, 서로 기댔던 이들이 등을 돌리는 현실은 너무 비극이다.

그래서 이제라도 해야 한다. 군에서 자식이 사망하면, 국가에서 유족의 정신적인 문제를 관리하고 치료할 수 있는 기구와 제도를 하루 속히 마련해야 한다. 포괄적인 조치가 필요하다. 그래야 유족의 목숨도 삶도 구할 수 있다.

군 사망사고와 관련 정보공개가 불투명하다, 어떻게 바뀌어야 하나?

먼저 군은 '안내'해주지 않는다. 현재 일체 없다. 제도가 정립되어 있지 않아, 사건이 터질 때마다 주먹구구로 대처한다. 당연히 전문가가 없다. 이 일을 겪어본 군 실무자도 없다. 그래서 유족마다 처한 상황이 달라진다. 친절한 담당자를 만나면 다행이고, 불친절한 군 관계자를 만나면 불행이 더해지는 것이다. 운이다. 따라서 포괄적인 서비스가 도입돼야 한다. 수사, 재판뿐만 아니라 정신적인 문제까지 돌봐줄 수 있는 범국가적 기구가 필요하다.

자식을 잃는다는 건 엄청난 스트레스를 받는 일이다. 어떤 사람은 다시 일상으로 돌아가지 못하기도 한다. 설령, 국가를 상대로 책임 유무를 가려 소송에 이긴다 한들, 정신적인 문제는 변호사가 절대로 해결해주지 못하는 부분이다.

지적한 군 사망사고 이후 처리 문제 개선을 위해 어떤 노력과 시도가 필요한가?

반드시 지금 해야 될 것이 있다. 적어도 군 사망사건의 경우, '관할'을 지금처럼 두면 안 된다고 생각한다. 군이 아니라 민간이 맡는 것이 그 무엇보다 중요하다. 군 사망사건을 수사할 전담기구가 공정하게 만들어져야 한다.

윤 일병 사건, 임 병장 사건 등 그동안 수많은 사회적 관심과 세간의 이목을 이끌었음에도 아직까지 기구가 마련되어 있지 않다. '수사권'을 바꾸는 문제와 겹쳐있기 때문에 녹록치 않다. 따라서 군대 내 사망 사건만이라도 외부로 내보내야 된다고 생각한다.

덧붙여 군 의료문제도 마찬가지다. 사람 목숨과 관련된 일은 군과 민간을 구분할 필요가 없다고 생각한다. 군에서 치료가 안 되는 부분을 절차를 밟아 군내 내 상급 병원으로 가는 것이 아니라, 신속히 민간으로 이양해 적절한 처방을 받게 해야 한다. 군 사법제도 개선과 함께 군 의료체계 문제도 민간에 맡기는 것이 합리적이다. 효율적이다.

2014년 윤 일병 사건에서 군사법원 개혁이 대두됐었다. 6년이 지난 지금 얼마나 바뀌었나?

변한 게 없다. 당시에 말만 많았지 현재 변한 것이 하나도 없다. 6년이라는 시간이 지난 지금 그 때와 비교해 거의 제자리다. 육군 기준으로 전국 사단에 흩어져 있던 군사법원을 위에 있는 군단으로 모았다가, 다시 얼마 지나지 않아 아래인 사단으로 돌려보내는 과정이 그동안 쭉 되풀이 되고 있었다. 폐지된 적이 없고, 고등군사법원만이라도 민간으로 내보내자고 입법을 했는데, 국회에서 아직 처리가 안 되고 있다.

어렵다. 법률안이 국회에 올라가면 누가 지지할까. 개혁을 추진하는 세력은 소수다. 반대하는 세력은 다수다. 일단 재향군인회가 가장 앞장서서 저지할 것이다. 현역 군인들이 나설 수 없으니 예비역 군인들이 나서는 거다. 재향군인회의 영향력은 상상 이상이다. 생각한 것보다 크다. 그래서 정치권 협상 테이블에서 가장 먼저 빠진다. 개헌 논의도 있었지만, 어디 쉬운 일인가. 정말로 어렵다. 군사법원을 군에서 민간으로 빼는 문제는 난이도가 높아도 너무 높다.

군 사망사고 관련 향후 꼭 필요한 대책은?

군 사망사고는 사회적 재난이다. 지금 코로나 19로 우리 사회가 난리인 것처럼 이 문제를 똑같은 시선으로 바라봐야 한다. 하지만 군 사망사고에 대해 국가는 적절한 조치를 취하고 있지 않다. 이 문제로 그동안 우리 사회가 얼마나 손실을 입었는지, 경제적, 사회적, 문화적 피해가 과연 얼마나 되는지 단 한 번도 정확히 조사한 적이 없다. 항상 군은 이 문제에 있어서 가장 앞장서야 될 위치에 있으면서 먼저 나서서 해결하려고 한 적이 없다. 뒤로 빠지려고만 했다.

따라서 필요하다. 군 사망사고는 입체적인 접근과 시각이 요구된다. 이 문제는 절대로 한 영역의 전문가가 나서서 해결할 수 있는 일이 아니다. 대통령이 바뀐다고 달라질 문제도 아니다. 유족을 도울 법률 전문가가 필요하고, 심리학자가 있어야 하며, 경제적인 문제가 어떠한지 봐줄 경제학자도 함께 해야 한다. 그래서 보훈대상자 지정이 중요하다. 인정이 되면 최저생계를 지원해주기 때문이다.

하지만 그것만이 전부가 아니다. 이 사회적 재난에서 다시 원래의 상태로 돌려놓을 수 있도록 국가와 정부가 더 적극적으로 노력해야 된다. 천국까지는 아니더라도 군 사망사고 이전 평범한 일상으로 돌아갈 수 있게 회복시켜줘야 한다. 지옥으로 가지 않게 울타리를 쳐 줘야 한다. 순직자, 보훈대상자, 국가유공자가 되느냐 마느냐는 어쩌면 유족들에게 아주 작은 문제에 불과하다. 따라서 앞으로 우리 사회가 군 사망사고 사건을 사회적 재난으로 인식, 다각도로 검토해야 한다. 그래야 더 이상의 끔찍한 죽음을 되풀이하지 않을 수 있다. 한 해 100여 명이 군에서 죽는 현실에서 우리 모두 자유롭지 않다.

국가가 사람을 버렸습니다.

군 복무 시절 2명의 사람을 살린 적이 있습니다. 2004년 이등병 때, 화재사고로 전신화상을 입은 상병을 구했습니다. 2006년 병장 때, 군 복무 스트레스로 극단적 선택을 하려는 이등병을 가까스로 구한 적이 있습니다. 그래서일까요. 오늘도 신문과 방송에서 나오는 군대 내 각종 사건 사고는 제대한 지 10년이 지났지만, 저에게 있어서 남의 일 같지 않습니다.

군사망사고진상규명위원회의 발표에 따르면 1년에 약 27만 명이 군에 입대한다고 합니다. 이 중에 100여 명이 목숨을 잃는다고 알려져 있습니다. 이마저도 2000년대 들어와 조사된 결과라고 합니다. 이 숫자는 의미합니다. 가족의 평균 구성원 수를 4명으로 잡았을 때, 군에서 한 명이 사망하면 3명이 됩니다. 이 이야기는 한 해 약 300여 명의 사람들이 군에서 자식을 잃고 유족이 된다는 것을 말해줍니다. 가족의 범위를 지인과 친구로 확장하면 그 규모는 기하급수적으로 더 커집니다. 단순히 300여 명으로 잡고, 최근 10년을 곱하면, 최소 3000여 명이 한 해 '유가족'이 됩니다.

이 상황은 '사회적 재난'입니다. 전쟁과 전투를 하지 않는 상황에서 비전투적 손실이 너무나도 큽니다. 하지만 이 엄중한 현실에서 국방부와 보훈처는 도대체 무엇을 했을까요? 국군은 1948년 8월 15일에 창군했습니다. 지금이 2020년이니 올해로 72년이 됐습니다. 하지만 국방부와 보훈처는 그동안 군 사망사고 관련, 정확한 현황을 지난 70여 년 동안 제대로 파악한 적이 없습니다.

해야 될 일을 제대로 하지 않았던 국방부와 보훈처는 대신 이런 일을 했습니다. 졸지에 자식 잃은 부모에게 앞으로 어떤 일이 벌어질 것인지 먼저 나서서 설명해 주지 않았습니다. 사건을 축소하거나 은폐하고, 조작하거나 모르쇠로 일관했습니다. 사망 이후, 순직, 보훈, 국가유공자 지정 과정에서 유족을 방치해 고통을 가중시켰습니다. 애매모호한 규정, 담당자와 전문가가 거의 없는 상황에서 순직, 보훈, 국가유공자 지정은 이현령비현령으로 조치됐습니다. 군 헌병대(현 군사경찰)의 미흡한 수사는 유족을 두 번 가해했습니다. 군 검찰의 잘못된 기소로 상처에 상처가 더해졌습니다. 군사법원의 이상한 판결로 피해자는 죽고 없는데, 가해자는 지금 이 순간 바깥세상을 활보하고 있습니다.

그래서 향합니다. 오늘도 유족은 때로는 국방부로, 때로는 보훈처로, 때로는 자식이 목숨을 잃은 해당 군부대로 달려갑니다. 길거리에서 시위를 하고 목소리를 냅니다. 하던 일을 멈추고, 생업을 던지고, 유족은 내 자식이 죽은 그때 그 순간에 머물며, 국가를 상대로 내 새끼가 왜 죽었는지를 말해달라고 절규합니다.

이 상황을 주목했습니다. 징집된 청년들이 군에서 죽고 다치는 현실을 제대로 알고 싶었습니다. 군피해치유센터 '함께'에 모인 어머니와 아버지들을 만났습니다. 또 다른 모임인 '군사상유가족협의회'를 찾아가 매달 여는 유족 모임에 참석을 했습니다. '군사망사고진상규명위원회'도 방문해 담당 조사관을 만나, 과거보다 아주 조금 나아졌으나 갈 길이 먼 군 사망사고 현실을 접하게 됐습니다. 단체에 속하지 않고, 길거리에서 노숙을 하며, 국방부 앞에서 "국가가 배상하라"는 피케팅을 하고 있는 유족을 만나기도 했습니다.

본 취재물은 군에서 자식을 잃은 유족이 얼마나 큰 아픔 속에 사는지를 알리는 데 중점을 뒀습니다. 슬픔을 넘어, 숨지 않고 당당하게 밖으로 나서, 유족이 군 사망사고 관련 우리 사회의 잘못된 문제를 어떻게 바로잡는지에 집중했습니다. 군에서 자식을 잃고 국가를 상대로 홀로 싸우는 유족을 만나기 위해 성남, 부산, 영주 등으로 향했습니다. 돌아오는 길에 매번 느꼈습니다. 국가가 징집된 청년을 끝까지 책임져야 하는데, 그렇지 않은 상황에서 개인 또는 작은 시민단체가 국가를 대신하고 있었습니다. 군에서 자식 잃은 유족의 한(恨)은 시간이 지날수록 덜해지기는커녕 오히려 더해지고 있었습니다.

앞으로 어떻게 해야 할까요. 그 해답을 군피해치유센터 '함께'에서 얻었습니다. 이 단체는 군 복무로 상처를 받은 사람들이 모여 있는 치유 모임입니다. 유족은 비정기적으로 모여 자식을 먼저 보낸 아픔을 공유하고 서로를 위로하고 있었습니다. 전국 각지에서 모인 유족들은 각각의 자식들 기일을 함께 챙기고 있었습니다. 동시에 가고 있었습니다. 국방부와 소송 중인 유족이 법원을 향할 때, 혼자 보내지 않고 같이 갑니다. "내 자식과 같은 죽음을 되풀이하지 말아 달라"며, 때로는 길거리로, 때로는 현수막을 들고 전단지를 나눕니다. "한 번 죽은 내 아들을, 두 번 죽이지 말라"라고 함께 모여 외칩니다.

군에 아들을 보낸 엄마는 죄인이 아닙니다. 자식의 목숨은 그 부모에게 한 우주입니다. 보충 가능한 60만 분의 1이라는 군수품이 아닙니다. 생명이고 목숨이며, 사람입니다. 그러니 이제는 보아주세요. 강한 군대, 천문학적인 규모의 전투기 도입과 무기 개발 반드시 필요합니다. 그 중요성 인정합니다. 여기에 국방부는 동시에 해야 합니다. 군에서 사망사건이 터지면 미온적으로 나오지 말고, 유족을 방치하지 않아야 합니다.

이제라도 국가가 적극 나서서 죽음을 예방하고, 군의 과실로 사망한 경우, 최고로 예우해 주십시오. 저의 주장이 아니라 오늘 이 자리에 함께하는 유족과 지금 길거리에서 목이 터져라 외치는 부모들의 요구입니다.

나아가 해 주십시오. 국방부와 보훈처는 군에서 자식을 잃은 그 가족의 실상을 전수조사해서 이 분들이 현재 어떻게 살고 있는지, 그동안 어떻게 버텨왔는지, 그래서 이 슬픔과 고통을 어떻게 멈출 것인지 구체적인 방안을 마련해 주세요. 그래야 이 비극을 멈출 수 있습니다. 유족의 고통을 조금이나마 덜 수 있습니다. 앞으로도 이 상황에 관심을 가지고 천착할 생각인데, 국가가 이 문제를 어떻게 해결할 것인지 똑똑히 지켜보겠습니다.

끝으로 숙제가 있습니다. 취재 과정에서 많은 분들이 인터뷰를 약속했지만, 자식의 슬픔을 다시 꺼내기가 쉽지 않아 어그러진 적이 많았습니다. 자식 잃은 사연을 말했지만, 마음이 변해 고치는 과정이 되풀이됐습니다. 현재 국가를 상대로 소송 중이고, 진상규명 절차를 밟고 있는 상황에서 행여나 언론보도 이후 불이익을 받을 거 같다는 유족의 말에 다 쓰고도 기사에 담지 못했습니다. 앞으로도 유족의 입장을 최우선으로 고려하며, 이 엄중한 현실을 마주하겠습니다.

2020년 5월 11일 제가 오늘 이 자리에 섰으나 지금의 영광은 제 것이 아니라고 생각합니다. 내 자식을 군에서 이미 잃었지만, 오늘도 징집된 청년들이 사망하는 것을 막기 위해 노력하고 있는 군피해치유센터 '함께', 군사상유가족협의회 분들 덕분이라고 생각합니다. 군 사망사고 관련, 진실을 밝히기 위해 오늘도 불철주야 노력하는 대통령 직속 기구인 군사망사고진상규명위원회 조사관들의 수고 덕택입니다. 모든 공과 축복을 이 분들에게 돌립니다. 감사합니다.

—정현환

친일·반공·독재,
그 계보의 변신을 추적한다

전점석

2020 뉴스통신진흥회 탐사·심층·르포 취재물 수상작

가
작

친일·반공·독재, 그 계보의 변신을 추적한다[1]

　　카멜레온, 원산지는 마다가스카르섬인데 일종의 도마뱀이다. 툭 튀어나온 양쪽 눈은 따로따로 움직일 수 있으며 몸 색깔은 빛이나 온도, 감정 변화에 따라 변한다. 체내에 멜라닌 색소포를 가지고 있는 세포에 색소를 집중시키거나 또는 분산시키는 방식으로 자신의 몸 색깔을 변

---

[1]　2009년 11월 8일에 민족문제연구소가 발간한 『친일인명사전』 수록자 명단 중 군 분야 387명에 분류된 명단에 신상묵이 포함되어 있다. 군 분야에는 위관급 이상 장교로 재직한 자와 오장급 이상 헌병으로 활동한 자, 친일 행위가 뚜렷한 일반 군인만 포함되어 있다. 민족문제연구소의 『친일인명사전』 수록 대상자 4,776명(중복 제외)의 범주는 조약 체결 등 매국 행위에 직접 가담한 민족반역자와 '식민통치기구의 일원으로서 식민지배의 하수인이 된 자'나 '식민통치와 침략전쟁을 미화 선전한 지식인 문화예술인'과 같은 부일협력자 두 가지로 구분했다. 이중 민족반역자는 전부를, 부일협력자 가운데서는 일정한 직위 이상인 자를, 그 외 정치적 사회적 책임을 물어야 할 친일 행위가 뚜렷한 자를 수록 대상으로 선정하였다고 한다.

화시키며 자율신경계의 지배를 받는다. 즉 주위 환경에 의해서가 아니라 카멜레온 스스로 자신의 몸 색깔을 변화시키는 것이다. 그래서 한국 현대사에서 사용되는 카멜레온이라는 말은 좋은 뜻이 아니다. 일제강점기의 친일파가 해방 후 친미반공파로 변신한 것을 가리키는 말이다. 나는 이 구절을 역사책에서 처음 보았을 때 당황스러웠다. 왜냐하면 친일파는 나쁘고, 친미반공파는 좋다고 생각하고 있었던 것이다. 그런데 의외로 친미반공파가 학살과 고문의 선봉장이었고 친일파였을 때도 악랄했다는 걸 알게 되면서 생각이 바뀌었다.

일반적으로 떳떳하지 못한 과거가 있는 사람일수록 자신의 잘못을 감추기 위해 새로운 권력자에게 과도한 충성을 하게 된다. 바로 카멜레온이다. 일제강점기에 친일파였던 사람이 해방 후 반민특위(반민족행위특별조사위원회)의 활동을 방해하기 위해 온갖 나쁜 짓을 하고, 자신을 지지해주는 정치권력자를 위해 무조건 충성을 했다. 그 충성은 정치적 반대편을 초토화시키는 폭력으로 나타났다. 특히 해방 전후 시기에는 애국과 반공이라는 이름 아래 전국 곳곳에서 집단학살을 자행하는 반인륜적인 범죄를 저질렀다. 일제강점기에 자신의 친일 행위로 누릴 수 있었던 권력과 기득권을 계속 유지하기 위해 자신과 생각이 다른 사람을 아무런 절차없이 처참하게 학살하는 친미파라면 그는 분명 나쁜 사람이다. 무분별한 반공에 사로잡혀 많은 양민을 학살하고, 거짓 빨갱이를 만드는 반공파라면 그 역시 좋은 사람이 아니다. 그런데 악랄한 친일파가 무자비한 경찰로 변신한 것을 역사책에서나 읽었을 뿐 우리 지역에도 그런 사람이 있었을 거라는 생각을 미처 해보지 못했다. 자랑스럽지 않은 과거를 소문낼 리도 없고, 파헤쳐보는 사람도 없었으니 일반인으로서는 제대로 알 수가 없다. 그런데 우연히 한 사람의 삶을 통하여 친일파의 변신이 먼 나라 이야기가 아님을 알게 되었다.

황국신민으로 조선특별지원병이 된 시게미쓰

　그는 일제강점기인 1944년 1월에 진해헌병대에 근무했던 시게미쓰 구니오(重光國雄) 오장(伍長), 한국 이름 신상묵[2]이다. 시게미쓰(重光)라는 이름으로 우리에게 낯익은 또 한 사람이 있다. 1945년 9월 2일 동경만에 정박하고 있던 미국 전함 미주리 함상에서 일왕을 대신하여 제2차 세계대전 항복 문서에 조인한 전권대표의 외무대신이 시게미쓰 마모루이다. 그는 지팡이를 짚고 미주리호에 나타났다. 바로 그는 1932년 4월 29일, 중국 상해 홍구공원에서 열린 천장절(天長節) 기념식장에 참석했다가 윤봉길 의사의 폭탄 투척에 의해 절름발이가 된 시게미쓰 공사였다. 13년이 지난 후 공사가 외무대신이 되어 미주리호에 나타난 것이다. 마치 윤봉길 의사가 그를 데리고 나타난 것 같았다. 특급전범인 그의 외손녀가 바로 롯데그룹 신격호 명예회장의 두 번째 부인인 시게미쓰 하쓰코이다. 1952년에 결혼했다. 장남 신동주는 시게미쓰 다케오, 차남 신동빈은 시게미쓰 아키오이다. 일본군 헌병 신상묵 오장의 아버지는 창씨개명을 하면서 일본 명문가의 성씨를 본받아서 아들의 이름을

2　신상묵 1916~1984년, 일제강점기의 헌병이었고, 해방 후에는 대한민국의 경찰이었다. 헌병 부사관 중 가장 높은 계급인 군조에 올랐다. 그의 창씨개명은 시게미쓰 구니오(重光國雄, 重光國夫, 重光邦雄)이다. (「[辛의장 부친 친일행적 파문] "辛의장 부친이 직접 고문"」, 〈동아일보〉 2004. 8. 18. ; 「신상묵 씨 "일본군 입대까지 독려"」, 〈경향신문〉 2004. 8. 18.)

시게미쓰 구니오라고 했다고 한다.

그는 1916년 전북 익산에서 태어나 교사를 양성하는 대구사범학교를 1933년 제5기로 졸업했다. 박정희 대통령, 송남헌(김규식의 비서실장)과 대구사범 동창생이다. 1938년 6월에 전라남도 화순군의 청풍소학교 훈도(訓導)로 발령받아 근무하다가[3], 1940년 8월에 교사를 그만두고 조선특별지원병 제1기생으로 일본군에 지원[4]했다. 조선총독부 국군병지원자훈련소에 입대하여 우수한 성적으로 일본군 헌병이 되었다. 당시 교사는 안정적인 직업이라 군에 지원하는 일은 드물었기 때문에 대구사범 졸업생들 사이에서는 적지 않은 화제가 되었다. 시게미쓰는 〈매일신보〉가 주최한 좌담회에 참석해 전쟁 지원 각오를 피력하였고, 유명한 친일 월간 대중잡지《삼천리》1941년 1월호[5]에는 「소학교훈도(小學校訓導)의 직(職)을 버리고」라는 제목으로 지원병제를 선전하는 투고문을 싣기도 했다.[6] 전문을 살펴보면 다음과 같다.

나는 전라북도 촌에서 낳습니다. 소화 십삼 년에 사범학교를 마치고 전라남도 화순 청풍소학교에서 선생 노릇을 하다가, 지난 팔월에 영광스런 입소가 허가되었습니다. 그러나 나는 선생 노릇을 하다가 지원병이 된 것을 무슨 출세를 하려는 것은 아닙니다. 물은 얕은 데로 흘으며 자식은 부모에게 효도하

---

3 편집부, 「신기남, 부친의 친일행적 은폐 의혹」, 〈브레이크뉴스〉 2004. 8. 16.
4 송인웅, 「신기남과 정동채의 부친이 걸어온 길」, 〈브레이크뉴스〉 2004. 9. 25.
5 통권 제13권 제1호, 발행일 1941년 1월 1일.
6 정양환, "'신기남 의장 부친 '日軍 자원입대를' 1941년 잡지기고", 〈동아일보〉 2004. 8. 19. (임종금, 『대한민국 악인열전』, 피플파워, 2016. 97쪽;《삼천리》에 실린 「지원병 일기」라는 4편의 글 중 「소학교훈도의 직을 버리고」 게재)

는 것과 같이 일본 남자인 우리들이 폐하의 군인이 되는 것은 의레이 할 일입니다. 그렇게 당연한 것을 칭찬한다든지 이상하게 생각하는 것을 보면 내가 지원병이 늦게 된 것을 꾸지람하는 이가 없는 것을 섭섭하게 생각합니다. 이것은 반도동포의 부끄러운 일이라고 생각합니다. 나는 말하고 싶습니다. 내선일체가 되는데 가장 먼저 할 것은 지원병이 되는 것입니다. 사랑하는 반도 동포들이여! 참으로 황국신민이 될 생각이 있거든 그리고 내선일체를 실행하려고 생각하거든 이 훈련소로 오시요. 누구든지 좋습니다. 부자집 자제가 맨 먼청 들어오시오. 괴로움이나 의심이나 또한 나의 이 감격을 한가지로 난호지 않으시럽니까. 이렇게 좋은 기회를 잃어버리지 않기를 바랍니다.

신상묵은 자신이 조선인이라는 생각을 하지 않고 있었기 때문에 일본 남자인 우리들이 폐하의 군인이 되는 것은 으레히 할 일이며, '자신이, 지원병이 늦게 된 것을 꾸지람하는 이가 없음을 심히 섭섭하게 생각하고 있고', 이는 반도 동포의 부끄러운 일이라고 말하고 있다. 그리고는 자신의 영광스런 입소가 허가된 감격을 함께 나누지 않겠느냐고 힘주어 역설하고 있다. 그는 일본군 헌병으로 진해에 있던 일본 해군 군용기 공장에 근무하면서 오장을 거쳐 부사관 중 가장 높은 계급인 군조(軍曹)에 올랐다. 지금의 중사급이다. 일제강점기에 조선인 출신으로 일본군 헌병에서 이 직급을 얻은 사람은 불과 몇 명뿐이었다.

진해헌병대에서 수많은 한국인들을 고문한 시게미쓰 오장

요즘 도시재생사업이 한창 진행 중인 경남 창원시 진해구 경화동 출신의 김주석은 18살에 진해헌병대로 붙잡혀 갔다. 생전에 가끔 뵈었던 향토사학자 황정덕이 쓴 『진해항일운동사』에서 김주석이 일제강점기에 시게미쓰로부터 모진 고문을 당한 걸 알게 되었고, 평소에 알고 지내던 진해의 미술가로부터 자신의 중학교 은사님이 김주석이라는 것을 듣게 되었다. 김주석은 해방 후 진해, 마산 지역에서 미술교사로 한평생을 사신 분이다. 시게미쓰는 일제강점기에 항일 혐의로 체포된 피의자와 무고한 사람들을 직접 고문하였다. 피해자들에 따르면 신상묵은 조직의 배후를 대라며 수십 일 동안 혹독한 고문을 가했다.[7] 시게미쓰가 있던 진해헌병대는 김주석이 체포되는 비슷한 시기에 여러 사건을 취조하고 있었다. 1943년 진해의 일본군 해군 제51항공창(당시 경남 창원군 진해읍 덕산동 소재)에서는 김병길, 김차형, 박준기, 최면종 등 11명의 군속들이 모여 항일결사대 일심회(一心會)를 조직하였다. 이들은 연합군이 진해에 상륙할 때 무장봉기하여 항공창을 점령한다는 계획을 세우고 준비하다가 사전에 발각되어 1944년 1월 11일[8] 전원 진해헌병대에 체포되었다. 이들은 4개월 동안 모진 고문을 받고, 진해해군고등군법회의에서 국가공안 및 치안유지법 위반으로 재판을 받고 일부는 징역을 살았다.[9]

이 사건에 관련된 차익환, 김장룡의 증언에 따르면 1944년 7월에 진해헌병대에 끌려갔는데 당시에 시게미쓰는 계급이 군조였다고 한다. 해방 후에 두 분은 시게미쓰를 찾으러 다니기도 했다. 이 증언[10]은 《신동

7 윤영찬, 「[후의장 부친 친일행적 파문] "후의장 부친이 직접 고문"」, 〈동아일보〉 2004. 8. 17.
8 홍순권·장선화·전성현·하지영·배병욱·이가연, 『부산·울산·경남지역 항일운동과 기억의 현장』, 선인, 2011. 299~300쪽.
9 김두천 외 8명, 『경남의 독립운동』, 선인, 2016. 246~301쪽.
10 〈조선일보〉 2004. 8. 18.

아》2004년 9월호에 게재되었으며 그 전에 이미 〈조선일보〉가 먼저 보도하였다. 차익환(車益煥, 79세, 경기 고양시)은 "1944년 7월, 진해헌병대에서 시게미쓰 구니오라는 이름의 한국인 군조(軍曹)로부터 취조를 받았으며, 그 과정에서 혹독한 고문을 당했다"고 주장했다. 차 씨와 같은 곳에서 군속으로 일했던 김장룡(金章龍, 78세, 부산 순천의원 원장, 1926~2015년)도 "차 씨와 함께 만세운동을 벌인 혐의로 체포돼 진해헌병대에서 시게미쓰 구니오라는 대구사범 출신 한국인 헌병에게서 조사를 받으며 모진 고문을 당했다"고 말했다. 김장룡은 1944년 7월 당시 19세의 나이로 진해의 일본 해군 제51항공창에 근무할 당시 비밀결사대를 조직해 항일운동을 계획하다가 일본군에 체포되었고 징역 2년을 선고받고 복역 중 이듬해 해방을 맞으면서 석방됐다.[11] 이외에도 세칭 '무궁당 사건'으로 김한경 외 20명이 반일투쟁 목적으로 비밀결사를 조직한 사건과 독립을 위해 일제의 금속 회수, 공출, 징용 등을 방해하고, 미군이 상륙하면 극력 원조하겠다는 언사를 하였다는 혐의를 받은 양태의 외 4명의 사건은 1944년 10월 초순 신상묵의 밀정이 밀고하였고, 신상묵이 담당하며 취조했다.

당시 헌병대 유치장에는 항일투쟁이라기보다 일상적인 대화에서 일제의 식민 지배를 불평하다가 헌병 앞잡이에게 붙잡혀온 해군 공작부 직공들이 많았다. 이들 대부분은 며칠간 겁을 주어서 프락치 역할을 하도록 협박하고는 내보내줬다. 같은 시기에 진해, 창원 소년항공대 사건도 있었는데 김주석의 초등학교 동기생인 김갑석이 참여한 사건이다. 이 사건

---

11 「[사람들] 62년만에 독립유공자 인정 김장룡 선생」, 〈연합뉴스〉 2007.8.13.

은 오니시(大西) 오장이 책임을 맡았다.[12] 1944년 9월 진해비행장 건설공사에 1천여 명의 학생들이 강제동원되어 천막 막사에서 공동숙식을 하며 온갖 중노동에 시달렸다. 학생들 중에 진주고보 학생 강필진, 김상훈, 김용실, 류한성, 박노근, 장선택, 전용순, 정규섭, 정원혁, 조용, 하익봉 등 11명이 독서회 성격의 광명회를 조직하여 우리말 사용을 생활화할 것과 독립군의 활약상을 전파하는 등 민족의식 고취를 위해 활동하다가 9월 23일 진해헌병대에 끌려가서 약 40일 동안 학교 내외에 퍼져 있는 항일운동과 조선독립을 위한 서클활동에 대한 자백을 강요받으면서 혹독한 고문을 받았다. 이들은 1944년 11월 부산지검에 송치되어 치안유지법 위반으로 부산형무소에서 9개월 동안 징역을 살았다.[13]

관에 사람을 넣고 물을 채우는 고문을 한 시게미쓰

한편 진해 출신의 경성전기학교 동창생들의 연락을 받고, 한 달간 증발해버린 김주석을 찾기 위해 백방으로 노력한 가족은 결국 진해헌병대에서 그를 찾았다. 1944년 1월에 체포되어 치안유지법 위반으로 징역 1년, 집행유예 3년 판결을 받고 1944년 8월 18일, 부산형무소에서 가석방된 김주석은 출소한 다음 날 자신을 고문한 시게미쓰의 행방을 알기 위해 대담하게 진해헌병대로 갔다. 다시 만난 시게미쓰는 친일의 공

---

12 월간 《신동아》 2004년 10월호. 104쪽.
13 홍순권·장선화·전성현·하지영·배병욱·이가연, 앞의 책. 301쪽.

을 많이 세워서 헌병(겐뻬이) 오장에서 군조로 진급[14]해 명찰을 달고 있었다. 한국인으로서 군조[15]까지 신급한 경우는 극히 드물었다. 능력이 탁월했던 것이다. 얼마 뒤 다시 찾아 가서 확인했더니 지난번 만난 그 다음 날에 부산헌병대로 옮겼다는 사실만 확인할 수 있었다. 아들 김한국에 따르면 "아버지는 생전에 한시도 당신을 그렇게 만든 친일 헌병을 잊지 못했다"고 한다. 김주석은 생전에 시게미쓰, 오니시를 다시 만나지 못했다.

지금은 충무공 동상이 있는 북원로터리에서 해군진해기지사령부 정문 사이에, 오른쪽에는 '해군의집', 해군독서실이 있고, 왼쪽에는 해군진해교회, 도천초등학교, 진기사헌병전대가 나란히 있다. 해군의집은 민간인들에게 부대 출입증을 발급하기도 하고, 면회하러 온 가족과 애인들이 대기하는 장소이기도 하다. 즐거운 청춘 남녀들은 길 건너편에 있는 헌병대에서 70여 년 전에 처참한 고문이 있었으리라고는 누구도 상상할 수 없는 일이다. 해방 직후까지 지금의 해군의집 쪽으로는 해군 영관급, 위관급의 주택들이 즐비하게 있었다. 군속들이 부대에 출퇴근하는 시간을 제외하면 다니는 사람도 별로 없는 조용한 곳이었다. 지금은 도로변의 아름드리 벚나무와 '감성 철길'의 소나무가 우거져 오랜 군항

---

14 일본군의 계급은 이등병-일등병-상등병-오장(伍長)-군조(軍曹)-조장(曹長)-준위-소위-중위-대위-소좌 등으로 되어 있었다. 헌병은 일반 치안 업무뿐만 아니라 위생, 도로관리, 산림보호 등의 행정업무와 벌금, 태형, 구류를 결정하는 즉결심판권까지 갖고 있었다. 전국 각도에 설치되어 있는 헌병대본부 아래에는 헌병파견대, 헌병분견대, 헌병분대 등으로 나누어져 있었다.

15 대한민국 제11대 육군 참모총장(1959~1960년)을 역임한 송요찬은 일제강점기인 1941년에 군조로 임관되었었다.

도시의 역사를 보여주고 있다.

진해 경화동에서 1927년 태어난 김주석은 3남 2녀 중 둘째였다. 1941년 4월에 경성전기학교에 입학하였는데 3학년이었던 1943년 1월에 항일 비밀결사 조직인 학우동인회를 조직하여 1년 정도 활동하다가 체포되었다. 진해헌병대에서는 2명의 친일파 헌병과 1명의 군조가 기다리고 있었다.[16] 이들의 한국 성씨는 신과 이 씨였다. 전라도 출신인 신의 일본 이름이 시게미쓰라는 것과 계급이 오장이라는 것은 정확히 외우고 있었다. 또 한 명은 오니시(大西)인데 성은 이 씨이고 고향은 조천(造川)이었다. 그리고 일본인 헌병은 모리야마(森山) 군조였다. 김주석이 그린 헌병대 평면도에는 건물 현관으로 들어가면 오른쪽에 3평 정도의 유치장 2개가 있었다. 맞은 편에는 헌병대장실이, 왼쪽에는 취조실이 있었다. 복도를 중심으로 양쪽에는 무기고와 사무실이 각각 있었다. 변소는 건물 밖에 별도로 있었다.

잡혀 온 학우동인회 8명에 대한 고문은 항상 2명 이상의 헌병에 의해 자행되었다. 시게미쓰 오장이 총책임자로서 지휘하고, 헌병보조원이 고문을 실행하였다. 물론 시게미쓰가 직접 고문할 때도 있었다. 이들은 취조 과정에서 구타와 협박, 공갈로 공포 분위기를 조성하였고, 악질적인 온갖 고문을 하였다. 김주석이 1983년에 직접 쓴 자서전에는 감옥 생

---

16 2004년 8월 5일자 〈중앙일보〉에 실린 이문열의 칼럼 「'겐뻬이 고쬬(憲兵伍長)'와 '오니 게이부(鬼警部)'」에서는 "겐뻬이 고쬬는 헌병 오장(伍長)을 일본식으로 발음한 것이고, 오니 게이부는 귀신 같은(잡는) 경부(警部)라는 뜻의 일본말이다. 곧 민간인 정치사찰까지 겸하던 일본 헌병 하사관과 사상범 취조에 유능한 일본 경찰 하급 간부가 그들이다"라고 설명하고 있다.

활에 대한 자세한 기록과 함께 다양한 고문 종류와 고문 도구가 그려져 있다. 시게미쓰는 고문으로 죽은 사람들의 사진을 보여주면서 너에게도 이렇게 할 거라며 협박했다. 시게미쓰는 어린 학생이라고 봐주지 않았다. 고문을 받다가 김주석은 몇 차례나 사경을 헤매었다. 나무로 만든 관에 두 번이나 들어가게 하고는 땅 속에 파묻기까지 했다. 세 번째 들어갔을 때는 관에 사람을 넣고는 물을 채웠다. 죽음의 공포에 정신이 돌아버릴 정도였다. 고춧가루를 탄 물고문, 전기의자 고문 등을 29일 동안 매일 24시간 연속으로 당했다.[17] 20일 동안 대변이 나오지 않았다. 이때의 고문으로 인한 후유증으로 김주석은 평생 고생했다. 김주석은 자신의 자서전에서 진해헌병대를 가리켜 '그곳은 지옥이었다'고 하면서 '어서 죽여달라고 몇 번이나 외쳤는지 모른다'고 했다. 아들 김한국은 '고문 후유증으로 1993년, 66세의 일기로 세상을 떠날 때까지 지팡이에 의지하고도 얼마 걷지 못하는 하반신 장애인으로 생활하셨다. 아버지는 차라리 다리를 절단하면 좋겠다고 말한 적도 있을 정도로 매일 다리의 통증을 겪으시다가 숨을 거두셨다'고 했다.

그 후 1944년 조선인 최초로 시게미쓰는 군조로 승진하여[18] 부산헌병대로 옮겨서 해방될 때까지 근무했다. 일본이 태평양전쟁에서 패하고, 1945년에 우리나라가 해방되자 시게미쓰는 1946년에 신상묵이라는 이름으로 발 빠르게 국립경찰 양성 1기로 들어가 미군정하의 경찰로 변신했다.

---

17 월간 《신동아》 2004년 10월호, 102쪽.
18 임종금, 『대한민국 악인열전』, 피플파워, 2016. 98쪽.

미군정 경찰의 80%가 일제강점기 경찰 출신

　시게미쓰와 신상묵 그리고 또 한 명의 헌병을 통하여 친일과 친독재
가 연결된 대표적인 지역 사례를 만날 수 있다. 해방 전, 진해에서 악명
을 떨치다가 부산으로 옮긴 시게미쓰는 해방 후 경찰 간부가 되었다.
그와 부산헌병대에서 함께 근무했던 아라이라는 헌병 역시 해방 이후
경찰이 되어 3·15 때 마산경찰서에 있었다.[19] 일제 말기 부산헌병대의
시게미쓰는 베테랑이었고 아라이는 신참이었다. 한국 이름이 박종표[20]
인 아라이 겐기치(新井源吉)는 이등헌병보의 계급으로 헌병보조원이었
다. 그리고 해방 이후 반민특위에 붙잡혀 가서 조사받았다. 나이는 불
과 28세였다. 반민특위의 재판 자료에 의하면 재판장과 박종표의 일문

19　일제강점기에 신상묵이 헌병으로 근무하면서 고문한 것은 학인동우회 사건으로 김주석 등
　　고문, 정장호 고문 후 병사 사건, 황학명 외 9명 고문사건, 부산세무과 직원사건(4명 고문, 2
　　명 사망), 부산부두 미곡사건 2명 고문, 양태의·임석춘 2명 고문사건, 김상수 외 3명 고문사
　　건, 김영민 외 2명 고문사건, 손유호 외 1명 고문 사건, 부산학생 사건(8명 체포, 3명 고문),
　　무궁당(無窮黨) 20명 고문사건(김한경 고문으로 병사) 등이다. (임종금, 위의 책, 99쪽.)
　　그가 다룬 사건 중에서 '황학명 사건'(일명 소련계 국제혈맹단사건)은 학병과 징병기피자들을
　　중심으로 황학명·이창석·신동균 등이 규합해 다양한 독립운동을 하다가 일본헌병대에 발각
　　된 사건이다. 박종표는 이 사건 조사에 보조로 참여했는데, 그의 상관으로 주무를 맡았던 헌
　　병이 바로 시게미쓰 구니오 군조로 조선 이름 신상묵이다. 이 사건 조사 과정에서 박종표는
　　황학명을 비롯한 관련자 9명을 무자비한 고문 끝에 진술을 얻어내 투옥시켰다. 박종표는 고
　　문치사도 서슴지 않았다. '부산세무과 직원사건' 조사에서 박종표는 김대근을 고문치사 하
　　고, 최용환을 고문후유증으로 병사케 하였다. 부산 동래중학 출신인 박종표는 학교 은사와
　　동문까지도 체포해 고문을 자행하다 주모자 김한경를 죽게 하였다. 박종표가 일본헌병 보조
　　병으로 저지른 만행 가운데 가장 악랄한 것이 '정장호 사건'이다. 정장호는 닷새에 걸친 고문
　　으로 빈사상태에 이르렀다. 박종표는 이런 정장호를 탈옥 도주로 가장하기 위해 헌병대 뒷담
　　으로 정장호를 밀어 던져버렸고, 정장호는 자기 집에 들어서자마자 피를 토하며 죽었다. (임
　　종금, 위의 책, 112쪽.)

일당에서 자신은 상급자가 범인을 체포하러 갈 때 그냥 따라만 갔고, 취조 시에는 입회만 했으며, 고문은커녕 조서 작성만 했다고 말했다. 간혹 관계자(범죄자)의 뺨을 친 정도인데 그것도 상관의 지시를 받고서 때렸다고 했다. 언론인 정운현은 박종표를 가리켜 참으로 뻔뻔스런 지가 아닐 수 없다고 했다.[21] 박종표의 반민특위 피의자 조서에는 고문의 주동자로 시게미쓰가 수없이 거명됨에도 불구하고 그는 한 번도 조사를

20 박종표는 1921년 부산 초량동 출신으로 동래중학교를 졸업하고 일본으로 넘어가 동경고등학원과 동경 삼기영어학교 고등과에서 공부를 했다. 1942년 11월에 일본어 신문인 〈부산일보〉 기자로 일했다. 1944년 2월 헌병보조원에 지원, 3개월간 훈련을 받은 뒤 1944년 5월 1일 대구헌병대에서 헌병보조원으로 일했다. 10월 1일 부산헌병대로 오면서 신상묵을 만나 항일 인사를 모질게 고문했다. 그의 창씨개명 이름은 '아라이 겐기치(新井源吉)'로 당시 '아라이 헌병보'로 악명이 높았다. 해방 당시 그는 이등헌병보(二等憲兵補, 지금의 병장급)였다. 박종표는 해방 이후 철도청 부산공작소에서 일하고 있었다. 1948년 반민특위가 결성되고, 1949년 3월 반민특위에 체포됐다. 반민특위 조사에서 광범위한 고문 사실이 드러났지만 박종표만 재판을 받았을 뿐 신상묵은 소환조차 되지 않았다. 박종표는 일관되게 신상묵의 지시에 따라 보조 역할을 했을 뿐이라 진술했다. 또한 일본 헌병보조원이 된 것은 전쟁 당시 징용에 끌려가지 않기 위한 방책이라고 진술했다. 해방 후 반민특위 재판 과정에서 고문의 주범인 신상묵이 없는 상태에서 박종표에게 중형을 기대하긴 어려웠다. 게다가 1949년 6월, 경찰과 우익 깡패의 반민특위 습격으로 특위가 유명무실해지면서 재판 또한 흐지부지되고 말았다. 검찰은 박종표에게 '공민권 3년 정지'라는 가벼운 형을 구형했고, 1949년 8월 19일 재판부는 아예 무죄로 박종표를 풀어줬다. 재판부는 왜 박종표가 무죄인지 묻는 기자들의 질문에 다음과 같이 답했다. "일제 때의 헌병보 박종표를 죄가 없어 무죄 석방한 것이 아니다. 그는 2대 독자로서 일정 때 징병 징용을 피하기 위하여 22세 때 헌병보로 되었으며 약 1년 동안 일제 헌병의 고문을 보조하였다. 그러나 그는 과거의 자기 잘못을 깨닫고 형무소에서도 모범수였을 뿐더러 자기가 범한 과거 죄악을 솔직히 고백하였다. 이러한 점을 미루어 보아 개선의 정이 많음에 비추어 그의 죄를 면제한 것이다."(임종금, 위의 책, 115쪽.) 다른 자료에 의하면 반민특위 특별검찰부는 공민권 정지 3년을 구형하였으나 특별재판부는 개전의 정이 현저하다는 이유로 형 면제를 선고하였다. 박종표의 판결에 대해 재판 직후 신문은 무죄를 선고받았다고 보도되었으나 특위 활동 내용을 정리, 발표할 때는 형 면제로 정확히 보도되었다. (허종, 『반민특위의 조직과 활동』, 선인, 2003. 276쪽.)

21 정운현, 『친일파는 살아 있다』, 책보세, 2011. 351쪽.

받지 않고 진도경찰서장을 하다가 6·25전쟁을 계기로 승승장구했다.

어떻게 이런 일이 가능했을까? 지금도 경찰 창설일은 1945년 10월 21일이다. 정부 수립보다 2년 10개월 빠르다. 일제강점기의 경찰 조직을 그대로 이어받아 미군정 하에서 만들어졌던 것이다.[22] 1946년, 당시에는 미군정 경찰에 재직 중인 일본경찰 출신의 비율이 80% 이상이었다고 한다.[23] 신의주에서 살다가 6·25전쟁 때인 1951년에 마산으로 피난와서 정착한 수필가 엄국정[24]에 의하면 처갓집과 같은 고향인 평북 정주 출신으로 일제시대 때부터 잘 알고 있던 김기활(?)이 마산경찰서 서장으로 재직하고 있는 것을 보고 놀랐다고 한다.[25] 그는 일제강점기에 고등계 형사로서 기독교인들을 괴롭혔던 장본인이었다. 대표적인 인물을 살펴보면 일제강점기에 경찰 경시(오늘날의 총경급)까지 올랐던 노덕술은 해방 후 경기도 경찰부 수사과장에 임용되었고, 헌병 군조였던 신상묵은 해방 후 곧바로 전라남도 진도경찰서장으로 변신했다. 역시 헌병 오장이었던 김창룡은 해방 후 국방경비대에 입대하여 육군 특무부 대장까지 출세하여 이승만 대통령의 양자로 불리다가 암살당했다. 일제강점기 경부(警部, 오늘날의 총경급) 출신인 이익홍이 내무부장관을 역임한 것만 봐도 이승만 정부는 친일파를 중용했다. 미군정과 이승만 정부를 거치면서 일제강점기의 고등계 형사와 헌병은 대한민국의 경찰과 군인으로 둔갑하여 권력의 중심이 되었다.[26]

---

22 한홍구, 『특강 : 한홍구의 한국 현대사 이야기』, 한겨레출판, 2009. 253쪽.
23 한홍구, 위의 책, 261쪽.
24 해방 후 마산화력발전소 근무, 마산문창교회 장로, 마산YWCA 합창단 지휘자였다.
25 마산중부경찰서 홈페이지를 보면 역대 경찰서장 명단에 김기활은 없다. 단 제11대(1951.10. 30.~1953.2.8.) 경찰서장에 김기호(金基浩)가 있을 뿐이다.

박종표는 1960년 3월 16일, 김주열 열사의 주검을 마산 앞바다에

한편 박종표는 반민특위의 조사[27]를 받은 이후에, 역시 경찰에 들어가 1960년에는 마산경찰서 경비주임을 하면서 최루탄에 맞은 시신을 지프차에 싣고 마산시 월남동 마산세관 앞 해변가에서 큰 돌을 여러 개 매달아 바다에 빠뜨렸다.[28] 박종표가 일제 때 헌병 아라이였다는 것은 고은 시인이 『만인보』에서도 썼고, 향토사학자 홍중조 씨가 쓴 『3·15 의거』(1992년)에서도 김주열을 학살, 유기한 박종표가 아라이였다고 했다. 그가 바다에 빠뜨린 시신은 바로 김주열 열사였다. 친일 잔재를 청산하지 못한 역사가 먼 곳에서 벌어진 남의 일이 아니고, 가까운 마산 현대사의 아픔으로 이어지고 있었다. 박종표는 4·19 이후 혁명재판소에서 최루탄을 발사하고 김주열 열사의 시신을 유기한 사실을 자백하고 사형을 선고받았다. 나중에 말을 바꾸어 다시 시신 유기만 인정하고, 최루탄 발사는 부인해 무기징역으로 감형되었다가 박정희 정권에서 7년으로 감형되었다.

그는 김주열 열사의 시신 유기 과정에 대해 '3월 15일 밤 10시쯤 교통주임으로부터 남전(지금의 한국전력, 현 무료병원 앞) 마산지점 앞에서 최루탄이 눈에 박힌 괴이한 형상의 시체를 발견했다는 연락을 받고 손석래 마산경찰서장에게 보고하자 서장이 "적당히 알아서 처리하라"고 하였고, 다음 날인 16일 새벽 5시경 경찰서장의 명령에 의해 지프차를 타고

---

26 엄국정, 『미국에 살다보니』, 경남, 2005. 70쪽.
27 http://db.history.go.kr/item/level.do?itemId=an 반민특위 데이타베이스
28 임종금, 앞의 책, 116쪽.

현장에 도착하여 눈에 최루탄이 박힌 김주열 열사의 시신을 짚차에 싣고 일단 경찰서로 다시 왔다'고 자백했다. 시신을 발견한 현장은 지금의 마산의료원 옆에 있는 무릎병원 근처이다. 이곳에서 마산합포구청, 마산문화원을 지나서 5km 정도 가면 마산중부경찰서가 있다. 그의 말에 따르면 '경찰서에서 시체를 유기하기로 마음먹은 후 다시 월남동 마산세관 앞 해변가로 시체를 가져가 순경 한대진과 지프차 운전수의 조력으로 시체에 돌을 매달아 바다에 던졌다'고 한다. 당시 마산 제1부두(지금의 가고파국화축제장)에는 공사를 위해 철사로 돌을 묶어 놓은 게 있었다. 시신을 돌에 매달기 위해 철사를 작은 돌로 끊어서 사용했다.[29] 지휘자는 마산경찰서(지금의 마산중부경찰서) 박종표 경비주임이었다. 25일 후에 4월 11일 마산만 바다(지금의 중앙부두 쪽)에서 떠올랐다. 묶어놓은 철사가 풀어진 것이다. 이것이 기폭제가 되어 4·19혁명이 일어났고, 이승만이 하야했다.

지금은 인양지 주변이 많이 달라져 있다. 마산 가고파 수산시장에서 바닷가를 따라가다가 I PARK 아파트와 제2부두를 지나면 창원출입국·외국인사무소와 정부경남지방합동청사가 있다. 합동청사 앞 바닷가에 ㈜경남무역이 있고, 그 옆에 '김주열 열사 시신인양지'라는 안내판과 인양 지점에 세운 제단이 만들어져 있다. 경남문화재보호구역으로 지정된 바닷가는 철망과 벽화로 둘러쳐져 있는데 안쪽에는 김주열의 약력과 민주영령들의 얼굴, 김주열을 그리는 시와 윤성효, "숨진 김주열 열사 시신, 바다에 버릴 때 내가 운전했다" 노래가 걸린 추모의 벽이 세워

29 〈오마이뉴스〉 2016. 3. 13.

져 있다. 이곳의 주소는 마산합포구 신포1가 47-6이며 2011년에 경상남도 기념물 제277호로 지정되었다. 우리나라에서 민주화운동 관련 장소가 문화재로 지정된 곳은 이곳이 처음이다.

미군정 하에서 경찰 1기에 들어간 신상묵 경무관

1945년 9월 7일 태평양 방면 미국 육군부대 총사령부는 38선 이남에 대한 점령정책을 명시한 '조선 인민에게 고함'이란 포고령 제1호를 발표하여 직장을 이탈하여 도망갔던 한국인 경찰관들도 대부분 복귀하여 치안 확보에 다시금 중요 역할을 담당하게 하였다. 포고문 제1호에는 일제 때 경찰에 종사했던 한국인 관리는 그 소속 직장으로 복귀하라는 내용이 담겨 있다. 제2조에 "정부, 공공단체 및 기타 명예 직원과 고용인, 또는 공익사업과 공중위생을 포함한 모든 공공사업 기관에 종사하는 유급 혹은 무급직원과 그리고 기타 제반 중요한 사업에 종사하는 자는 추후 명령이 없는 한 종래의 직무에 종사하고 모든 서류와 재산의 보관에 임해야 한다"고 명시하고 있다. 현실적으로 필요하다는 입장에서 일제강점기의 경찰을 활용하여 치안을 담당하는 미군정청의 방식은 여러 가지 부작용을 낳았다. 다시 집결한 친일파 경찰들이 민간인들의 자발적인 치안대, 청년단의 활동을 불법시하다가[30] 전국 곳곳에서 민중으로부터 비난의 대상이 되었던 것이다.

---

30 안종철, 『광주·전남 지방현대사 연구』, 한울아카데미, 1991, 175쪽.

미군정청은 효과적인 치안 유지를 위해 1945년 10월 21일 군정청 내에 경무국을 창설하였는데 이것이 국립경찰의 창립기념일이다. 그리고 이듬해인 1946년 2월 1일 각 관구청 내에는 1개교씩 경찰학교가 생겨나 우선 신규 경찰관들의 기초적인 소양교육을 실시했다. 경찰관들에 대한 교육훈련은 짧게는 1주일, 길어야 3개월의 기간이었다. 중앙에 있는 국립경찰학교는 경찰 간부의 양성을 목적으로 1946년 6월 19일 전문과라는 이름으로 신임간부 양성과정을 처음으로 개설했는데 1개월 교육 기간으로 1947년 3월 15일까지 4기를 계속하여 배출하고 폐지되었다. 한편 행정과라는 이름으로 1946년 6월 1일부터 1개월 기간으로 구직(舊職) 경감과 경위급에 대한 재교육을 실시했다. 행정과는 피교육자의 계급에 따라서 1부와 2부로 분리되었는데 1부는 경감급에 대한 재교육과정으로 국립중앙경찰전문학교가 설립된 다음 해인 1947년 5월 18일에 개설하여 11월 상순까지 4기를 배출했고, 2부는 경위급에 대한 재교육과정으로 1부보다 먼저 국립경찰학교 시절인 1946년 6월 1일에 개설되어 1946년 12월 16일까지 10기를 배출했다. 교과 내용은 주로 일제 잔재인 관료주의 관념 및 관존민비적 사고의 불식과 민주 행정의 새로운 이념에 대한 교육이었다. 이곳에서 배출된 간부들은 당시의 정치 정세를 '치안 난국'이라고 보고 있던 미군정의 시책을 집행하는 역할을 했다. 그 후 경찰학교는 1946년 8월 15일, 국립중앙경찰전문학교로 승격되었다.

신상묵은 1946년 7월 국립경찰 양성 1기로 미군정 하의 경찰에 입문하여[31] 전남 진도경찰서장(제5대 1947. 9. 27. ~1948. 6. 16.), 전남 나주경찰서장(제6대 1948. 6. 30. ~1949. 7. 13.), 전남 장성경찰서장(제9대 1949. 7. 13. ~1950. 5. 9.), 전남경찰학교 교장(1950), 경북 포항경찰서장(1950. 8. 11. ~1950. 9.

24.),[32] 1950년 총경으로 승진하여 경북 영일경찰서장, 경상북도 도경 보인과장에 올랐으며[33] 이어서 내무부 치안국 경무관(1951년)을 역임하고, 포항북부경찰서장(제11대 1951. 4. 25.~1953. 1. 3.)을 하다가 1951년 7월 경무관으로 승진하여 6·25전쟁 때 낙동강 월배지구 경찰전투대 사령관, 지리산지구 전투경찰사령부 사령관(1951. 11. 30.~1952. 3. 15.), 서남지구 전투경찰대사령부 사령관(1953. 12. 11.~1954. 5. 25.)으로 조선인민유격대와의 전투를 이끌었다. 이후 여러 지역의 경찰국장을 역임했다. 그가 경찰국장으로 근무한 경력을 보면 전북지방경찰국 제16대 국장(1953. 4. 26.~1953. 12. 9.), 제주지방경찰국 제16대 국장(1954. 8. 28.~1956. 6. 12.)[34], 전남지방경찰국 11대 국장(1956. 6. 2.~1957. 3. 18.), 강원도지방경찰국 17대 국장(1957. 10. 18.~1958. 8. 7.), 충남지방경찰국 18대 국장(1958. 8. 17.~ 1959. 4. 1.)으로 근무했다.[35]

신상묵은 지리산지구 전투경찰사령부, 서남지구 치안국전방사령부 사령관

6·25전쟁 발발과 함께 신상묵의 활동은 공비, 잔비(殘匪) 토벌과 섬멸을 위해 무장으로서의 실력과 지혜를 발휘했다. 경찰은 각도 비상경

---

31 「송인웅, 신기남과 정동채의 부친이 걸어온 길」, 〈브레이크뉴스〉 2004. 9. 25.
32 『국립경찰50년사 : 사료편』, 경우장학회, 1995. 434, 442, 446, 449쪽.
33 「최은형·홍동수, 지리산·한라산에 신 전의장 부친 기념비」, 〈연합뉴스〉 2004. 8. 19.
34 『국립경찰50년사 : 사료편』, 480쪽. 제주지방경찰청 홈페이지에는 1956년 6월 11일까지라고 되어 있으나, 『국립경찰50년사 : 사료편』의 앞 부분에는 1956년 12월 2일까지 근무했다고 적혀 있다.
35 『국립경찰50년사 : 사료편』, 경우장학회, 1995. 391, 408, 419, 429쪽.

비사령부 단위로 군작전에 투입되었다. 접적(接敵) 지역 경찰은 군과 함께 적의 침공 저지에 나서게 되었고, 다른 지역 경찰은 북한군의 남진에 대하여 전투태세를 갖추게 했다. 이어서 보급로 및 주요 시설물의 경비 확보, 피난민 정리와 구호, 후방의 공비 격멸 등 경찰이 해야 할 역할이 었다. 일면 전투, 일면 치안을 병행해야 했으나 계속적인 전선의 남하와 장비의 부족으로 고전했다. 이를 타개하기 위해 1950년 7월 9일 경북 김천에 편성사령부를 설치하고, 신상묵 총경에게 낙오 경찰관을 총괄 편성토록 하여 전투 훈련을 실시한 후 각 전선에 배치토록 했다. 7월 12일 경찰은 국군 작전에 협조하여 전략 요충지인 추풍령지구에 경찰대 총지휘부를 설치하고 신상묵 총경에게 해당 경찰서를 지휘하게 하여 추풍령지구를 방어했다.[36]

8월 1일 긴급 국방회의를 개최하여 국무원 내에 전시대책위원회를 설치하고 성주지구 경찰전투사령관에 심형택 경무관, 고령지구 경찰대 전투사령관에 신상묵 총경을 각각 임명했다. 8월 11일 경주를 방어하기 위해 신상묵 총경을 영일경찰서 부대 지휘관으로 임명했다. 이어서 8월 18일에 정부가 부산으로 이전했다.[37] 부산은 6·25전쟁 기간 중인 1950년 8월 18일부터 10월 27일까지 그리고 중공군이 남하한 1951년 1월 4일부터 1953년 8월 15일까지 대한민국 정부의 임시수도였다.

치안국 비상경비총사령부는 정부의 훈령을 근거로 하여 전투 임무만 수행하는 3개의 전투경찰사령부를 창설하여 군과 같은 방법으로 전술 책임지역 내의 일반 경찰도 작전상 지휘할 수 있게 하여 강력한 격멸작

36 『국립경찰50년사 : 일반편』, 130, 134, 135쪽.
37 『국립경찰50년사 : 사료편』, 134쪽.

전을 전개했다. 1950년 12월 16일에 소위 해방지구인 태백산 및 지리산 지구에 각각 전투경찰사령부를 설치했으며, 1951년 1월 30일에 운문산 지구에도 설치했다. 이중에서 태백산지구 전투경찰사령부의 사령관은 윤명운 경무관이었고, 예하부대 가운데 신상묵 총경은 경북전투부대를 지휘했다. 태백산지구 작전지역 내에는 북한군 제10사단, 유격 제1, 제3지대와 이현상의 남반부 인민유격군 총사령부가 있었다.[38] 이 시기에 비상경비총사령부는 후방 치안과 군의 작전에 중대한 위협이 되고 있는 후방 공비를 단시일 내에 격멸코자 3차에 걸친 전국 잔비 섬멸 기간으로 설정하고 작전을 전개했다.

1951년 5월에 있었던 일이다. 지리산 전투경찰대 사령관 신상묵은 전라북도에 새로 주둔한 국군 8사단과 도계에서 군경합동회의를 했는데 이 자리에는 전투경찰대 제18대 대대장 차일혁을 비롯한 경찰 지휘관들과 최영희 사단장 및 8사단 참모들이 참석했다. 이날 회의는 화엄사를 소각하라는 상부 명령에 대한 집행 방법을 논의하는 자리였다. 회의결과 사찰 전체를 소각하지 않고 대웅전의 문짝을 떼어내 문짝만 소각하여도 공비 은신처를 없애라는 명령의 취지를 지키는 것이라고 결론지었다. 이 회의로 인해 화엄사가 무사히 제 모습을 지닐 수 있게 되었다.

이어서 조선인민유격대를 토벌하기 위한 쥐잡기작전을 위해 백(白)야전전투사령부(Task Force Paik, 이하 백야사)를 1951년 12월부터 1952년 3월까지 임시로 창설했다. 백선엽 장군이 지휘하는 육군, 경찰의 합동사

---

38 『국립경찰50년사 : 일반편』, 154~156쪽.

령부였다. 미8군 사령관 제임스 밴 플리트 장군이 백선엽의 대게릴라전 경험을 높이 평가하여 작전 책임을 맡기면서 설치됐다. 밴 플리트는 제2차 세계대전이 끝나고 냉전의 최전선인 그리스의 미 군사고문 단장으로 부임해 좌익세력 척결과 공산 게릴라 토벌에 큰 공을 세운 대게릴라전 전문가였다. 그런 그가 그리스에서 함께했던 윌리엄 도즈 중령 등 고문 장교 60여 명을 백야사에 지원했다. 그들은 장비 지원만 한 것이 아니라 작전, 연락, 통신, 심리전 등을 실질적으로 지휘했다. 백야사의 예하 부대는 기존 지리산 일대 빨치산 토벌을 맡던 서남지구전투사령부(지휘 김용배 준장), 내무부 치안국의 남원 전방사령부, 태백산지구 전투경찰사령부, 지리산지구 전투경찰사령부 등과 새로 최전방에 있던 육군 수도사단(사단장 송요찬 장군)과 제8사단(사단장 최영희 장군)을 이 후방작전에 투입했다. 또한 한국 공군과 미 극동사령부 심리전 부대의 지원을 받아 유례없는 대규모로 백야사를 구성했다. 지리산을 남북으로 나누어 수도사단이 남쪽에서, 제8사단이 북쪽에서 타격부대가 되어 지리산 산정을 향해 포위망을 좁혀갔고, 나머지 예비대는 저지부대가 되어 포위망을 빠져나오는 공비를 토벌했다. 신상묵 경무관은 지리산지구 전투경찰사령부 사령관이었다. 백야사의 작전 요령은 작전지역을 수 개 지역으로 구분하여 먼저 지리산 지역에 병력을 집중하고, 철저히 소탕한 다음 순차적으로 타 지역을 완전히 소탕하는 것이었다.[39] 생포된 포로들은 빨치산과 지역 주민, 특히 여성들이 많이 포함되어 있었는데 이들을 찍은 사진은 군 검열로 언론 배포가 제한되었다. 토벌작전의 성과가

---

39 육군사관학교 전사학과, 『한국전쟁사』, 일신출판, 1996. 583쪽.

알려져야 하는데 여성과 아이 사진이 언론에 보도되면 불리하기 때문이었다. 비민(匪民) 구분을 한다고 했지만 양민들은 전혀 보호받지 못했다.[40]

한편 1951년 6월 23일 북한은 UN 주재 소련 대표를 통하여 휴전협상을 제의했다. 이어서 진행된 휴전협상회담은 우여곡절 끝에 1953년 7월 27일 전쟁 당사국인 한국 대표가 참석하지 않은 가운데 판문점에서 UN군 대표와 북한 대표 간에 휴전협정이 조인되어 155마일에 달하는 휴전선이란 새로운 군사분계선을 만들고 3년 1개월 2일 만에 포화가 멎게 되었다. 이 기간은 전선이 비교적 안정되어서 후방의 치안이나 잔비 섬멸을 위해 더 많은 병력을 투입하여 작전을 진행했다. 특히 7월 30일부터 8월 10일까지는 정·부통령 선거 전후 비상경비를 실시하여 적의 선거방해공작을 사전에 분쇄하는 한편 각 투표장과 선거사무소 등을 경비했다. 9월 13일부로 태백산지구 전투경찰사령부와 지리산지구 전투경찰사령부(智戰司)가 해편(解編)하여 병력과 장비를 각 경찰국으로 흡수 재편했는데 10월 1일 폭동 발생일을 전후한 추수기에 공비의 활동이 다시 활발해져서 10월 6일 '작전지시 제84호'에 의거 서남지구 치안국전방사령부를 설치하고 사령관에 신상묵 경무관을 임명했다. 사령관 신상묵은 육군 남부지구경비사령부와 긴밀히 협조하여 서남지구의 공비 격멸에 임했다. 예하 부대는 전북전투경찰대, 전남전투경찰대, 경남전투경찰대 등 250명으로 구성되었다.[41]

1953년 5월 19일 창설된 서남지구 전투경찰대사령부(西戰司)는 남원

---

40 김성현, 「빨치산 소탕작전, 군이 숨기려 했던 사진들」, 《한겨레21》 통권 1280호, 2019. 9. 30.

에 위치해 있었고 4개의 전투부대와 전남의 순천, 성주, 광양, 곡성, 구례, 전북의 남원, 장수, 임실, 순창, 경남의 함양, 거창, 산청, 하동 등 3도에 걸친 1개 시, 12개 군의 전투와 치안을 맡았다.

1955년 3월 26일 이승만 대통령이 자신의 80회 생일을 맞이하여 6년 6개월 만에 지리산 입산 금지 해제를 밝혔고,[42] 4월 1일 서남지구 전투경찰대사령부 명의로 지리산 입산을 허용하는 공고문이 게재되었다.[43] 이승만의 생일은 전 국가적인 사업이었고, 전 국민이 동원된 국가 축세였다. 서울운동장에서는 3부 요인들이 참석한 가운데 기념식이 열렸다. 수많은 사람이 피를 흘린 지리산도 국부 이승만이 입산을 허락하는 생일 선물이었다. 드디어 1955년 6월 1일, 서남지구 전투경찰대사령부는 공비 토벌의 임무를 끝맺으면서 1948년 여순사건 이후 7년간 전몰한 6333명에 대한 위령제를 거행하고, 이튿날 6월 2일에는 사령부가 위치한 남원의 광한루 경내에 충혼탑을 제막했다. 전몰자 6333명은 지전사(智戰司, 지리산지구 전투경찰사령부)와 서전사(西戰司, 서남지구 전투경찰대사령부) 소속의 희생 경찰들이다. 이 기간에 억울하게 죽은 민간인들은 위령의 대상이 아니었다. 7월 1일에는 서남지구 전투경찰대사령부 해대식(解隊式)을 했다.[44] 남원시 산내면 뱀사골 지리산전적기념관에는 1955년 5월 23일에 빨치산 소탕 완료를 정부가 공식 발표했다고 안내하고 있다.

41 『국립경찰50년사 : 일반편』, 161~162쪽.
42 김용옥, 『우린 너무 몰랐다』, 통나무, 2019. 106쪽.
43 주철희, 『동포의 학살을 거부한다』, 흐름, 2018. 189쪽.
44 『국립경찰50년사 : 일반편』, 222쪽.

한라산에 세운 '한라산개방평화기념비'와 '평정기념비'

서남지구 전투경찰대사령부 사령관을 하던 신상묵은 제주4·3사건
의 마무리 단계인 1954년 8월 28일에 이경진 국장 후임으로 제주도 경
찰국 제16대 국장으로 부임하여 1956년 6월 12일까지 재직했다. 그가
있는 동안에 한라산에만 2개의 비가 세워졌다. 하나는 1948년 4·3사
건으로 봉쇄되었던 한라산 백록담 북측 능선에 입산금지령이 해제된 이
듬해에 개방기념비가 세워졌다. 4·3사건 발생 후 6년 6개월 만이었다.
상당 기간 동안 잔존 무장대 5명의 행적이 포착되지 않자 1954년 9월
21일, 제주도 경찰국장 신상묵은 한라산 금족(禁足) 지역을 해제, 전면
개방을 선언하는 한편 지역 주민들에게 부과했던 마을성곽의 보초임무
도 철폐했다. 제주도 전역을 평시 체제로 환원시킨 것이다. 소개(疏開)되
었던 중산간 마을에 대한 복구 및 이주 정착사업도 전개되었다. 10월
10일에는 제주신보사가 주최한 한라산 개방 기념 답사에 도지사, 검사
장, 미고문관 등 군경, 교육, 금융계 인사 66명과 함께 신상묵 국장도
참가했다. 12월 16일에는 기자들에게 "동계 토비 작전이 전개되었다"고
하면서 "공비 세력이 극도로 약체화된 현 단계에서 토비전은 심리면에
오히려 중점을 두고 있다"고 했다. 그는 계속해서 "도민 중에는 과거와
같은 대대적인 토비전이 전개되어야만 완멸할 수 있을 것이라고 인식하
고 있는데 그러면 다시 민원을 사는 제(諸) 동원 업무가 부수될 뿐더러
그럴 필요조차 없는 단계"라고 설명했다.[45] 이후에도 5명의 잔존 무장

---

45 『제주4·3사건 자료집 3 : 신문편』, 제주4·3사건 진상규명 및 희생자 명예회복위원회, 2002.
   275쪽.

대의 흔적을 찾지 못하자 1955년 2월 9일에는 신 국장이 직접 잔존 무장대 가족을 방문하여 "자수하면 생명은 절대 보호한다"면서 조속한 자수를 권고하도록 가족들을 설득하기도 했다.[46] 한라산 개방 1년 후인 1955년 9월 21일, 이를 기념하여 '한라산개방평화기념비(漢拏山開放平和紀念碑)'를 세웠다. 높이 1m가 조금 넘는 자연석 화강암을 깎아 만들었다. 비문은 당시 제주4·3사건 토벌부대였던 신선부대[47]장 허창순이 쓰고, 동화임업 사장 이관철이 건립했다. 비의 뒷면에는 대부분 한사로 "영원히 빛나리라, 제주도 경찰국장 신상묵 씨는 4·3사건으로 8년간 봉쇄되었든 한라 보고를 갑오년 9월 21일 개방하였으니 오즉 영웅적 처사가 않이리요. 다만 전도는 기여된 자유와 복음에 감사할지어다. 단기 4288년 9월 21일"이라고 새겨져 있다.

또 하나는 '평정기념비(平定紀念碑)'이다. 백록담 서쪽 정상 부근에 있었다. 『한국산악회 50년사』에는 1957년 1월 적설기 한라산 등반을 할 때 홍종인 회장이 비를 바라보는 사진이 실려 있다.[48] 산악인 진창기 씨는 "현임종 씨가 쓴 『보고 듣고 느낀 대로』 책에는 평정기념비를 배경으로 1958년 8월에 촬영한 사진이 나온다"며 "그 이후 이 기념비가 신상묵 국장을 찬양하는 내용 일색이라는 이유로 일부 산악인들에 의해 쓰

---

46 『제주4·3사건 진상조사보고서』, 제주4·3사건 진상규명 및 희생자 명예회복위원회, 2003. 357쪽.

47 1953년 1월 초, 한라산 잔여 무장대 토벌 부대인 신선부대(神選部隊 부대장 경감 허창순)를 창설, 관음사에 본부를 두고 산하 6개 중대 병력을 6개 지구에 투입하여 잔여 무장대 토벌에 나섰다. (김관후 작가의 「[시로 읽는 4·3] 28 : 두 개의 한라산－김희정」, 〈한라일보〉 2019. 10. 3.)

48 「[강정효의 한라산이야기] 23 : 비켜가지 못한 4·3의 아픔, 이제는 흔적만 남아」, 〈제민일보〉 2013. 4. 19.

러뜨려진 뒤 서쪽 절벽으로 굴러 떨어진 것으로 알고 있다"고 했다. [49]

지리산에 세워진 '서남지구 사령관 신상묵 실적비'와 '전경사령관 신상묵 공적비'

신상묵과 관련 있는 비석은 한라산뿐만 아니라 지리산에도 있다. 전남 구례군 마산면 황전리 지리산 국립공원 내 '시의 동산'에 신상묵 실적비가 세워져 있다. 이 비석은 지리산 화엄사 부근 전망대 옆에서 2001년 가을께 군민들도 모르게 옮겨진 것으로 밝혀져 논란이 일었다고 한다. 2019년 1월 5일 오전 11시 30분, 현장을 확인하기 위해 나섰다. 뭔가에 심사가 뒤틀려 한껏 찌푸린 날씨가 마음을 무겁게 했다. 창원에서 남해고속도로를 타고 가다가 남원, 동순천 쪽으로 빠져서 조금 가다가 다시 구례, 황전으로 들어서니 곧바로 화엄사로 가는 도로가 나왔다. 2시간 30분쯤 걸렸다. 화엄사 매표소에서 멈춰 섰다. 어디 가느냐고 묻길래 '시의 동산'에 간다고 하니 입장료를 받지 않고 그냥 통과시켜주었다. 화엄사 쪽으로 계속 올라가니 오른쪽에 '암남(庵南) 詩의 동산'이라고 적힌 큰 돌이 있었다. 그 옆에 자그마한 화엄교가 있었다. 이 다리를 건너면 작은 계곡을 따라 '시의 동산'이 조성되어 있다. 먼저 이 동산에 있는 36점의 시비와 조각의 배치도가 보였다. 하나하나에 번호가 매겨져 있었다. 3번 위치에 신상묵의 실적비가 표시되어 있었다. 계곡 쪽의

---

49 한라산 백록담의 옛날 모습, 마당바위, 2017. 1. 5.

동산 입구에서 불과 몇 걸음을 걸으니 두 개의 비가 나란히 세워져 있었다. 1954년 구례군민이 세운 이 비는 1.5m 높이의 화강석에 세로로 "西南戰警 司令官 辛相黙 實蹟碑(서남전경 사령관 신상묵 실적비)"라고 쓰여 있고, 양쪽에 한시가 적혀 있는데 글자를 제대로 알아보기 힘들었다. 험한 세월을 견디어왔음이 분명했다. 겨우 몇 글자만 알아볼 수 있을 뿐이었다. 이 한시의 내용을 한글로 풀어서 옆에 있는 작은 비에 새겨 놓았다. 이 작은 비는 2001년에 가족들이 화엄사 비를 이곳으로 옮겨오면서 새로 세웠다. 까만 돌(烏石)로 만든 이 비의 앞면에는 "서남전경사령관 신상묵 실적비, 그대 오시어 난을 평정하고 오직 정성으로 백성과 만물을 소생시켜 공을 풍성히 쌓았도다. 울음이 웃음 되고 칭송이 하늘을 찌르니 이를 작은 돌에 새겨 영원히 밝히고자 하노라. 단기 4287년 (1954년) 4월 17일 구례군민 일동"이라는 내용과 함께 서남지구 전투경찰사령관, 지리산지구 전투경찰사령관, 전남·전북·충남·강원·제주도 경찰국장 등의 경력과 태극무공훈장(훈기번호 제263호, 1956년 10월 21일 수훈), 을지 화랑무공훈장, 홍조·녹조 근정훈장 등 27개의 훈·포장을 수훈한 사실이 새겨져 있다. [50] 비의 뒷면에는 "동족 상잔의 비극 6·25 빨치산 전쟁을 인화 전략으로서 종식시켜 지리산을 둘러싼 3도에 평화를 정착시키고 민족문화유산 화엄사를 전화소실의 위기에서 구출해 낸 공적을 기리기 위해 구례 군민이 뜻을 모아 1954년 4월 17일 화엄사 경내에 건립한 이 비석은 민족영산 지리산의 정서와 한을 안은 채 세월의 풍상을 건디어 오다 이 아름다운 장소에 옮겨져 고인의 넋과 함께 안식을

---

50 최은형·홍동수, 「지리산·한라산에 신 전의장 부친 기념비」, 〈연합뉴스〉 2004. 8. 19.

취하다"라고 비석의 역사가 적혀 있었다.

'시의 동산'에 설치되어 있는 조각품 중에서 두 손바닥을 가지런히 모으고 있는 작품이 눈에 띄었다. 제목이 "모든 이에게 자비가"이다. 토벌군과 빨치산 모두에게 골고루 자비를 베풀자라는 의미일 것 같았다. 정성껏 조성해놓은 동산에 있는 시비 중에는 매천 황현의 「절명시」, 김용택의 「섬진강」, 도종환의 「흔들리며 피는 꽃」, 이해인의 「나를 키우는 말」, 이원규의 「행여 지리산에 오시려거든」, 이우걸의 「모란」, 허수경의 「지리산 감나무」, 김인호의 「구례 사람들 눈빛」, 정기석의 「사랑법」 등이 있다. 「사랑법」에서 시인 정기석은 "사랑한다는 것은/ 나를 주어 당신의 가슴에/ 꽃을 심는 일/ 꽃을 가꾸는 일/ 꽃으로 살아/ 당신의 영혼 속에 고이 눕는 일"이라고 하였다. 과연 이곳에서 벌어졌던 철천지 원수 사이에서 꽃을 심는 일이 가능할까? 설사 가능하지 않다 하더라도 꽃을 심는 일은 꼭 필요할 것 같았다. 구례의 대표적인 시인인 김인호는 「구례 사람들 눈빛」에서 구례의 밤하늘에는 별이 두 개 더 있는데 "그 하나의 별빛은/ 산으로 쫓겨 가야 했던 사람들의 맑은 눈빛이고/ 또 하나의 별빛은/ 돌아오지 못하고 잠든 사람들의 깊은 눈빛이다"라고 했다. 산으로 간 사람들은 어쩔 수 없이 쫓겨 간 사람들이고, 그들의 눈빛은 살인마의 충혈된 눈이 아니고 맑은 눈빛이라고 한다. 돌아오지 못하고 잠든 이들의 눈빛은 깊다. 시인이 아픈 역사를 안고 있는 구례를 사랑하고 있음을 느낄 수 있었다. 몇 년 전까지만 해도 '시의 동산'에 차일혁 경무관 공적비가 있었는데 지금은 없다. 차일혁은 1953년 5월 19일, 서남지구 전투경찰대가 창설되었을 때 2연대장으로 있으면서 남부군 사령관 이현상을 사살하고 화엄사를 지켰던 경찰이다. 1998년 화엄사 경내에 시인 고은이 비문을 쓴 공적비를 세웠는데 '시의 동산'으로 이전하는 과정에서 없어진 것 같다고 한다.

　나는 해가 저물기 전에 서둘러서 또 다른 비를 찾으러 지리산 뱀사골로 향했다. 화엄사 매표소를 나와서 오른쪽으로 천은사, 노고단으로 달렸다. 고개만 넘으면 되는 길이었다. 그러나 아쉽게도 천은사 매표소에서 차를 돌려야 했다. 도로가 얼어서 산 위로 올라갈 수 없도록 차단되어 있었다. 어쩔 수 없이 지리산을 중심으로 반 바퀴를 옆으로 돌아서 갈 수밖에 없었다. 삼거리에서 계속 남원 쪽으로 가다가 지리산IC에서 뱀사골로 들어갔다. 막 해가 지고 있는 중이었다. 바쁜 마음으로 운전을 하여 지리산의 중심부를 향하여 달렸다. 국립공원 지리산 북부사무소와 뱀사골 탐방안내소가 나타났다. 행정구역은 남원시 주천면 정령치로이다. 구룡계곡이 시작되는 지점이다. 탐방안내소 2층에 전적기념관이 있었으나 출입문이 잠겨 있어서 들어갈 수가 없었다. 건물 뒤편에는 충혼탑과 지리산전적기념비가 조성되어 있었다. 충혼탑은 민, 경, 군 7283명의 영령을 모신 곳이다. 탑의 뒷부분에는 지리산지구 공비 토벌작전의 전몰 군인, 경찰, 민간인 2716명의 이름과 소속이 적혀 있었다. 처음에는 1955년 5월 15일, 광한루원에 이승만 대통령의 휘호를 새긴 충혼탑을 세웠다가 1987년 6월 6일, 영령들이 산화한 뱀사골 현장으로 옮겼고, 다시 2007년 6월 6일, 남원시와 대한민국참전경찰유공자회가 나서서 터를 넓히고 새로 새긴 탑을 세웠다. 현재 탑의 한가운데는 우남 이승만 대통령이 쓴 '忠魂(충혼)'이라는 글씨가 새겨진 작은 비석이 자리잡고 있다. 탑의 오른쪽 뒤편에 주요 전투 참가부대와 지휘관 이름이 적혀 있었다. 13개 주요 작전 중에서 경무관 신상묵의 이름을 두 군데에서 찾을 수 있었다. 하나는 지리산지구 전투경찰사령부에 있을 때(1951. 11. 30.~1952. 3. 15.) 참여한 백야전 전투사령부 호남지구 작전이고, 또 하나는 서남지구 전투경찰대사령부에 있을 때(1953. 12. 11~ 1954. 5. 25) 참여한 박 전투사령부 작전이다. 충혼탑에서 내려오면 오른쪽에 지리산지구전적비가 별도로 세워져 있다. 1978년, 국방부와 교통부가 세웠는데 제작은 민복진이 했다. 전적비의 계단 아래 왼쪽 면에 3개의 공적비가 있다. 두 개의 비는 상부를 아무런 장식 없이 그냥 둥글게 처리한 모양인데 신상묵의 비는 크기도 가장 크고, 비신(碑身) 상부에 개석(蓋石)을 얹어 멋지게 해놓았다. 비석의 앞면에는 세로로 '戰警司令官 辛相黙 功績碑(전경사령관 신상묵 공적비)'라고 새겨져 있다. 그리고 비석의 양 옆면과 뒷면에는 연이어 건립 배경을 자세히 기록해놓았다. "지리산은 예로부터 삼신산(三神山)의 하나로써 전란 시(戰亂時) 도피처로 유명했다. 특히 서기 1950년 6·25사변을 전후하여 빨치산과 반란군 또는 인민군, 패잔병 등 공비 약 6만 명이 집결하여 지리산 주변 전남·북과 경남도 일대에 출몰하여 살인과 방화, 약탈 등 만행을 자행하여 후방 치안을 교란시켜왔으므로 정부에서는 3도 12개 군을 총괄하는 서남지구 전투경찰대를 창설하고 수만의 군경을 동원하여 이들 공비를 토벌하게 했고 이를 완전 소탕, 평화가 오기까지에는 5년이란 긴 세월이 걸렸으며 전몰자와 수만의 전상자(戰傷者) 또는 막대한 재산 피해를 입은 바다. 이에 지리산지구와 서남지구 전투경찰대 사령관을 역임한 경무관 신상묵은 원래 문무(文武)를 겸전(兼全)한 덕장(德將)으로서 2년간 재임 중 3도(三道)는 일가(一家)였고, '민중은 부모다, 군경은 형제다'라는 통솔 구호를 내걸고 부하들과 풍찬노숙, 생활고락을 함께하면서 진두지휘, 지모(智謀)와 용맹(勇猛)을 떨치고 평화와 선무(宣撫)로써 민심을 수습, 공비를 자수시켜 다수의 인명을 구출하고 공비토벌과 전재복구(戰災復舊), 평화 건설에 혁혁한 무훈(武勳)과 지대한 공적을 수립하여 대한민국 전쟁사에

수록되고 태극무공훈장이 수여되었다. 이리하여 공(公)의 숭고한 호국 정신과 공적을 높이 찬양, 길이 빛나도록 현창(顯彰)하기 위하여 모든 전우, 동지의 뜻을 새긴 공적비를 건립하였고 이를 복원하게 되었다. 건립 1953년, 복원 1987년, 전우 일동 대표 남원경찰서장 총경 송한영, 지리산장학회장 구서칠, 전(前) 경찰서장 주재선, 비문은 전(前) 연대장 총경 구서칠 짓고 쓰다"

그 옆에는 단기 4285년(1952년) 7월 4일에 함께 만든 두 개의 비가 나란히 있는데 앞면에는 세로로 각각 '警務官 崔致煥 功績碑(경무관 최치환 공적비)', '陸軍 中將 白善燁 功績碑(육군 중장 백선엽 공적비)'라고 새겨져 있고, 뒷면에는 건립 날짜가 기록되어 있다. 이곳 구룡계곡(九龍溪谷)은 흔히 용호구곡(龍虎九谷)이라고도 하는데 마치 계곡 전체가 한 덩어리의 바위인 것처럼 연결되어 있다. 1곡부터 9곡까지 각각 제 이름이 따로 있을 정도로 경치가 뛰어나다. 1곡은 송력동(松瀝洞)이라고 하고, 2곡은 용소(龍沼)라고 한다. 9곡이 구룡폭포(九龍瀑布)이다. 마치 평소에는 용 두 마리가 서로 어울렸다가 양쪽 못 하나씩을 차지하고 물속에 잠겨 있는데 구름이 일면 다시 나타나서 서로 꿈틀거린다는 뜻을 담고 있다. 여기서 계속 위로 올라가면 뱀사골과 노고단으로 이어진다.

신상묵이 세운 경찰 기념물이 있다. 지리산지구 공비토벌작전에서 전사한 경찰관 129명의 영령을 추모하기 위해 당시 사령관이었던 경무관 신상묵이 무량사에 건립한 전남 충혼탑이다. 그 후 순천시 석현동 향림사로 이전하였다고 한다.[51] 이 기념물을 확인하기 위해 2019년 12월 16

---

51 『국립경찰50년사 : 사료편』, 325쪽.

일, 경남 창원에서 남해고속도로를 타고 순천으로 향했다. 서순천IC에서 내려 순천 쪽으로 계속 직진하다가 경찰서 쪽으로 우회전해서 3분 정도 가니 오른편에 향림사가 있었다. 석현동 230의 비봉산(飛鳳山) 입구에 위치한 천년 고찰, 도심 사찰이다. 주변에는 향림정(香林亭)도 있고, 400년 된 보호수 푸조나무도 있다. 노인을 위한 게이트볼 경기장도 있다. 사찰은 전라남도 문화재자료 제3호로 지정되어 있다. 신라 경문왕 865년에 도선국사가 창건하였는데 이곳은 풍수지리상 나는 새가 알을 품고 있는 비봉포란형(飛鳳抱卵形)으로 용의 정기가 한꺼번에 모여 있는 땅 기운이 강한 곳이어서 그 땅 기운을 누르기 위해 이 절을 세우고 불상과 탑을 세웠다고 전해진다. 향림사 입구 오른쪽 도로변에는 시민을 위한 운동시설이 있고, 주변에는 하늘로 쭉쭉 뻗은 20여 그루의 소나무가 우거져 있다. 그 옆에 두 개의 비가 나란히 세워져 있다. 하나는 을사늑약 체결 후인 1908년, 500명 이상의 정병을 모아 의병운동을 일으킨 의병장 강진원 장군의 '성산 강진원 순의비(聖山姜振遠殉義碑)'가 1968년에 세워져 있다. 그 옆에 단기 4285년 8월 15일에 세운 '충혼비(忠魂碑)'가 있다. 이 비는 지리산지구 경찰전투사령부 사령관 경무관 신상묵이 글을 쓰고, 제203연대장 총경 김만수(金萬壽)가 세웠다. 총경 신순하(辛淳夏) 외 전사자 128명의 넋을 기리는 이 비에는 '이 몸이 죽어 죽어 일백 번 고쳐 죽어…'로 시작하는 정몽주의 「단심가」가 새겨져 있다.

죽은 지 20년 만에 고문헌병이었음이 세상에 알려지다

충남경찰국장을 끝으로 1959년 4월, 경찰을 퇴직한 신상묵은 전라북도청 산업국장을 하다가 그만두고 4·19 직후에는 무소속 국회의원으로 출마했다가 낙선하기도 했다.[52] 1964년 '지리산 도벌사건'으로 검찰에 의해 구속, 수감되었다. 1964년 12월 21일, 서남(西南)흥업 고문인 신상묵(당시 47세)은 산림법 위반 및 국유재산법 위반 등 혐의로 구속되어 부산교도소에 수감되었다. 이 사실은 당시 신문에 신 씨의 사진과 함께 크게 보도됐다. 신상묵은 삼성(三成)흥업에서 벌채 허가를 맡아 서남흥업에 도급을 주었다가 다시 남선(南鮮)목재에 '프리미엄'을 받고 넘겨준 배후 인물로 지목됐다. 신 씨는 원심에서 무죄 판결을 받은 후 다음 해인 1965년 8월 31일 열린 항소심에서 징역 8월의 실형을 선고받았으나, 같은 해 12월 10일 대법원 선고공판에서 다시 무죄를 선고받았다. 이 사건은 유무죄와는 별개로 지리산 국유림 내 벌채 허가를 받은 기업들이 불법으로 아름드리 생나무를 마구잡이로 베어낸 사건으로 당시 큰 파장을 일으켰다. 14명의 고위 권력층의 인척들을 포함해 현직 공무원들이 대거 연루돼 사회적 관심을 끌었고, 특히 사건의 주체인 서남흥업은 과거 지리산 빨치산 토벌대 출신의 지방 유지들이 중심이 된 기업이어서 더욱 논란을 불러일으켰다.[53]

신상묵은 친일과 반공의 삶을 살았다. 이 부분에서 우리는 그를 어떻게 평가해야 할지 망설이게 된다. 단순하게 친일은 나쁜 것이고, 반공은 좋은 것이라고 생각하는 사람들이 대부분이다. 그게 독재권력의 반공교육으로 인한 것이든, 직간접적인 경험에 의한 것이든 거의 고정관념으로 갖고 있는 실정이다. 그런 측면에서 보면 그동안 고문의 대명사인 시

---

52 〈중앙일보〉 2004. 8. 19.
53 박민혁, 「[후의장 부친 친일행적 파문] 후의장 '어제와 오늘'」, 〈동아일보〉 2004. 8. 17.

게미쓰를 나쁜 사람이라고만 생각해왔는데 그런 그가 반공을 위해 헌신적으로 노력했다는 점에서 판단이 혼란스러울 수도 있다. 험한 시절이 사람을 그렇게 만들었다는 동정론도 있을 수 있다. 이 지점에서 무조건 반공을 좋다고만 생각해온 고정관념을 다시 한번 생각해볼 필요가 있다.

만약 친일파와 반공을 이승만 노선, 친일파 척결과 반공을 김구 노선이라고 단순화하는 경우에는 가치판단을 하기가 조금 쉬워진다. 극우와 중도우파이다. 그런데 친일과 용공, 항일과 용공에 이르면 또다시 혼란스럽다. 이러한 혼란은 우리들이 이승만, 박정희 시대를 살아오면서 이념적으로 편향되어 있기 때문이다. 이승만, 박정희 정권은 항일을 했다 하더라도 빨갱이는 무조건 나쁘다고 죽였으며, 친일을 했다 하더라도 반공을 하면 무조건 훌륭하다고 생각하도록 억압했다. 이승만은 자신의 지지 기반이 친일파였고, 박정희는 자기 스스로가 만주군관학교 출신이었다. 그 시절에는 우리 모두가 그런 생각을 받아들이지 않으면 똑같이 취급되어 한평생 고생했다. 아니 대대로 차별받기까지 했다. 그러나 통일된 미래를 희망한다면 우리의 사고를 이 시기에 한반도 전역을 뒤덮었던 제주4·3과 여순항쟁, 군대 내의 숙군 과정, 보도연맹과 민간인·양민 학살, 좌우 협상파와 반이승만 세력까지 모두 죽인 역사 전체로 넓혀야 한다. 항일의 삶을 사신 분 중에서도 극우가 있듯이 드물지만 친일한 매국노 중에서도 민주적인 삶을 살기 위해 노력한 사람이 있었다. 마찬가지로 사회주의자 중에도 훌륭한 민주적 지도자가 있듯이 그 반대도 있다. 인간 신상묵에 대한 평가 역시 경직된 냉전 논리가 아니라 그의 삶 전체를 살펴보는 것이 중요하다.

생전에 세운 신상묵의 기념비가 지리산과 한라산에[54] 있을 정도로 눈부신 활동을 하였지만 죽은 지 불과 20년 만에 고문 헌병이었음이 알려졌다. 시게미쓰가 본격적으로 여론의 주목을 받은 것은 김한국 씨가 자기 아버지인 김주석 씨의 수기를 바탕으로 한 폭로성 기사를 월간 《신동아》 2004년 10월호에 게재한 것이 결정적인 계기였다. 월간 《신동아》는 2004년 9월호에서 「신 의장 부친 신상묵씨는 일본군 헌병 오장」이라는 제목으로 보도했으며 이후 진해헌병대에서 시게미쓰 군조로부터 고문받았다고 주장하는 차익환, 김장룡의 증언이 잇달았다. 김주석의 아들 김한국의 투고와 김주석의 글을 토대로 월간 《신동아》는 다음 호인 10월호에서 「충격 증언, 생매장, 주리틀기, 물고문으로 나를 불구자로 만든 친일 헌병 시게미쓰」라는 제목으로 연속 보도했다. 이 당시에는 9월 8일 국회 행정자치위원회에 상정되어 있던 '일제강점하 친일반민족행위 진상규명특별법' 개정안이 헌병 등을 진상규명 대상에 포함시키지 않아서 논란이 되고 있었다. 특별법 개정을 둘러싸고 진상규명에 적극적인 입장의 열린우리당과 반대하는 입장의 한나라당이 대치하고 있었다. 한나라당과 보수 언론에 의해 국회의원이며 열린우리당 의장인 신기남의 아버지 신상묵이 일제강점기에 헌병으로 근무할 때의 이력이 드러났다. 처음 폭로가 나왔을 때 신기남 의원은 신상묵이 일제강점기에 교사로만 재직했다고 설명했는데 이 해명이 거짓임이 밝혀지면서 신기남 의원은 취임한 지 3개월 만에 열린우리당 의장직을 사퇴하고, 광복회를 찾아가서 아버지를 대신해 사과하고 용서를 구했다. 이 일을 계기로 김무성, 이미경, 김희선, 정동채 의원과 조기숙 전 청와대 홍보수석 등

---

54 최은형·홍동수, 앞의 기사.

의 조부, 부친 친일 문제도 한꺼번에 논란이 되기도 했다.

이 당시 신기남은 아버지 신상묵이 박정희와 친분이 두터웠다면서 "두 분이 대구사범 동창으로 각별한 사이셨다. 박정희 전 대통령과 육영수 여사의 결혼 때 아버지가 청첩인 두 사람 가운데 한 사람이었을 정도다. 아버지가 춘천에서 강원도 경찰국장으로 있을 때는 박정희 대통령이 춘천에서 사단장 생활을 할 때라 두 분이 자주 어울리셨다고 한다. 두 분 모두 밤늦도록 술 드시기를 좋아해 부인들 고충이 컸다고 한다"고 소개하기도 했다. 신기남은 "어머니한테 들은 얘기인데, 박정희 소장이 쿠데타 뒤 자신의 차로 직속 부관을 우리 집에 보내 쪽지를 전달했다. '상묵아! 혁명은 성공했다. 내게 와서 도와다오. 함께하자.'는 내용이었다. 그런데 아버지는 '무인에게 반역은 없다. 당장 민정 이양하고 물러나라'며 일언지하에 거절했다고 한다"고 말했다.

진해와의 인연은 신기남 의원 역시 각별하다. 해군 중위로 제대한 신기남 의원은 1976년 7월부터 1979년 7월까지 만 3년과 제대 후 해군대학 문관 교수 2년 6개월을 합하여 꼬박 5년 6개월을 진해에서 보냈다.[55] 장교 숙소가 제황산공원 입구에 있기 때문에 출퇴근하거나 통제부를 드나들 때는 진해헌병대 앞을 지나다녔다. 그의 홈페이지(www.skn.or.kr)에서는 술을 마시고 헌병대를 난장판으로 만들 정도로 젊은 시절의 추억이 있는 곳이며 스스로 진해를 사랑한 해군이었다고 고백하고 있다. 그는 진해 중원로터리에 있는 흑백다방의 단골이었고, 유택렬 화

---

[55] 해군 장교 특교대(OCS, Officer Candidate School) 65차에 입대하였으며 해군사관학교 교관 시절에는 진해여고 3학년 학생들에게 영어 과외를 하였고, 해군대학에서는 국난극복사를 강의하였다. (윤범상, 『범상한 삶』, 울산대학교출판부, 2016. 56, 59, 144쪽.)

백의 딸과도 친했다.

당 의장직에서 사퇴한 뒤에 신기남 의원의 관심으로 피해자 두 분은 다시 보훈처에 독립유공자 신청서를 제출했다. 김장룡은 울산 북구청이 발행한 신원조회서에 군법회의에서 치안유지법 위반으로 징역 2년형을 선고받은 사실이 기록되어 있어서 군법회의 판결문이 없음에도 불구하고 유공자 선정이 되었고(2002년 5월에 신청했을 때는 부결되었음), 차익환은 본적지에 수형 사실만 남아 있을 뿐 추가 입증 서류가 없어서 또 시정되지 않았다. 행정소송에서도 뜻을 이루지 못했다.[56] 김주석의 학우동인회 회원들도 죽을 때까지 독립유공자 지정을 받지 못한 채 진해헌병대에서 헌병 시게미쓰 오장으로부터 받은 무지막지한 고문의 후유증으로 평생을 고통 속에서 살았다. 뒤늦게 김주석기념사업회가 만들어지고 난 뒤에 2018년에야 비로소 김주석은 독립유공자 지정을 받았다.

전북경찰청 홍보관에서 사라진 16대 경찰국장 사진

해방 후의 경찰과 헌병이 모두 나쁘다고 비난해서는 안된다. 그럴 이유도 없다. 개중에는 본인은 하기 싫었는데 미군정청이 복귀하라고 해서 어쩔 수 없이 경찰을 하고, 헌병을 했을 뿐이라고 말하는 사람도 있을 수 있다. 물론 그런 분들을 공연히 좋다고 칭찬할 필요는 없지만 심하게 비난할 이유도 없다. 문제는 카멜레온이다. 일반적으로 변신은 개

---

56 〈한겨레〉 2015. 8. 14.

인적으로 이루어지지 않고 집단적인 논의를 통해 함께 이루어진다. 일제강점기 만주군관학교와 간도특설대 출신들은 해방 후, 서로 밀어주고 당겨줘서 이승만 시절에도, 박정희 시절에도 군부와 정치권의 주류가 되었다. 언론과 학교, 기업도 마찬가지였다. 독립지사의 입장에서 볼 때, 일제강점기에는 독립운동을 하느라고 붙잡혀서 고문당하고 징역 살았는데, 해방된 조국에서도 변신한 바로 그 헌병으로부터 또다시 고문당하는 비극적인 일이 일어난 것이다. 이런 부끄러운 일이 역사책에서나 볼 수 있는 게 아니고 실제로 우리 동네에서 일어났다. 한국현대사의 잘못된 부분이 내 가까이에서 일어났다는 게 놀라웠다. 친일과 반공은 내가 자주 지나다니는 진해 중원로터리의 진해헌병대에서 일어났던 일이고, 중원로터리 옆 흑백다방에서 전시회를 했던 분의 이야기이기도 하다. 도시재생이 진행되고 있는 진해 원도심이 안고 있는 역사이고, 흑백다방을 자주 드나들었던 해군 장교의 이야기이기도 하다. 2016년 3월경 진해도서관에서 우연히 향토역사학자 황정덕이 쓴 『진해지역의 항일독립운동사』를 읽었다. 이 책에 실려 있는 고문 장면은 더 이상 남의 이야기가 아니다. 시계미쓰의 삶을 추적하는 동안에 김주석 선생의 유족과 자주 만나 기념사업회를 만들고, 기념미술관을 준비하면서 무척 친한 사이가 되었다. 이제는 더 이상 멀리서 일어난 남의 이야기가 아니다. 그래서 앞으로도 우리 주변을 자세히 살펴야겠다는 생각을 하게 되었다.

안타까운 것은 반공 경찰로 변신한 친일파도 역사적 희생물이다. 만약 해방 후에 반민특위를 통하여 제대로 정리했더라면 그 이후의 삶이 새로워지고, 다른 삶을 살았을 수도 있다. 그러나 친일 권력에 의해 진정한 반성의 시간이 없어짐으로 인하여 본인들도 반성의 기회를 놓치고 불행한 삶을 계속 살았다. 그래서 그들은 지금도 나쁜 사람이다. 신상 묵은 뜻있는 분들의 노력에 의해 2008년 발표된 민족문제연구소의『친일인명사전』수록 예정자 명단 중 군 부문에 포함되었으며 2009년 11월, 최종적으로『친일인명사전』에 수록되었다.

2019년 12월 4일, 전북경찰청은 친일 행적이 뚜렷한 역대 경찰국장 8명의 사진을 청사 홍보관과 누리집에서 삭제하기로 했는데 일본군 하사관 출신인 15대 김종원에 이어 16대 경찰국장을 역임한 신상묵의 사진을 없앴다.[57] 홍보관은 일반인들뿐만 아니라 어린이집이나 유치원에서도 자주 견학 오는 곳이다.

---

57 김희곤, 「친일 경찰국장 사진 청산했다」, 〈경남도민일보〉 2019. 12. 6.

어째, 이런 일이

　마치 각자가 자기 살 궁리를 해야 할 것 같은 지루하고 긴 터널을 지나면서 불안하기도 했지만 희망의 싹을 보기도 했으며 이럴 때일수록 우리 사회의 약한 부분을 더 눈여겨 찾아봐야겠다는 생각을 했습니다. 특히 잘못된 역사를 바로 잡아야 '서로 돕기'가 마음에서부터 우러날 것이기 때문입니다.

　내가 살고 있는 창원시 진해구에 있는 헌병대에서 18살 청소년을 나무 관에 집어 넣고, 못을 치고 물을 채우는 악랄한 고문을 했다는 이야기를 들으면서 1970년대 말, 경북도경 대공분실에서 당했던 물고문이 생각나기도 했습니다.

　8·15해방 후 친일 헌병이 반공 경찰이 되고, 고문 기술자가 토벌대 대장이 되면서도 한 번도 처벌받지 않고 승승장구한 인물이 있다는 게 믿어지지 않았습니다. 궁금한 부분부터 하나씩, 하나씩 찾아보기 시작했습니다. 용서와 화해는 나중 문제이고, 먼저 이런 일이 일어날 수 있었던 배경부터 이해하기 위해서였습니다. 몇 년간 추적하면서 어떻게 이런 일이 일어날 수 있었는지를 이해할 수는 있었지만 그 과정에서 친일파들끼리 서로 밀어주고, 당겨주는 모습을 볼 때는 혼자 화를 내기도 하였고, 그럼에도 불구하고 피해자 김주석을 그리워하는 김주석기념사업회가 만들어지고, 고문 경찰 박종표가 잡혀갈 때는 기뻤습니다.

처참하게 사람을 죽이다가 말년에는 나무까지 벌목했던 시계미쓰를 뒤따라가다가 박종표를 만났고, 그가 다른 곳이 아니라 제가 살고 있는 창원시 마산합포구의 마산중부경찰서에 있으면서 김주열 열사를 죽인 범인임을 알고 분노했으며, 3·15의거기념사업회로부터 받은 여러 가지 공소장을 보면서 시체 유기를 밝혀낸 한옥신 검사를 알게 되었고, 또다시 그의 공안검사로의 굴절을 보는 서글픔도 있었습니다.

글을 마무리하면서 일제강점기에 독립운동을 억압했던 친일파가 해방 직후 남북통일정부수립운동을 토벌했고, 이들이 이승만 대통령 말기의 반독재운동까지 진압하려 했던 경찰과 모두 한통속이었음이 명확하게 드러났습니다.

며칠 전 뽑혔다는 전화 연락을 받고 부끄럽기도 하고, 반갑기도 했습니다. 이번의 이 여세를 몰아서 잊힌 지역 인물과 가려진 지역 사건의 생생한 사연을 계속 추적해야겠다고 생각합니다.

그동안 취재 과정에서 만난 많은 분들의 협조가 있었기에 가능했습니다. 나이 70에 뒤늦게 글쓰기를 시작했는데 우째 이런 일이! 감사합니다.

—전점석

국제결혼의 사각지대, 혼인귀화 여성의 재혼

아워 프레스(백승훈·오연수·백지희·이조은)

가
작

2020 뉴스통신진흥회 탐사·심층·르포 취재물 수상작

국제결혼의 사각지대, 혼인귀화 여성의 재혼

베트남계 한국 여성 A씨는 작년에 베트남 남성 B씨와 재혼했다. A씨는 2004년에 결혼이주 여성으로 한국에 왔다. 하지만 그녀의 결혼 생활은 10년 차로 끝이 났다. 그녀에게 남은 건, 세 명의 아이와 한국 국적뿐이었다. A씨는 이혼한 베트남계 한국인이 됐다. 이혼 이후의 삶은 이전과는 또 다른 점에서 낯설고 외로웠다. 그녀에게는 고된 타향살이를 이야기할 친구도, 가족도 없었다. 그러던 어느 날 SNS를 통해 한 남자와 연락하게 됐다. 베트남 남성 B씨였다. A씨와 B씨는 SNS 메신저를 통해 많은 대화를 나눴고, 서로가 비슷한 삶을 꿈꾼다는 사실을 알게 됐다. 그 공통점은 A씨를 베트남으로 이끌었다. 마침내 만난 A씨와 B씨는 한국에서의 결혼 생활을 약속했다. 한국으로 돌아온 A씨는 B씨를 외국인 배우자로 초청했다. 그렇게 A씨와 B씨는 이주배경 부부[1]가 됐다.

혼인귀화 여성과 외국인 남성의 청첩장 예시

　'경남이주민문화센터 라함' 안영 대표(55, 이하 안 대표)는 혼인귀화 여성[2]과 외국인 남성으로 구성된 재혼 가정이 A씨의 한 사례만 있지는 않을 것이라고 말했다. 더불어 이러한 형태의 이주배경 부부가 점차 늘어나리라 전망했다.

　취재 결과, 이주배경 부부의 수는 해마다 약 1000건 정도씩 생겨나고 있었다. 취재팀은 혼인귀화 여성과 외국인 남성의 재혼 건수를 확인하기 위해 통계청 '인구동향조사'(2014 · 2016 · 2018)를 재구성했다. 재구성한 자료에 따르면, 혼인귀화 여성과 외국인 남성의 재혼 건수는 2014년

1　혼인귀화 여성과 외국인 남성으로 구성된 부부를 총칭
2　간이(혼인)귀화를 통해 한국 국적을 얻게 된 외국 출신의 여성을 총칭

893건, 2016년 1139건, 2018년 1125건이었다.

본국 남성과의 재혼율이 99% 넘어

혼인귀화 여성과 결혼하는 외국인 남성의 국적은 대부분 본국(혼인귀화 여성의 출생 국가)인 것을 확인할 수 있었다. 취재팀은 통계청 인구동향조사에서 먼저 다문화 이혼율이 높은 국가를 선별했다. 다문화 이혼율은 중국, 베트남, 필리핀, 캄보디아순으로 높았다. 그리고 해당 국가 출신의 혼인귀화 여성이 재혼하는 배우자의 국적을 살펴봤다. 그 결과 99% 이상이 본국이었다. 2018년을 기준으로 해당 국가 출신의 귀화이주 여성 1125명이 외국인 남성과 재혼했는데, 그 중 1115건이 본국 남성과의 재혼이었다. 타국 남성과의 재혼은 10건에 불과했다.

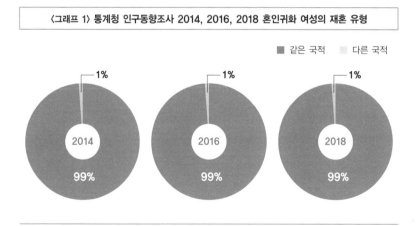

〈그래프 1〉 통계청 인구동향조사 2014, 2016, 2018 혼인귀화 여성의 재혼 유형

■ 같은 국적   ■ 다른 국적

본국 남성과의 교류 시작은 SNS를 통해

그렇다면 혼인귀화 여성은 어떻게 본국 남성과 만나는 것일까. 취재팀은 안 대표와의 인터뷰를 통해, SNS가 혼인귀화 여성과 본국 남성이 만나는 하나의 경로임을 알 수 있었다. 안 대표는 "최근에 귀화 한국인 여성과 본국 남성이 페이스북을 통해 만나는 사례를 많이 목격했다"고 말했다.

페이스북은 혼인귀화 여성이 본국 남성을 만나기 위한 통로였다. 취재팀은 페이스북에 'international couple', 'international remarriage'와 같은 키워드를 검색했다. 그 결과, 다수의 국제 만남 관련 사이트를 찾을 수 있었다. 아시안 데이팅(Asian Dating), 코리안 큐피드(Korean Cupid)가 대표적이었다. Asian Dating의 실시간 접속자는 2500명, Korean Cupid는 100명에 달할 정도로 활발하게 운영 중이었다.

해당 사이트에서는 조건 검색을 통해 자신이 원하는 이성을 만날 수 있었다. 검색 가능한 조건은 학력, 국적, 현재 거주 지역, 혼인 상태, 자녀 보유 여부, 만남의 목적, 이주 희망 여부 등으로 다양했다. 취재팀은 조건을 조합해 외국인 남성과 재혼을 희망하는 혼인귀화 여성을 찾아봤다.

우선 네 가지 조건을 고려했다. △한국 거주 △이혼 △장기적 만남 희망 △자국으로의 이주 희망이다. 이 가운데 외국 이름을 가진 여성들만을 선별했다. 3월 5일 기준으로 조건에 모두 만족하는 여성은 Korean Cupid에는 35명, Asian Dating에는 9명이 있었다. 유사 사이트가 많다는 점을 고려하면 외국인 남성과 재혼을 희망하는 혼인귀화 여성은 이보다 많을 것으로 예상된다.

Overview	Han Phuc
Education	Bachelors Degree
Have children	Yes-live at home
Religion	Buddhist
Occupation	Self Employed
Relocate	Willing to relocate within my country

재혼을 원하는 결혼이주 여성으로 추정되는 프로필

이주노동자와의 재혼도 늘어나는 추세

혼인귀화 여성은 이주노동자와 재혼하기도 했다. 허오영숙 한국이주
여성인권센터 대표(이하 허 대표)는 한-아세안 열린 강좌 시리즈에서 "사
별이나 이혼을 겪는 결혼이주여성이 외국인노동자와 재혼하는 경우가
더러 있다"고 말했다.

취재팀은 혼인귀화 여성과 이주노동자의 재혼 동향을 확인하기 위해,
이주노동자의 입국 당시 비자와 현재 비자를 비교했다. 이주노동자의
비자가 비전문취업(E9) 비자[3]와 방문취업(H2) 비자[4]에서 결혼이민(F6) 비

---

3 고용허가제를 통해, 국내 취업 요건을 갖춘 외국인에게 발급되는 비자
4 방문취업제 비자로서 중국과 CIS(독립국가연합) 지역 동포들에 대한 자유 왕래 및 취업 활동
  의 범위를 확대한 비자

자로 변하면 혼인귀화 여성과 이주노동자의 재혼으로 판단할 수 있다는 이유에서였다. 취재 결과 외국인노동자의 비자가 비전문취업과 방문취업에서 결혼이민 비자로 변하는 동향을 확인할 수 있었다. 통계청 '이민자 체류실태 및 고용조사' 결과를 보면 결혼이민비자로 체류 중인 외국인의 약 40%는 방문취업 비자 통해 한국에 입국했다. 비전문취업 비자로 입국한 외국인은 11%였다. 이는 2017년의 3.8%에 비해 약 3배 상승한 수치다.

실제로 결혼이민 비자를 소지한 이주노동 남성의 수도 꾸준히 증가하고 있다. '이민자 체류실태 및 고용조사'에 따르면, 2017년 1만 4000명에서 2018년 1만 5700명, 2019년 1만 6900명으로 지속적으로 증가했다.

이는 통계청과 법무부의 '이민자 체류실태 및 고용조사'에 집계된 사람만 고려한 수치다. 확인되지 않은 사람들까지 더하면 이보다 훨씬 많

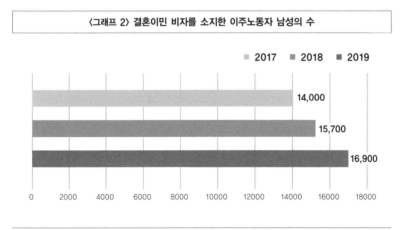

〈그래프 2〉 결혼이민 비자를 소지한 이주노동자 남성의 수

2017　　2018　　2019

14,000
15,700
16,900

0　　2000　　4000　　6000　　8000　　10000　　12000　　14000　　16000　　18000

을 것으로 예상된다. 미등록 이주민의 수는 30만 명을 초과한다. 법무부에 따르면 2018년 미등록 이주민은 약 35만 5000명이다. 이는 등록 이주민의 25%에 해당한다.

본국 남성과의 재혼도 복잡한 절차 필요

본국 남성과 재혼하는 혼인귀화 여성은 구조적 문제에 부딪힌다. 혼인신고 및 자녀의 출생신고를 하기 힘들다. 또한 재혼에 성공하더라도 배우자와 한국에서 함께 살기 어렵다.

혼인귀화 여성은 본국 남성과 재혼하기 까다롭다. 재혼을 위해 먼저 이혼 절차가 마무리돼야 하는데 그 절차가 복잡하다. 혼인귀화 여성이 한국 남성과 재혼하려면, 한국에서만 이혼하면 된다. 이때는 주민등록등본·혼인관계증명서 등의 기본적인 서류들이 필요하다. 하지만 본국 남성과의 재혼에는 추가적인 서류가 필요하다. 본국 남성과 재혼하려면, 이혼이 한국과 본국 모두에서 이뤄져야 한다. 본국에서의 이혼은 한국에서의 이혼을 승인받는 형태로 진행된다. 이때 필요한 서류는 본국의 언어로 번역 및 공증을 받은 판결문·협의이혼 확인서 등이다. 해당 서류 발급에는 한국 전문가의 도움이 필요하다. 실제로 혼인귀화 여성의 재혼을 대행하는 행정 사무소가 많다. 이혼하지 못한 혼인귀화 여성은 새 남편과 혼인신고를 할 수도 자녀의 출생신고를 할 수도 없다.

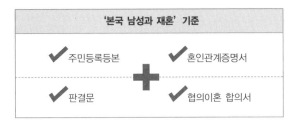

재혼에 성공하더라도 또 다른 문제가 있다. 법은 혼인귀화 여성의 외국인 배우자 초청권을 제한한다. 출입국관리법에 따르면, 소득·거주의 요건을 충족한 국민에게는 외국인 배우자를 초청할 권리가 있다. 하지만 혼인귀화 여성에게는 그 권리가 제한된다. 출입국관리법 시행 규칙에는 혼인귀화 여성이 국적을 취득한 후 3년 이내 다른 외국인 배우자를 초청할 수 없도록 했다. 2016년 대구고법은 해당 규칙을 근거로 혼인귀화 여성과 재혼한 이주노동자의 결혼이민 비자를 취소하기도 했다.

되풀이될 수 있는 비극

혼인귀화 여성이 겪었던 비자 연장과 관련된 문제는 본국 남성에게 되풀이될 수 있다. 문제가 반복되는 원인을 결혼이민 비자 연장 제도에서 찾을 수 있었다. 출입국관리법 시행령을 보면, 한국인과 결혼한 외국인 배우자는 결혼이민 비자를 연장하기 위해 배우자의 주민등록등본·체류지 입증 서류 등을 제출해야 한다. 해당 서류는 한국인 배우자가 발급한다. 그동안 한국인 남편들은 해당 서류들을 근거로 결혼이주 여성들에게 갑질을 해왔다. 혼인귀화 여성과 본국 남성의 재혼에서도 비슷한 상황이 발생할 수 있다. 결혼이민 비자 연장 제도를 악용해 혼인귀화 여성도 언제든 본국 남성에게 갑질의 주체가 될 수 있어서 최악의 경우, 결혼이주 여성들이 겪어왔던 비극이 혼인귀화 여성과 재혼하는 본국 남성에게도 일어날 수 있다.

이주배경 부부와 자녀의 갈등… 새로운 형태의 국제결혼에도 관심 필요

부부뿐 아니라 혼인귀화 여성(또는 이주배경 부부)의 자녀도 어려움을 겪을 수 있다. 자녀가 어려움을 겪는 이유는 부모와 다르다. 혼인귀화 여성과 본국 남성이 사회적 제도로 인해 힘들어했다면, 그 자녀는 성장 배경이 다른 부모와의 갈등으로 힘들어한다.

C의 어머니는 C가 11살 때 재혼했다. 새아버지는 베트남 사람이다. C는 새아버지를 이방인으로 생각한다. 베트남에서만 자라온 새아버지도 C를 이해 못 하기는 마찬가지다. C와 새아버지는 자주 다퉜고, 그 불협화음은 가정 폭력으로 이어지기도 했다. "아빠가 엄마한테만 잘해 줘요. 아빠하고는 말이 안 통해요." 베트남에서 성장한 아버지와 한국에서 성장하고 있는 아들. 이들은 그저 엄마의 남편, 아내의 아들로 한 공간에서 살아갈 뿐이다.

'경남이주민문화센터 라함'의 안 대표는 성장 배경의 차이가 가치관의 차이로 연결될 수 있다고 말했다. 그리고 동남아시아에서 성장한 부모들과 한국에서 성장하고 있는 아이들은 양육에 대한 부모의 책임을 다르게 이해한다고 덧붙였다. "부모는 의식주만 해결해주면 된다고 생각하는데, 애들 생각은 좀 다른 거죠"라며 "부모 입장에서는 지금 먹고살

기도 빠듯한데 아이가 스마트폰을 사달라고 조르면 이해를 못 하는 거예요. 아이는 반대로 친구들은 다 스마트폰을 갖고 있으니까 부모님이 야속하게 느껴지기도 한다는 거죠"라고 덧붙였다.

나라별로 가치관이 다르다는 사실도 확인할 수 있었다. UN의 My World 2015 가치관 조사에서 한국·중국·베트남인은 학습권, 건강권의 중요도를 다르게 생각하는 것으로 나타났다. 조사에 따르면, 한국인은 중국인·베트남인보다 '건강을 유지하기 위한 환경'을 중요한 가치로 인식한다. 건강권과 다른 가치의 중요도를 비교하는 질문에 건강권이 중요하다고 답한 한국인의 비율은 72%로 베트남인(57%), 중국인(37%)보다 높았다. 교육받을 권리에서도 비슷한 결과가 나왔다. 한국인의 71%가 학습권을 중요하다고 생각했지만, 중국인의 경우 그 절반인 35%만이 학습권이 중요하다고 답했다.

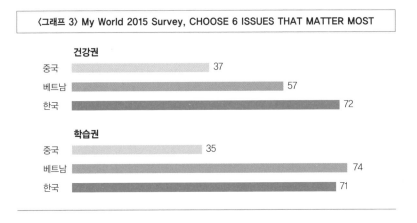

〈그래프 3〉 My World 2015 Survey, CHOOSE 6 ISSUES THAT MATTER MOST

건강권	
중국	37
베트남	57
한국	72

학습권	
중국	35
베트남	74
한국	71

이주배경 부부와 그 자녀의 가치관 차이는 가정적인 문제임과 동시에 사회적인 문제다. 가치관 차이가 자녀의 문제 행동으로 연결될 수 있기

때문이다. 2006년 한국사회복지학회 학술대회 논문집에 따르면, 부모와의 문화 차이에서 발생한 세대 갈등은 청소년의 문제 행동에 영향을 끼친다. 이제는 부부와 그 자녀의 위기에 대한 논의가 필요하다.

지금까지 우리는 국제결혼으로 만들어지는 가정이 한국인 남성, 혼인귀화 여성 그리고 그 자녀로 구성됐을 것이라 생각해왔다. 그러나 자체 취재 결과 새로운 형태의 가정을 발견할 수 있었다. 바로 혼인귀화 여성과 외국인 남성의 재혼으로 탄생한 가정이다. 해마다 약 1000건을 기록하고 있다.

이런 새로운 형태의 가정 앞에는 다양한 문제들이 놓여 있다. 그동안 우리 사회가 수 차례 겪어왔던 문제도 있고 새롭게 마주하게 될 문제도 있다. 이제는 우리가 국제결혼의 사각지대에 대해 생각해봐야 할 시점이다. 우리의 보도가 사회적 논의의 출발점이 되기를 바란다.

귀한 상 주신 뉴스통신진흥회에 감사드립니다. 그리고 인터뷰에 응해주신 경남이주민문화센터 라함, 이주민방송 MWTV, 이주여성자조단체 톡투미, 무지개청소년센터에 다시 한 번 감사의 말씀드립니다. 덕분에 이주배경 가정의 삶을 자세히 들여다볼 수 있었습니다.

저희는 이주배경 가정을 이해하는 데 초점을 맞췄습니다. 이주배경 가정을 또 다른 프레임에 가두지 않기 위해서입니다. 취재 초기에는 이주배경 가정의 특징을 일반화하려 하기도 했습니다. 그들을 제대로 이해하지 못한 채 도우려는 마음이 앞섰기 때문입니다. 이후 다양한 이주민 지원 단체와 인터뷰를 진행하면서 저희의 성급함을 반성했습니다. 「국제결혼의 사각지대, 혼인귀화 여성의 재혼」은 이주배경 가정의 정체성 규정이 아닌 이주배경 가정이 겪을 수 있는 다양한 문제에 집중한 취재물입니다.

한편으로는 취재에 아쉬움이 남기도 합니다. 이주배경 가정이 겪을 수 있는 문제를 제시했지만 이에 대한 해결책은 제시하지 못했습니다. 이주배경 가정의 직접적인 목소리를 더 담지 못한 점도 아쉽습니다. 후속 취재에서는 조금 더 다양한 취재원의 목소리를 통해 문제의 해결책까지 제시하고 싶습니다.

이주배경 가정은 지금도 국제결혼의 사각지대에 놓여 있습니다. 이주배경 가정의 문제를 해결하기 위해서는 먼저 우리 사회가 이 문제에 대해서 이야기를 해야 합니다. 「국제결혼의 사각지대, 혼인귀화 여성의 재혼」이 이주배경 가정의 문제를 논의하는 출발점이 되기를 희망합니다.

—중앙대 백승훈, 고려대 오연수, 성균관대 백지희, 숭실대 이조은

당신도 '딥페이크' 포르노의 피해자가 될 수 있다

김민경·김윤하·김채연

2020 뉴스통신진흥회 탐사·심층·르포 취재물 수상작

가
작

당신도 '딥페이크' 포르노의 피해자가 될 수 있다

'클릭' 한 번이면 쉽게 볼 수 있는 딥페이크 포르노 多
韓정부 딥페이크 포르노 피해 대처 미흡, 방안 마련 시급

사이버 보안 연구 회사 딥트레이스(Deeptrace)에 따르면 2019년 유통된 딥페이크 영상 중 96%는 포르노에 이용되고 있으며, 포르노 피해자 중 25%는 한국 여성 연예인으로 밝혀졌다. 현재까지 알려진 국내 피해자는 주로 연예인 혹인 정치인과 같은 공인이지만, 일반인 또한 딥페이크의 위험성에 노출돼 있으며 이러한 피해는 더욱 확산될 것으로 보인다.

본 취재팀은 딥페이크 기반 데스크톱 프로그램인 딥페이크랩(Deep-FakeLab)을 통해 딥페이크 기술을 직접 이용해봤으며, SNS상에서의 딥페이크 포르노 유포와 거래의 실상을 알아보기 위해 가해자들과 접촉

했다.

흔히 '가짜가 판치는 세상'이라 불리는 지금, 그 중심에 서 있는 인공 지능의 잠재적 위험성을 알리고 정부의 대처 방안에 대한 모색이 이루어 지길 바라는 마음에서 본 취재를 진행했다.

딥페이크 = 간단한 합성 기술, 손쉬운 서비스?

딥페이크는 딥러닝(Deep learning)과 페이크(Fake)의 합성어로 인공 지능 을 기반으로 한 이미지 합성 기술이다. 2017년 미국 대형 온라인 커뮤 니티 레딧(Raddit)에 'Deepfakes'라는 아이디의 이용자가 유명 연예인을 포르노 영상에 합성한 사진을 올린 것으로 딥페이크가 주목받기 시작 했다. 이후 딥페이크의 손쉬운 이용을 위한 데스크톱 앱인 페이크앱이 무료로 배포되면서 전 세계적으로 확산되었다. 이전까지의 얼굴 합성 기술이 수많은 인력과 시간을 요한 기술이었다면 이제는 개인이 단시간 에 사용하는 것이 가능해진 것이다.

딥페이크 기술에 대한 보다 전문적인 지식을 얻기 위해 빅데이터 분석 인텔리전스 전문 기업인 '링크브릭스(Linkbricks)'와의 대면 인터뷰를 진행 했다.

'합성에 필요한 사진이나 영상의 양이 어느 정도냐'는 질문에 지윤성 링크브릭스 대표는 "합성 대상의 사진이나 영상이 많을수록 딥페이크 영상은 정교해진다. 또한 다양한 각도의 사진이 있을수록 정교해지는 데, 한국 아이돌의 무대 영상 등에선 다양한 각도의 사진을 얻어낼 수 있다"고 답했다.

'딥페이크 기술이 일반인이 사용하기에도 쉬울 정도로 간단한 기술이냐'는 질문에 지윤성 대표는 "딥러닝을 모르더라도 쉽게 만들 수 있는 툴(tool)이 많기 때문에 일반인도 그 툴을 이용해 충분히 영상을 만들 수 있다. 일반인들도 접근하기 쉬운 이러한 툴 때문에 딥페이크 포르노 문제가 더욱 심각해지고 있다. 심지어 일정 금액을 지불하고 원하는 결과물을 얻어낼 수 있는 서비스도 존재한다"고 답하며 그 심각성을 강조했다.

이에 딥페이크 영상 제작이 얼마나 간단한 것인지 알아보기 위해 직접 딥페이크 프로그램 중 하나인 'DeepFakeLab'을 이용해봤다.

페이크앱 이용한 딥페이크 영상 제작, 일반인도 가능?

딥페이크 프로그램의 경우 각 영상에서 얼굴 이미지를 추출하여 이를 딥러닝 기술을 통해 학습시키고, 최종적으로 영상에 얼굴을 합성하는 과정을 거친다. 이미지가 많을수록 더 정교해지지만, 보통 사진 200~300장이면 합성이 가능하다. 이는 얼굴이 여러 각도에서 찍힌 25~30초 길이의 영상이면 누구든지 합성할 수 있다는 것이다. 실제로 딥페이크 프로그램 'DeepFakeLab'을 이용해 3일(약 72시간) 정도 학습시켜 영상을 합성해본 결과 완벽하지 않지만 원본 영상의 표정과 상당히 흡사한 영상이 만들어졌다.

두 인물 중 한 인물만 합성할 수도 있어 합성한 인물과 남자 배우가 대화하는 모습을 연출할 수 있다.

이런 딥페이크 프로그램은 인터넷 검색을 통해 충분히 찾을 수 있다.

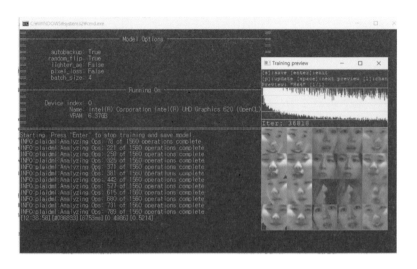

딥러닝을 통해 실제 얼굴 이미지를 학습시키는 모습. 학습 시간이 길수록 영상이 더 정교해진다.

딥페이크 프로그램을 통해 드라마 사랑의 불시착의 손예진(좌)과 일반인(우)을 합성한 모습

프로그램 툴을 공유하는 사이트가 많기 때문에 별도 비용 없이 이용할 수 있는 곳도 있었다. 또한 사용자들의 컴퓨터 그래픽 카드 사양을 고려해 다양한 버전의 딥러닝 툴이 존재하여 고성능 컴퓨터가 아니어도 영상을 합성할 수 있었다. 대부분 사이트 내 설명서가 있으며, 최근에는 사용법에 대한 관련 유튜브 영상도 존재해 일반인도 어렵지 않게 따라할 수 있다.

현 딥페이크 포르노 피해 실태

딥페이크 프로그램의 손쉬운 사용이 가능해진 현재, 한국의 딥페이크 포르노 피해 실태를 알아보기 위해 한국사이버성폭력대응센터(이하 한사성)와 디지털성범죄피해자지원센터 두 기관과의 인터뷰를 진행했다.

'딥페이크 포르노가 음지에서 성행하고 있는데 이와 관련된 피해 사례가 있느냐'는 질문에 한사성 측은, "합성 피해 상담이 많이 들어오는데 아직까진 한사성 측으로 들어온 동영상 합성 피해 사례는 없었다. 주로 사진 합성 피해 상담이 많다. 작년 통계를 봤을 때 전체 상담 중 2.8%로 총 13건의 상담 요청이 있었다. 하지만 딥페이크 포르노는 피해자가 인지하기 어려운 특성이 있어 한사성에 들어온 사례보다 실제 피해자 수가 더 많을 것으로 예상된다"고 답했다.

'2018년에 비해 2019년의 상담 건수가 증가했느냐'는 질문에 디지털성범죄피해자지원센터 측은 "딥페이크 포르노 상담 건수만 따로 파악할 순 없으나 피해 유형 중 딥페이크 포르노가 포함된 사진 합성 유형은 2018년 69명(전체 피해 중 약 3.0%)에서 2019년 134명(4.0%)으로 소폭

상승한 추세를 보였다"고 답했다.

메시지 하나면, 트위터(Twitter)에선 자유로워

딥페이크 포르노가 실질적으로 빠르게 배포, 유통되는 플랫폼은 '트위터(Twitter)'다. 해시태그를 붙여 'Deepfake'라는 검색어만 입력해도 낳은 양의 정보가 쏟아져나오며 그중 딥페이크 포르노는 높은 비율을 차지한다.

필터링 없이 바로 재생되는 영상은 다소 충격적이었다. 우리가 흔히 알고 있는 연예인 혹은 유명인의 얼굴을 합성한 음란 동영상이 상당한 리트윗(retweet) 수를 기록하고 있었고, 조작된 얼굴이라 생각이 들지 않을 정도로 매우 생생했다.

딥페이크 포르노를 게시하는 계정들의 양상을 살펴보니 팔로워들의 요청을 받아 딥페이크 포르노를 직접 제작하는 계정도 있었지만, 이미 만들어져 있는 딥페이크 포르노를 불법으로 가져와 게시하는 계정이 대다수였다. 그 출처는 주로 음란물 사이트로 영상의 하이라이트 부분만 편집하여 게시물을 올리거나 게시물에 원본 영상의 링크를 거는 방식으로 이루어졌다. 한국 계정보다는 외국 계정이 대다수였고 계정 중엔 아예 메시지(Direct messsage)를 보낼 수 없게 메시지 창을 닫아놓은 계정이 많았다.

우리는 딥페이크 포르노의 제작이 얼마나 쉽게 이루어지는지를 알아보기 위해 직접 딥페이크 포르노 관련 계정주와 연락을 시도했다. 다이렉트 메시지를 통해 딥페이크 포르노 거래 과정을 직접 체험해보았으며

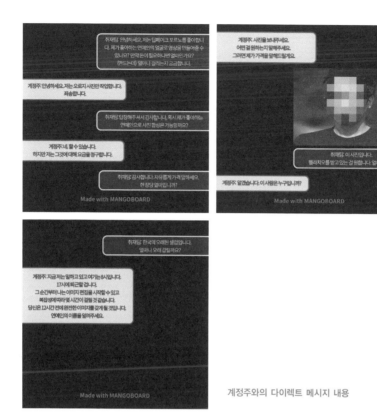

계정주와의 다이렉트 메시지 내용

전송한 모든 메시지는 취재 목적임을 밝혔다. 계정주와 나눈 메시지는 첨부된 사진까지며, 대화가 종료된 후 본 계정을 신고하고 차단했다.

딥페이크 포르노 계정주는 원하는 연예인의 얼굴로 동영상 합성이 가능하냐는 질문에 오로지 사진밖에 안 된다고 답했다. 곧바로 가격에 대해 언급을 하며 사진 속 인물에 대한 궁금증도 내비쳤다. 정확한 가격을 말하진 않았지만 본인의 일정을 소개하며 대략의 소요 시간을 밝혔다. 그의 말에 따르면, 본인이 퇴근한 이후에 이미지 편집을 시작할 수 있고 복잡성에 따라 시간이 걸릴 수 있다. 또한 원하는 연예인 얼굴로의 사진 합성은 12시간 이내에 가능하다.

이 계정 외에도 총 6곳에 똑같은 내용으로 다이렉트 메시지를 보냈지만 읽고 답하지 않는 경우가 많았다. 하지만 답하지 않는 와중에도 게시물을 꾸준히 올리는 것으로 보아 게시물에 댓글을 남기면 충분히 소통 가능했다. 다이렉트 메시지가 온 위 계정 또한 댓글로 먼저 연락이 닿았다. 생각보다 트위터 계정의 접근성이 매우 용이해 일반인들도 딥페이크 포르노에 관심이 있다면 빠르게 합성물을 의뢰 또는 제작할 수 있으며, 이는 무분별한 딥페이크 포르노 확산의 지름길이 될 수 있다.

딥페이크 포르노, 정부의 규제는?

딥페이크 포르노 사이트에 대한 정부의 규제는 어떨까? 먼저 딥페이크 포르노 사이트를 포함한 해외 불법 음란 사이트의 경우 국내 접속이 불가능하도록 정부에서 규제하고 있다. 다만 이런 규제는 외국 계정으로 IP를 바꿔주는 VPN(Virtual Private Network)을 사용하면 충분히 피할 수 있다. 최근에는 아예 VPN이 탑재된 브라우저가 존재해 해당 브라우저를 이용하면 별다른 노력 없이 쉽게 딥페이크 포르노 영상을 접할 수 있다. 실제로 국내 IP 계정과 VPN으로 우회한 계정으로 검색해본 결과 국내 계정에서 차단되는 사이트가 우회 계정으로는 접속할 수 있었다.

딥페이크 포르노 제작과 유포에 대한 처벌 역시 어려운 실정이다. 딥페이크 포르노의 경우 내용이 성적 수치심을 줄 수 있음에도 직접 찍은

일반 브라우저로 검색했을 때(왼쪽)와 달리 VPN이 가능한 브라우저로 접속 시(오른쪽) 해외 음란 사이트 접속이 가능하다.

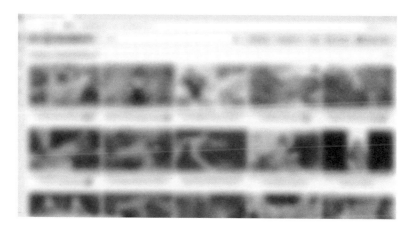

사이트 내 검색되는 수많은 딥페이크 포르노. 영어가 아닌 한글로도 표기가 돼 있으며 국내 유명 아이돌과 가수 등 여자 연예인이 주를 이룬다.

촬영물이 아닌 영상 합성물이기 때문에 성폭력 특별법으로 처벌할 수 없다. 정보통신망 이용촉진 및 정보보호 등에 관한 법률 제70조(사이버 명예훼손)나 형법 제244조 음화제조죄, 형법 243조 음화유포죄 정도밖에 성립되지 않는다. 연예인의 경우 명예훼손이나 초상권 침해 등으로 처벌할 수 있겠지만 일반인의 경우 이조차 어려운 것이 현실이다.

이에 최근 국회에서도 딥페이크 포르노를 포함한 합성물을 성폭력 특별법으로 처벌하도록 하는 법안이 여러 개 발의됐다. 이들을 반영한 '성폭력범죄의 처벌 등에 관한 특례법 일부개정법률안(대안)'이 지난 3월 5일 국회 본회의에서 가결되었다.

해당 법안은 크게 3가지 항목으로 나뉜다. 먼저 '반포 등을 할 목적으로 사람의 얼굴·신체 또는 음성을 대상으로 한 촬영물·영상물 또는 음성물을 대상자의 의사에 반하여 성적 욕망 또는 수치심을 유발할 수 있는 형태로 편집·합성 또는 가공한 사람'은 '5년 이하의 징역 또는 5천만 원 이하의 벌금에 처한다'는 것이다.

또한 '합성, 편집된 음향 등을 유포한 사람도 5년 이하의 징역 또는 5천만 원 이하의 벌금에 처한다'고 명시해 제작자뿐만 아니라 일반 유포자도 처벌할 수 있도록 했다.

이외에도 영리 목적으로 인터넷 사이트나 SNS 등을 통해 이런 영상을 유통한 사람은 7년 이하의 징역에 처하도록 했다. 딥페이크 포르노 영상 유통을 통해 이득을 취하면 앞선 항목보다 더 큰 처벌을 받게 되는 것이다.

딥페이크 포르노에 대한 법안이 마련됐지만 법 적용까지는 시간이 걸릴 것으로 보인다. 당장 딥페이크 영상을 구별할 수 있는 기술이 갖춰지지 않은 상태이기 때문이다. 빅데이터 분석 기업 '링크브릭스'의 지윤성 대표는 "아직까지 실제 영상과 딥페이크 영상을 구분할 수 있는 기술은 없으며, 구글이나 페이스북 등 해외 기업이 딥페이크 영상을 구분할 수 있는 기술에 대해 상당한 금액을 지불하겠다고 나섰으나 아직 없는 상태"라고 말했다. 이어서 "딥페이크 영상이 대대적으로 유포되기 전에 선제 방안이 마련되어야 한다"며 규제 방안의 마련이 필요함을 강조했다.

부작용 많은 딥페이크 기술, 나아가야 할 길

2017년 미국 대형 온라인 커뮤니티 레딧(Raddit)으로 주목받기 시작한 딥페이크는 다양한 툴(tool) 덕분에 빠른 속도로 확산해 나갈 수 있었다. 본 취재팀이 파악한 딥페이크의 가장 큰 문제점은 '포르노'였다. 단 한 장의 사진만으로도 합성이 가능한 덕에 그 피해 양상이 다양해지고 있었다. 2019년 제작된 딥페이크 포르노 영상 중 약 25%는 한국 여성 연예인으로 한국 연예인 또한 그 피해가 막심한 상황이며, 공인을 넘어서 일반인 또한 그 타깃이 되기에 충분했다. SNS에 무심코 올린 사진이 포르노에 합성돼 언제 어디로 퍼져나갈지 파악하는 것은 쉽지 않으며, 한국사이버성폭력대응센터 등의 지원센터에 접수된 피해보다 파악되지 않은 피해가 더욱 많을 것으로 예상된다.

딥페이크 영상은 일반인이 제작하기에도 충분히 간단했다. 그 간단한 기술로 인해 수많은 영상이 제작되었고, 불법 음란 사이트와 SNS를 통해 빠르게 배포되었다. 정부는 그러한 불법 사이트의 접속 경로를 차단했지만 클릭 몇 번이면 충분히 접속할 수 있었으며 그 실상은 심각했다. 하루에도 수많은 사람들이 이용하는 SNS에서도 딥페이크 포르노 영상은 쉽게 찾을 수 있었고, 거래 또한 어렵지 않게 이루어지고 있었다.

AI 발전 속도는 날로 빨라지고 있지만 정부의 대처는 그 속도에 발맞춰 따라가지 못하고 있다. 딥페이크 포르노 가해자에 대한 처벌은 어려운 상황이며, 법안이 통과되었지만 아직 걸음마 단계이다. 이제 정부는 지금 고통 받고 있는 피해자와 앞으로의 피해를 방지하기 위해서 명확하고 체계적인 대책을 마련해야 할 것이다. 사이트 국내 접속 차단과 같은 일차원적인 방안뿐 아니라 영상 삭제 조치와 재유통 방지 정책 등 범인 검거를 위해 모든 방법을 동원해야 한다. 딥페이크 포르노를 포함한 사이버 성범죄는 그 특성상 장소에 제한이 없는 전 세계적인 범죄이다. 이제는 사건마다 논의하는 단발성 협의가 아닌 장기적인 국세수사 공조책이 마련되어야 하지 않을까.

　일단 평소에 문제의식을 가지고 있던 '딥페이크 포르노'에 대해 작성한 기사로 탐사·심층·르포 취재물 공모전에서 수상을 하게 되어 매우 기쁩니다. 사실 문과만 3명인 팀인지라 실질적으로 딥페이크 기술에 대해 알아보는 것 자체가 쉽지 않았습니다. 정확한 개념을 확립하고 더 넓은 시각을 갖기 위해 관련 연구소를 찾아가기도 하고, 직접 딥페이크 기술을 이용해 얼굴을 합성해보기도 하고, 온라인상에서 활동하고 있는 계정을 찾아 실질적 거래에 참여해보기도 하고, 그동안 해왔던 단편적인 취재에서 벗어나 여러 방면으로 도전하며 취재할 수 있었던 색다른 경험이었습니다. 비단 수상을 위해서가 아닌 기자로서 진정한 취재의 자세를 깨닫게 해준 뜻 깊은 시간이었고 이 자리를 빌려 저희에게 이런 시간을 갖게 해준 뉴스통신진흥회 관계자분들께 진심으로 감사하다는 말씀 드리고 싶습니다.

　사실 저희가 처음 소재를 정하고 취재를 시작했을 때 딥페이크 포르노에 대한 관심은 현저히 적었습니다. 주변 지인들에게 혹시 딥페이크 포르노를 아느냐고 물었을 때 대답하는 사람을 찾기 어려울 정도였고 외국 사례를 조명하는 기사만 종종 있을 뿐 한국 내 심층적인 기사는 찾아볼 수 없었습니다. 하지만 취재를 진행하면서 일명 'n번방 사건'이 비로소 수면 위로 떠올랐고 이로 인해 같은 맥락인 디지털성범죄에 대한 국민적 관심 또한 매우 커졌습니다. 해결을 촉구하던 한 사람으로서 괜

스레 뿌듯하기도 했지만 한편으로는 씁쓸했습니다. 'n번방 사건'은 폭발적인 관심을 모았지만, 현 상황에서 가해자에게 주어진 형량은 그 죄질에 비해 턱없이 적습니다. 명백한 가해자와 피해자가 존재하는 디지털 성범죄에도 이토록 형량이 적다면 비교적 그 구분이 모호한 딥페이크 포르노 범죄는 얼마의 처벌을 받을지 암담합니다.

기사에도 언급했듯이 디지털 성범죄 딥페이크 포르노는 어느 한 국가의 노력으로는 해결되지 않습니다. 헐렁한 각 국가의 법제를 개선하고 더불어 국가 간의 수사 협력도 필요합니다. 구체적인 해결을 위한 정부의 촘촘한 법제화와 각 국가 간의 많은 회의와 고뇌가 필수적입니다. 저희가 제시하긴 했지만 다소 유토피아적이라 아쉬움이 남는 해결 방안입니다. 하지만 차근차근 단계를 밟아간다면 나날이 증가하는 디지털 성범죄 피해를 보호하는 데 분명 도움을 줄 것이라 생각합니다.

며칠 전 딥페이크 문제에 대한 뉴스가 실렸습니다. 기사 하나가 세상을 바꾸기란 어려운 일이지만 작년 'n번방 최초 보도'를 했던 공모전 참가팀처럼 탐구적이고 진정성 있는 기사는 언젠가 세상의 조명을 받을 것이라고 생각합니다. 저희의 이번 기사 또한 어느새 우리 삶에 만연하게 퍼져 있는 디지털 성범죄의 뿌리를 뽑는 선구적인 취재로 기억되었으면 좋겠습니다. 다시 한 번 수상의 기쁨을 느끼게 해주셔서 감사하고 앞으로도 생각 있는 시민으로서, 예비 언론인으로서, 꾸준히 사회를 감시하며 탐구할 것을 약속드립니다. 감사합니다.

—김채연

14조원 게임산업의 공적(公敵) '대리게임' 범죄

최익준

2020 뉴스통신진흥회 탐사·심층·르포 취재물 수상작

가
작

14조 원 게임산업의 공적(公敵) '대리게임' 범죄

일반유저 등급 결정하는 '배치고사' 날,
대리게임업체 팀장 하루 500~700만원 벌이도

지난해 통과 대리게임처벌법 '유명무실'…
"게임사별 대책·처벌법 강화 필요"

　지난 2016년 5월 출시한 O게임을 최근까지 3년 넘게 즐겨오던 장 모 (24, 대학생) 씨는 이 게임을 그만두기로 결정했다. 같은 등급에서 게임을 시작해도 같은 팀원의 수준이 워낙 천차만별이라 게임 진행이 불가능했기 때문이다. 어째서 이런 일이 생겼을까. 장 씨는 일정 보수를 받고 타인 계정으로 게임을 진행, 등급을 대신 올려주는 이른바 '대리게임'을 문

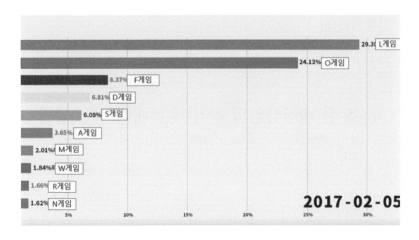

의 내부 텍스트:
29.3% L게임
24.12% O게임
8.37% F게임
6.81% D게임
6.08% S게임
3.65% A게임
2.01% M게임
1.84% W게임
1.66% R게임
1.62% N게임
2017-02-05
5% 10% 15% 20% 25% 30%

출시 이듬해인 2017년 당시 PC방 점유율 2위였던 O게임 (출처 : 유튜브 김사람)

제로 꼽았다.

장 씨는 유료인 O게임이 서비스를 시작하자마자 패키지를 구매했다. 제휴 PC방에서만 무료로 제공해주는 게임인데 PC방에 지불하는 돈보다 자신이 패키지를 구매해 집에서 게임을 하는 것이 더 싸다는 판단이었다. 하지만 장 씨는 결국 대리게임과의 긴 싸움 끝에 포기를 선언하고 현금 5만원 가량을 손절했다.

대리게임으로 인한 O게임의 반짝 전성기

O게임은 기존에 있던 FPS(1인칭 슈팅) 게임들과 유사하지만 캐릭터마다 스킬이 있고 새로운 모드를 추가하는 등의 방식으로 출시 당시부터

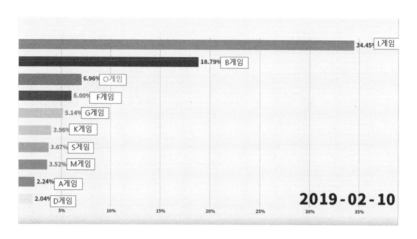

2년 후 PC방 점유율이 1/4로 급락한 O게임 (출처 : 유튜브 김사람)

PC방 점유율도 올라가고 유저 수도 급증하는 등 1년여간 엄청난 인기를 끌었다. O게임은 이른바 '시즌제'를 시행하고 있었는데, 일정 기간을 한 개 시즌으로 설정하고 여러 등급을 만든 후 등급별 차등 보상을 해, 유저들이 경쟁의식을 갖고 게임을 더 즐기도록 유도한 것이다. 하지만 이는 부정적인 결과를 낳았다. 등급 구간을 A, B, C로 나누자 원래 C등급의 유저들이 A등급의 보상을 받기 위해 A등급 최상위 플레이어들에게 돈을 주고 자신 계정의 등급을 올려달라는 비밀 거래가 늘어나면서 대리게임이 번지기 시작한 것이다. 처음엔 몇몇 유저들로 시작해 이제는 소위 '대리업체'까지 만들어 더 신속하게 등급을 올려주고 있다. 이로 인해 C등급은 물론이고 부당하게 등급을 올려 B등급 유저들과 게임이 잡히면 그 등급에 있는 유저들은 B등급의 탈을 쓴 최상위 플레이어들에게 손도 못 쓰고 농락당하며 패배한다. 대리게임을 진행하

대리업체 카페, 중고거래 사이트 '대리, 듀오'라는 키워드 검색 시 나오는 대리업체들

지 않은 유저들은 상대적인 박탈감과 분노를 느끼며 속수무책으로 지는 것에 대해 체념하기도 하고 일부는 게임사 측에 항의를 하기도 하지만 해외에 본사를 둔 O게임사는 확실한 물증을 잡을 수 없어 이를 방치했다. 그 결과 많은 유저들이 장 씨처럼 흥미를 잃고 이내 O게임을 그만두게 됐다.

결국 지속적인 대리게임과 때맞춰 신규 오픈한 유사한 장르의 게임에 의해 O게임은 PC방 점유율이 1/4로 줄게 됐다.

　대리업체 E팀의 관계자 K씨에 의하면 대리게임 수요자들은 게임에 관심이 매우 많은 사람과 게임에 그다지 관심이 없는 사람, 두 가지 부류로 나뉘는데 "놀랍게도 많은 고객층이 후자"라고 말했다.

　K씨는 단골 고객 C씨의 계정을 플레이 해주다가 게임 전적에 자신이 한 것 이외에는 딱히 계정주의 플레이 기록이 없자 고객에게 "많이 하지도 않는 게임을 왜 비싼 금액을 지불하면서까지 등급을 올리려 하느냐?"고 물었다. "관심이 별로 없으니 대리를 받는 것이다. 오랜만에 친구들이나 지인끼리 게임을 하게 되면 얕보이고 싶지는 않고 특별한 보상을 받고 싶지만 내 시간을 승리가 확실하게 보장되지도 않은 게임에 투자하고 싶지도 않다"는 C씨의 답이 돌아왔다. 자세한 이야기가 궁금해 기자가 C씨와 이야기를 나눠봤다.

Q **대리게임에 대해 많은 사람들이 부정적인 시각인데 본인은 어떻게 생각하는지?**

A 나도 부정적인 생각을 가지긴 마찬가지다. 하지만 내 시간을 투자하기는 아깝고 일정 금액만 지불하면 확실하고 신속하게 내 등급을 올려주는데, 이보다 편할 수는 없다.

Q **부정한 방법으로 등급을 올리는 데에 죄책감은 없는지?**

A 왜 죄책감을 느껴야 하는지 모르겠다. 다른 장르 게임의 경우 현금을 게임에 넣어 재화로 바꾸는 게임도 있고 게임 내 아이템이 현금으로 천만 원대까지 거래가 되는 걸 봤다. 이것도 그냥 등급을 달성해

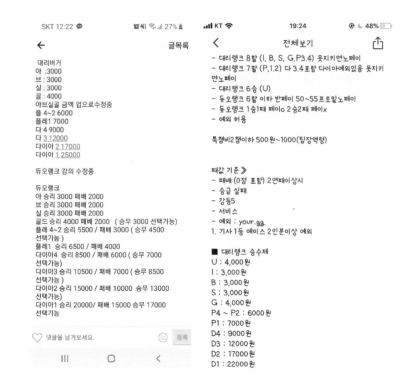

SKT 12:22　　　📶🔋27%　　　．ⅡKT 📶　　　19:24　　　@ 48%

← 　　　　글목록　　　＜　　　전체보기　　　↑

대리버거
아 :3000
브 :3000
실 :3000
골 : 4000
아브실골 금액 업으로수정중
플 4~2 6000
플레1 7000
다 4 9000
다 3 12000
다이아 2 17000
다이아 1 25000

듀오랭크 강의 수정중

듀오랭크
아 승리 3000 패배 2000
브 승리 3000 패배 2000
실 승리 3000 패배 2000
골드 승리 4000 페배 2000 (승무 3000 선택가능)
플레 4~2 승리 5500 / 패배 3000 (승무 4500
선택가능)
플레1 승리 6500 / 패배 4000
다이아4 승리 8500 / 패배 6000 (승무 7000
선택가능)
다이아3 승리 10500 / 패배 7000 (승무 8500
선택가능)
다이아2 승리 15000 / 패배 10000 승무 13000
선택가능)
다이아1 승리 20000/ 패배 15000 승무 17000
선택가능)

♡ 댓글을 남겨보세요.　　　😊　등록

Ⅲ　　　○　　　＜

- 대리랭크 8할 (I, B, S, G.P3.4) 못지키면노페이
- 대리랭크 7할 (P,1.2) 다 3.4포함 다이아예외있음 못지키
면노페이
- 대리랭크 6승 (U)
- 듀오랭크 6할 이하 반페이 50~55프로밑노페이
- 듀오랭크 1승1패 페이o 2승2패 페이x
- 예외 허용

특챔비2챔이하 500 원~1000(팀장역량)

패값 기준 》
- 패배 (0점 포함) 2연패이상시
- 승급 실패
- 강등5
- 서비스
- 예외 : your.gg
1. 기사 1등 에이스 2인분이상 예외

■ 대리랭크 승수제
U : 4,000원
I : 3,000원
B : 3,000원
S : 3,000원
G : 4,000원
P4 ~ P2 : 6000원
P1 : 7000원
D4 : 9000원
D3 : 12000원
D2 : 17000원
D1 : 22000원

중고카페에 올라와 있는 실제 대리업체 가격표. 예를 들어, 왼쪽 상단의 '다이아 1 25000'은 다이아몬드 1티어 구간의 1승을 의미하고 그 아래의 '아, 브, 실'은 각각 아이언, 브론즈, 실버 티어 구간을 의미한다.

받는 보상을 현금으로 사는 것이라고 생각하면 똑같다고 생각한다.

Q 그렇다면 속수무책으로 당하는 상대팀에 미안한 감정은 없는지?

A 상대팀 6명에게는 미안한 마음이지만 우리팀 5명은 내 덕에 공짜로
이긴다. 그리고 가끔 다음 게임 진행 시 상대였던 유저가 우리팀에
게임이 잡혀 기뻐하는 모습도 볼 수 있다. 딱히 미안하지는 않다. 나

도 금액을 지불한 것이기 때문에.

Q 대리게임처벌법이 개정됐는데 신고를 당하거나 처벌받을 걱정은 안 되는지?

A 신고는 자신이 대리게임을 하고 있다는 언급을 하지 않으면 물증을 잡을 수 없다. IP 주소가 다른 것 역시 내가 그 지역에 가서 접속했다고 하면 할 말이 없기 때문에 게임사도 그것에 대해서는 따질 수 없다. 또 법이 개정된 것도 알고 있지만 주변에서 걸린 사람 한 명도 못 봤고 우릴 잡을 수 없는 걸 알고 있기 때문에 걱정이 되지 않는다.

이름뿐인 대리게임처벌법

2017년 6월에 이동섭 국회의원이 발의한 대리게임처벌법은 지난해 6월에 최초로 시행됐지만 대리업체와 대리게임 수요자에게 코웃음을 사고 있다. K씨는 처음 이 법안이 통과됐을 때 비교적 규모가 큰 대리게임 업체에 소속돼 있었지만 당시 겁을 먹고 업체에서 나왔다. 하지만 최근 들어 다시 업체들이 활개를 치는 것을 보고 다른 업체에 들어갔다. 법안이 통과됐음에도 자신들에게 이렇다 할 피해도, 위험도 없다는 이유에서다. "시간이 지날수록 내가 벌 돈만 적어지는 기분"이라는 심정으로 들어간 것이다. K씨에 따르면 이 대리게임업체에도 일반 직원인 '대리기사'와 기업의 사장격인 '팀장'이 있는데, 팀장급은 게임을 직접 하지 않아도 그 팀을 소유하고 있다는 것만으로도 수수료를 챙겨 불로소득을 취한다는 것이다.

	주요 유형	수사 의뢰 대상 여부
주요 유형별 수사 의뢰 대상 여부		

	주요 유형	수사 의뢰 대상 여부
수사 의뢰	**(대리게임)** 의뢰인의 계정을 제공받아 대신 게임을 진행해 점수 · 성과 등을 올려주는 행위	– 게임물 관련 사업자의 승인 여부, 대가의 지불 여부, 용역의 횟수에 따라 **수사 의뢰**
	(듀오게임) 의뢰인과 함께(팀을 맺는 등) 게임을 진행해 점수 · 성과 등을 올려주는 행위	– 게임물 관련 사업자의 승인 여부, 대가의 지불 여부, 용역의 횟수에 따라 **수사 의뢰**
	(게임교습) 의뢰인과 함께(팀을 맺는 등) 게임을 진행하면서 실력 향상을 위해 교육을 하는 행위	– 대가의 지불 여부, 교습을 빙자한 대리 · 듀오 여부에 따라 **수사 의뢰** * 게임 실력 향상을 위한 단순 교습은 제외
	(대리게임 알선) 대리게임에 대한 광고 게시, 중계 행위 등	– 위법한 대리게임에 대한 알선업 (광고, 중계) **수사 의뢰**
	(기타 형태) 그 외 유사 변형된 행위	– **유사 변형된** 행위로 **수사 의뢰**를 함이 **타당**한 경우
수사 제외	**(대리게임 의뢰)** 자신의 게임 계정의 점수 · 성과 등을 올리기 위해 용역을 의뢰하는 행위	– 의뢰자는 대리게임 행위자에서 **제외** – 단, 게임 관련 사업자의 승인 여부 (약관 등)에 따라 게임 내의 제재를 받을 수 있음
	(아이템 대리 구매) 의뢰인의 계정을 제공받아 아이템 구매 및 강화 등을 대신하는 행위	– 게임의 **승패 등에 영향을 주는 행위** 및 정상적인 운영을 방해하는 행위가 **아닌 경우 제외**
	(대리 이벤트 참여) 의뢰인의 계정을 제공받아 이벤트 참여를 대신하는 행위	– 게임의 **승패 등에 영향을 주는 행위** 및 정상적인 운영을 방해하는 행위가 **아닌 경우 제외** 예) PC방 접속 계정에 대한 아이템 지급 등의 혜택
	(평가 · 진단 방송) 타인 계정 로그인으로 게임 아이템 등을 평가 및 진단하는 방송 행위	– 타인 계정 접속으로 게임 진행하며 아이템, 캐릭터 등에 대한 **평가 및 진단하는 방송 행위는 제외**

* 현 대리게임처벌법 주요 유형별 수사 의뢰 대상 여부 (출처 : 이동섭 바른미래당 의원실)

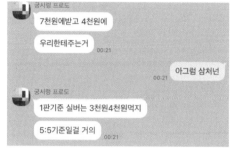

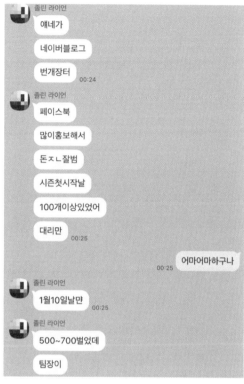

궁시렁 프로도
7천원에받고 4천원에
우리한테주는거 00:21

아그럼 삼처넌 00:21

궁시렁 프로도
1판기준 실버는 3천원4천원먹지
5:5기준일걸 거의 00:21

졸린 라이언
얘네가
네이버블로그
번개장터 00:24

졸린 라이언
페이스북
많이홍보해서
돈ㅈㄴ잘범
시즌첫시작날
100개이상있었어
대리만 00:25

어마어마하구나 00:25

졸린 라이언
1월10일날먄 00:25

졸린 라이언
500~700벌었는데
팀장이

K씨와 기자가 추가적으로 나눈 카카오톡 대화

K씨에 따르면 매년 보상과 등급이 초기화되는 '시즌 첫날'이 있는데 이 날 보는 일명 '배치고사'가 대다수 일반인의 경우 그해의 자신의 등급을 좌우하기 때문에 대리를 맡기는 사람이 많다는 것이다. "시즌 첫날까지 팀장은 최대한 홍보를 해 사람을 끌어모으고 수수료를 챙겨 하루에 500만 원에서 700만 원을 벌기도 한다"고 전했다. 이 수익이 월급이나 연봉이어도 불로소득이기에 문제가 되지만, 단 '하루'의 수익이라는 것도 기가 찰 노릇이다. 정식으로 등록된 사업자도 아니고 사무실, 토

지 등 아무것도 필요하지 않고 오로지 인건비만 1:1로 정산하는 방식으로 '배치고사' 날만 하더라도 엄청난 불로소득이 발생하고 있는 것이다. 대리게임팀을 보유한 팀장들은 팀을 소유한 것만으로도 이런 불로소득을 챙기고 많은 돈을 벌어들이지만 세금은 한 푼도 낼 필요가 없다.

해결 방안

해결방안은 없을까. A게임사 박 모 씨는 "우선 대리게임을 보다 정확하게 잡아낼 수 있어야 한다"며 "예를 들면 업체로 위장한 수사기관을 만든다거나 공급자와 수요자 모두 한번에 잡을 수 있는 해결 방안이 필요하다"고 말했다. 박 씨에 따르면 "게임에도 수많은 종류가 있듯이 대리게임에도 여러 종류가 있다. 단순히 좋은 보상이 랜덤으로 나오는 현금 아이템 여러 개를 개봉만 대신 해주는 것부터, 등급 상승뿐만 아니라 레벨 자체를 올려주는 대리 육성도 있다"며 "우리 게임사도 대리게임의 근절을 위한 이야기가 회의를 통해 반복적으로 이루어지고 있고, 어떤 행동이든 대가성이 있었다면 강경하게 대응할 것이다. 또 유튜버나 방송 BJ들이 흥미성 위주로 새로 나온 아이템에 대한 리뷰 형식으로 진행하는 대리 개봉 같은 경우는 이미 하나의 콘텐츠로 자리 잡은 채널도 있기 때문에 이것을 문제 삼지 않는다면 BJ들의 이해관계와도 적절한 타협이 될 것"이라고 게임사 입장에서 대리게임 근절 대책을 말했다.

한국 게임산업은 지속적으로 발전해왔다. 박양우 문화체육관광부 장관이 작년 12월 한국콘텐츠진흥원 홍릉콘텐츠인재캠퍼스에서 한 강연에 따르면 지난해 우리나라 게임시장은 매출액 13조 9000여억 원, 수출액 7조 7000여억 원, 종사자 8만 5000여 명으로 성장했다. 이는 우리나라 전체 콘텐츠 매출액의 11.7%를 차지하고 있다. 영화(6조 5000여억 원), 음악(5조 6000여억 원) 산업을 합쳐도 게임에 미치지 못하는 수준이다. 게임강국이라 칭송받는 우리나라에서 국내 유저들을 좀먹는 대리게임이 몰래 진행되는 것도 아니고 대놓고 누구나 접근하기 쉬운 곳에 활개를 쳐 유저들의 불만을 자아내고 게임사의 골머리를 앓게 한다는 것은 어불성설이다. 각 게임사별 대응책도 시급하지만 "대리게임 공급 수요자를 정확하게 가려내 보다 강력하게 처벌할 수 있는 정부 차원의 법 개정안이 필요하다"는 지적이 나오고 있다.

평소 기사 쓰기 수업을 수강하면서 가장 크게 느꼈던 것은 내가 이 기사를 쓰고 있으면서도 그다지 크게 와닿지가 않는다는 것이었다. 그래서 내가 가장 잘 느낄 수 있고 잘 쓸 수 있는 기사를 쓰고 싶어서 '게임'이라는 주제로 돌아서게 됐다. 우리나라는 분명 자타 공인 게임 최강국인데 평소 게임을 즐겨 하는 유저로서 볼 때 내부 실상은 문제가 많았기 때문이다. 비인가 프로그램 사용, 게임 속 비속어와 욕설 사용, 명의 도용 등의 문제가 있었지만 가장 크다고 느낀 것은 '대리게임'이었다. 그래서 이 주제를 택했는데 어렴풋이 알고 있었던 음지의 여러 사실들을 마주하니 조금은 충격적이었다. 내가 재미를 느끼며 쓴 기사였고 관심 있던 분야이기 때문에 더 집중해서 쓸 수 있었던 탓인지 좋은 결과로 이어져서 기사를 쓰면서 처음으로 보람을 느꼈다. 앞으로도 게임에 관한 기사를 써보고 싶고 나아가 게임 분야의 전문성을 가진 사람이 되고 싶다.

—최익준

'복합 차별'에 맞선
재일동포 이신혜 씨의
'반反 헤이트 스피치 재판'
5년의 기록

오소영

2020 뉴스통신진흥회 탐사·심층·르포 취재물 수상작

가
작

'복합 차별'에 맞선 재일동포 이신혜 씨의 '반(反) 헤이트 스피치 재판' 5년의 기록

　'반(反) 헤이트 스피치 재판' 5년의 기록은 헤이트 스피치(hate speech, 혐오 발언) 문제를 재일동포 여성의 시각으로 접근하면서, 우리 시대의 혐오와 차별 문제에 대해 보다 보편적인 해답과 대안을 모색하기 위한 영상 취재물이다.

　일본 오사카에 사는 재일코리아 2.5세 이신혜(49, 저널리스트) 씨는 2014년 8월 18일 오사카 지방재판소에 '재일특권을 용납하지 않는 시민 모임'(재특회) 및 사쿠라이 마코토(재특회 전 회장) 씨, 그리고 '보수 속보'라는 일본 내 우익 커뮤니티 사이트의 운영자를 상대로 손해배상 청구소송을 제기한다. 이는 2000년대 후반부터 일본 내 헤이트 스피치 문제가 대두된 이래, 개인이 제기한 최초의 민사소송이다. 이 취재는 약 5년간 지속된 재판의 기록이자, 오사카 코리아타운을 배경으로 살아가는 제일동포 여성들의 역사와 삶의 기록이다.

어플리케이션으로 QR코드를 인식하면 〈'복합 차별'에 맞선 재일동포 이신혜 씨의 '반(反) 헤이트 스피치 재판' 5년의 기록〉을 보실 수 있습니다.

2015년 2월, 오사카 츠루하시역 앞에서 처음으로 이신혜 씨를 만났던 순간을 기억한다. 아니 그보다 먼저, 2014년 오사카 시청 앞에서 나를 쫓아오면서 '한국인은 꺼져!'라고 외치던 어느 우익 아저씨의 무서운 얼굴을 기억해야만 할까. 이 5년의 기록이 시작된 동기는 무엇인가. 나 스스로 다시 한번 상기해보려고 노력하지만, 그것은 의미가 없다.

더 거슬러 올라가자면 1965년 한일협정 이전까지―해방 이후 약 20년간―한국과 일본은 자유롭게 오갈 수 없었던 시기가 있었다. 그리고 2020년 5월 지금, 이 시기는 세계 전역에 유래 없는 코로나바이러스 정국이다. 물론 이유와 여건은 다르지만 다시 한번 한국―일본 사이의 길이 막히게 되었다. 그런 의미에서 연일 뉴스에서 들려오는 '조선학교' 마스크 차별 문제를 비롯해 '아베 정부가 코로나 비상사태를 혐한 정서로 이용'하고 있다는 등의 기사를 볼 때마다 자꾸만 재일동포들의 안녕과 안전을 매일 걱정하게 된다.

하지만 지난 5년간 내가 오사카에서 취재하는 동안 알게 된 가장 중요한 사실은, '헤이트 스피치' 문제라든가 '혐한 문제'의 핵심은 '차별하는 자' vs '차별을 막으려는 자'의 구도로 되어 있다는 점이다. 다시 말하면 결국, 이신혜 씨의 '반(反) 헤이트 스피치 재판'은 '일본인 vs 한국인'의 민족 투쟁이라기보다, '헤이트 스피치 vs 카운터스'라고 하는 새로운 구도를 통해 이뤄졌다는 점이다. 재판이 진행되는 동안 일본 내부에서는 '헤이트 스피치'를 극복하려는 시민들의 노력이 이어졌고, 그 활동은 지금도 지속되고 있다. 이 재판은 차별과 혐오를 극복하기 위해 노력하고 있는 재일동포, 그리고 그들과 함께 연대하는 일본 시민들의 승리라는 의미를 동시에 갖는다. 그런 의미에서 이번 취재물의 부제는 '한국 디아스포라, 재일동포 여성이 전하는 혐오와 차별을 건너는 법'이 되어야 할지도 모르겠다.

이번 공모전을 통해 '복합 차별'에 맞선 이신혜 씨의 '반(反) 헤이트 스피치 재판'에 대한 지난 5년간의 과정을 알릴 수 있는 계기가 되어 그나마 다행이라고 생각한다. 5년이라는 기간에 비해 너무나 미약한 취재물이지만 선정해주신 뉴스통신진흥위원회에 감사드린다.

덧붙여, 이신혜 씨 본인의 글이지만, 현재 한국 사회에도 의미가 있다고 생각해 여기에 적는다.

"'복합 차별'이란 몇 가지의 차별이 결합돼서 이루어지는 차별을 말한다. 몇 가지 차별이 결합함으로써 피해는 '덧셈'이 아니라 '곱셈'이 되어 당사자에게 심각한 피해를 준다. 여성이, 소수자가 소리를 낼 수 있는 사회를 위해 내가 할 수 있는 일을 하고 싶었다. 이 판결이 지금도 차별에 시달리는 누군가를 언젠가 구할 수 있게 됐으면 좋겠다."

—오소영

시기와 윤리 모두 놓친
'디지털 성착취' 보도

추적단 불꽃

2020 뉴스통신진흥회 탐사·심층·르포 취재물 수상작

특
별
상

언론이 디지털 성범죄를 공론화하는 과정에서 보인 무책임한 보도 행태가 2차 피해를 낳고 있어 사회적 관심과 대책이 필요하다. 지난해 11월 초부터 언론은 'n번방', '박사방' 등 디지털 성범죄를 굵직하게 다뤘다. 본 취재팀 '불꽃'이 지난해 7월 첫 기사를 작성한 이후 언론 보도를 통해 관련 수사가 진행되고 국회에 계류됐던 관련법이 처리됐다. 운영자는 물론 이용자들까지 추적하는 단계에도 이르렀다. 이 과정에서 언론·경찰 등 '누군가'는 힘든 취재, 힘든 수사를 했다며 격려와 지지를 받았지만 정작 피해자들은 끊임없이 자신의 피해 사실을 입증해야 하는 고통 속에 살아야 했다. 지난 3개월간 언론은 어떻게든 피해자를 인터뷰하기 위해 혈안이 됐고, 피해 사실을 자극적이고 선정적으로 다룬 '우라까이' 기사를 쏟아냈다. '공론화'라는 대의명분에 취해 피해자의 상처를 후벼 판 언론의 실태와 이들 보도의 역효과를 살펴봤다. (편집자 주)

시기와 윤리 모두 놓친
'디지털 성착취' 보도

**지난해 본 취재팀 첫 보도 후 언론·방송 보도 속출…
집요한 피해자 추적 '눈살'**

**보도 늘자 문제 채팅방 7천 명서, 2만 명대 채팅방 '우후죽순'…
언론 자정 노력 필요**

성범죄 피해자, 언론에 대한 기대를 접다

'불꽃'은 지난해 7월부터 텔레그램 디지털 성범죄 피해자 9명에게 취재 과정에서 알게 된 사실을 알리고 신고를 도왔다. 피해 사실을 듣고 두려움에 떨며 경찰서에 방문한 피해자들에게 들려오는 답변은 한결 같

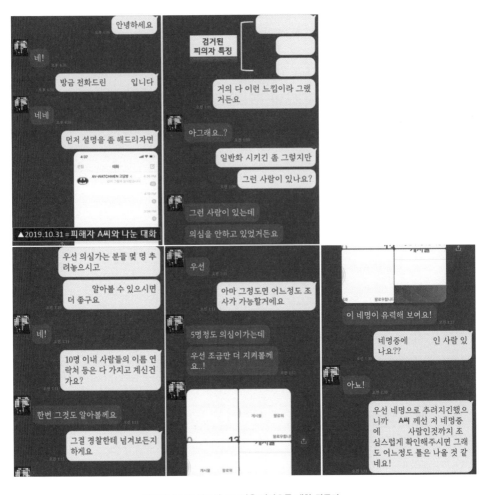

피해자 A씨와 불꽃이 주고받은 카카오톡 대화 갈무리

았다. "텔레그램 범죄는 못 잡아요." 이에 '불꽃'은 '범인을 잡지도 못하는데 모르면 좋았을 사실을 알려 피해자들을 괴롭게 한 것은 아닐까'라는 생각에 추적을 그만둬야 하나 고민했다.

하지만 한 피해자의 사례가 계속 마음에 걸렸다. 그는 700명이 넘는 사람이 참가한 대화방의 희생양이었다. 방장은 자신이 피해자 A씨의 친구라고 말하며 A씨의 사진과 이름, 직업 등 신상 유포를 일삼았다. 수사 결과, 기사와 피해자가 특정한 바로 그 사람이 범인이었다.

'불꽃'은 이 사례가 수만 명의 텔레그램 성범죄 가해자들에게 자신도 잡힐 수 있다는 메시지가 될 수 있기를 기대했고 A씨의 허락을 구해 중앙 일간지 ㄱ에 제보했다. A씨는 본인과 같은 피해자가 나오는 것을 막고 싶다며 언론 인터뷰에 응했다. 며칠 후, ㄱ에서 위 사건을 다룬 '단독' 기사가 나갔다. 기사를 본 A씨는 황당함을 감출 수 없었다. 기사는 피해자의 추적으로 가해자가 잡혔다는 사실보다, 경찰 비판을 중점으로 써졌기 때문이다. 언론의 의제 설정에 따라 댓글 여론 역시 경찰을 나무라는 쪽으로 흘렀다. 텔레그램 기반 디지털 성범죄라도 피해자가 나서면 가해자가 경찰 체포로까지 이어질 수 있다는 경고의 메시지는 자취를 감추게 됐다.

이 사건은 텔레그램 디지털 성범죄 대표 유형 중 하나인 '지인능욕' 사건의 범인을 잡은 첫 번째 사례였다. 충분히 독자들에게 많은 메시지를 전달할 수 있었음에도 불구하고 기사의 초점은 '경찰 직무'를 꾸짖는 것이었다. 제목과 부제목에는 '경찰'이라는 단어가 5번이나 들어갔으며 부제목에도 '충남경찰에 신고했지만 못 잡는다, 강원경찰이 수사 착수 범인 붙잡아…'라는 내용이 자리했다.

위 기사의 네이버 뉴스 댓글은 총 286개로 이 중 200개가 넘는 댓글에서는 충남 경찰을 비판하는 내용이 넘쳐났다. 가해자를 비판하는 내용, 텔레그램 가해자를 잡을 수 있겠다는 댓글은 극히 드물었다. 비난 대상이 가해자가 아닌 경찰로 쏠린 기사와 댓글을 본 피해자 A씨는 무력함을 느꼈다. A씨는 이후 계속해서 타 언론사로부터 인터뷰 제의를 받았지만 모두 거절했다. 거절하는 것도 힘에 부쳤다. 그는 "다른 피해자들도 범인을 잡을 수 있다는 마음으로 인터뷰를 했는데 기사는 경찰에만 초점이 맞춰져 있어 황당했다"며 "언론사의 입맛에 맞게 기사가 나오니 기자가 피해자를 인터뷰하려는 목적을 의심할 수밖에 없다"고 털어놨다.

'보도 준칙' 아랑곳없는 디지털 성범죄 '보도 관행'

#1. "피해자 다니는 직장이라도…" 집요한 신원 추적에 2차 피해 우려

1월 22일, MBC 〈실화탐사대〉에 'n번방' 취재기를 제보했다. '지인 능욕' 피해자 A씨를 도와 범인을 잡았다는 내용이었다. 텔레그램 내에 디지털 성범죄 유형이 다양하다는 사실을 말하고자 했다. 그런데 제작진은 인터뷰 조율 중 느닷없이 A씨의 연락처 등 신상 정보를 물었다. 무리한 요구라고 판단돼, A씨가 언론과 접촉하기 싫어한다는 이유로 거절했다.

인터뷰 당일, 기자는 지난해 7월부터 분석해온 'n번방'과 텔레그램 성범죄자 특성, 성착취 대화방 운영 방법, 피해·가해 현황 등을 2시간 동안 설명했다. 인터뷰 말미에 담당 PD는 다시 A씨와 연결이 가능한지 물었다. 이미 작가의 요청을 수차례 거절한 뒤였다. 연락처는 알려줄 수 없다고 하자 PD는 "피해자 취재를 못 하면 방송이 못 나갈 수도 있다"고 말했다. 인터뷰 뒤에도 '피해자 연락처' 요청은 모바일 메신저와 전화로 무려 6차례나 계속됐다. A씨가 인터뷰 거부 의사를 담은 장문의

피해자 A씨가 MBC 〈실화탐사대〉에 보낸 인터뷰 거절 메시지

편지를 작성해 실화탐사대 측에 전달해달라고 했을 정도로 집요했다. 작가는 완강한 거부에도 포기하지 않았다. A씨의 근무지만이라도 알려달라고 요청했다.

시기와 윤리 모두 놓친 '디지털 성착취' 보도

2018년 한국기자협회와 여성가족부가 함께 마련한 「성폭력·성희롱 사건보도 공감기준 및 실천요강」 '취재 시 주의사항' 2항에는 "사건 당사자나 가족은 인터뷰를 거부할 권리가 있다. 반대의사에도 불구하고 지속적으로 취재를 요청하여 괴롭히지 말아야 하며, 사건당사자 등이 인터뷰를 거부하는 것을 보도에 부정적으로 언급하지 않아야 한다"고 명시돼 있다.

#2. '전지적작가시점'… 피해자 성적 대상화

2월 12일, 〈실화탐사대〉는 '텔레그램 n번방' 실체 추적기를 방송했다. 텔레그램 n번방·지인능욕방, 디지털 성범죄의 피해 규모, 성범죄 피해자와 가해자를 인터뷰한 내용 등을 다뤘다. 문제는 사건 이해를 왜곡하는 자극적인 연출이 프로그램 러닝타임 동안 수차례 이어졌다는 것이다.

방송 시작과 동시에 철창에 갇힌 피해자 한 명과 가면을 쓴 가해자 무리가 등장한다. 가해자들은 피해자를 둘러싸고 내려다보며 조롱한다. 곧이어 디지털 성범죄 피해자의 진술을 토대로 피해 사실을 연출한 장면이 나온다. 피해자에게 카메라를 들이대며 가해자가 불법 촬영하는 모습과 텔레그램 단체 채팅방에 가해자가 불법 촬영물을 유포하는 상황을 재연했다. 해당 장면에는 "남자친구와 찍었던 동영상"이라는 자막이 함께 나왔다.

이어 텔레그램 내 성범죄 수법인 가해자가 피해자를 협박해 성을 착취하는 모습을 자극적으로 다룬 장면이 나온다. 가면 쓴 가해자들이 꼭두각시처럼 손이 묶인 피해자를 조종하는데, 피해자의 상의에 '노예'라는 단어가 낙인처럼 찍혀 있다. 이밖에도 '2차 피해', '선정적', '자극적'인 보도를 지양하라고 강조하는 보도 준칙이 위배되는 장면이 전체 프로그램 중에서 20회 가량이나 되는 것으로 나타났다.

보도 준칙에 따르면 이런 연출은 잘못된 통념을 재생산하며 피해자에게 2차 가해가 될 수 있다. 특히 '성범죄 사건 실천 요강'에는 "영상 보도의 경우 성폭력·성희롱 사건과 연관성이 떨어지는 자극적인 자료화면을 넣거나, 범행 내용을 선정적으로 재연하여 영상화하지 않아야 한다"고 적혀 있다. 보도 준칙을 이해했다면, 언론은 성범죄 피해가 피해자의 잘못된 처신으로 발생했다거나 피해자가 범죄에 빌미를 제공했다고 인식될 수 있는 보도를 할 수 없다.

MBC 〈실화탐사대〉의 자극적 보도관행은 방송통신심의위원회(방통위)에서도 예의 주시하고 있다. 1월 10일, 피해자의 인권을 침해하거나 성폭력을 정당화할 우려가 있는 내용을 방송해 방통위의 방송심의소위원회(위원장 허미숙)에게 '법정제재'(주의)를 받았다. 〈실화탐사대〉가 주민 인터뷰를 여과 없이 노출하는 등 사건의 선정적 재연 및 피해자 신원이 노출될 수 있는 내용을 방송했다는 게 지적 사항이었다.

피해자 설 자리 빼앗는 언론

공론화 이후 경찰 수사에 인력이 투입되고 TF팀이 생기는 등 수사가 진척됐다. 최근 '박사방' 운영자 조주빈(25)과 그의 일당이 잡히는 등 사건에 끝이 보이는 듯하다. 그 이면을 보기 전까지는 그렇다. 언론 보도 후 기하급수적으로 텔레그램 단체 채팅방 참여자 수가 불었다.

기성 언론이 텔레그램 사건을 취재하며 보도하는 것을 지켜본 익명의 경찰관은 우려를 표한 바 있다. 그는 "텔레그램 사건이 대책 없이 공론화되면 많은 사람들의 호기심을 불러일으킬 것이고, 가해자가 더 늘어날 것"이라는 입장을 밝혔다. 그로부터 한 달이 채 지나지 않아 경찰의 우려는 현실이 됐다.

기자는 지난해 7월부터 텔레그램에 상주하며 범인들의 행태를 살폈다. 지난해 7월, 가장 많은 '관전자'가 들어 있는 방은 7천 명이었지만 3월 현재, 2만 명 이상의 관전자가 활동하는 방이 우후죽순 생겨났다. 비슷한 성범죄 단체 채팅방 수는 확인한 것으로만 50여 개에 다다른다. '불꽃'이 미처 확인하지 못한 텔레그램 대화방과 또 다른 메신저 '디스코드'의 관전자 수를 합산한다면, 피해 규모를 가늠할 방법이 없다.

텔레그램 n번방 사건은 청와대 국민청원 600만 명이 넘는 신기록을 세웠고 국회청원 1호에 오르는 등 대중의 관심을 끌었다. 여론이 n번방 사건에 집중하자 많은 언론에서 다루기 시작했다. '박사'가 잡히기 전에는 추가 취재한 내용 없이 JTBC 〈이규연의 스포트라이트〉, MBC 〈실화탐사대〉, SBS 〈궁금한 이야기 Y〉 등 영상 보도 중 가장 자극적인 장면을 제목으로 뽑아 보도하는 언론들이 등장했다. 〈헤럴드경제〉의 「은밀한 부위에 남은 '자상'·차량에서 강제 성관계… 텔레그램 N번방 실체」, 〈머니투데이〉의 「"전여친 몰카, 2만명이 돌려본다" 텔레그램 음란방 운영자의 고백」, 〈미디어펜〉의 「'실화탐사대' 텔레그램 N번방 전 운영자 "10대 여성 성착취 영상, 지금도 유포 중"」, 〈아이뉴스24〉의 「'실화탐사대' 텔레그램 N번방 실체 추적… "아동에게 가학적인 가해"」 기사 등이 그 예다. 박사 검거 후에는 언론이 n번방과 박사방의 범죄 유형과 피해 규모를 구별하지 않고 두 사건을 혼용했다. 이처럼 자극적이고 무책임하게 사건을 보도한 기사에는 "기자가 텔레그램 홍보하네"와 같은 부정적인 댓글이 달렸다. 경찰이 우려한 상황이 그대로 벌어진 것이다.

김수아 서울대학교 기초교육원 교수는 "기자들이 성범죄 보도 준칙을 잘 지켜 작성하면 2차 피해의 문제가 적은 보도가 가능한데 준칙을 준수하지 않는 것이 문제"라고 지적했다. 이어서 "범죄 행각이나 피해 경험을 제목으로 쓰는 것은 그저 클릭 유도용"이라며, 이는 2차 피해를 부추기는 것이라고 말했다.

한국성폭력상담소 김혜정 부소장은 "언론의 자극적인 보도는 피해자들에게 사건을 플래시백(현재 시제로 진행하는 영화에서 추억이나 회상 등 과거에 일어난 일을 묘사할 때의 장면)시킬 뿐 아니라, 피해자를 타자화해 그들이 늘 피해자인 상태로만 있어야 하는 것처럼 만든다"고 지적했다.

김 부소장은 "성범죄 피해 보도 기사에 법적인 처벌이나 기타 대안 없이 피해 사례만 나오는 것은 해악성이 있는 기사일 뿐"이라며 "언론에서는 성범죄 발생 원인이 무엇인지, (소라넷부터 n번방까지) 디지털 성범죄가 평범한 문화로 계속 승인되어오는 방식과 구조를 더 이야기해야 한다"고 꼬집었다. 사건이 왜 일어났는지에 대해 명확히 서술되지 않으면 독자들은 단순히 '끔찍한 일이 있었네' 혹은 '피해자도 뭔가 문제가 있네'라는 식으로 생각하게 되는 등 잘못된 통념을 재생산할 수 있다고 강조했다.

한국성폭력상담소 활동가들은 성범죄 사건에 '변태' '선정적' '음란물' 등의 표현은 쓰지 않는다. 위와 같은 표현은 사전적으로 '성 풍속이나 도덕을 해한다'는 뜻이 포함돼 있기 때문이다. 젠더 권력이 불평등하다는 개념이 빠져 있어 문제라는 것이다. 그는 "디지털 성범죄가 '범죄'임에도 불구하고, 지금의 언론은 폭력의 문제를 제대로 드러내지 못한다"고 덧붙였다.

조이여울 여성주의 저널 〈일다〉 편집장은 "언론은 보도물을 가능한 많은 이들이 접할 수 있게 하고, 그래야 또 해당 사안에 대한 관심이 높아진다는 점에서 독자·시청자의 관심을 끌어야 하는 부분이 있다"며 "그러나 윤리적인 기준을 어디까지 둘 것인지, 최소한 인권의 관점을 놓쳐서는 안 된다"고 말했다.

언론의 수익 창출 구조가 근본 문제

성차별적이고 자극적인 보도는 언론이 취재·보도 윤리강령을 몰라서 한 해악이라고 보기 어렵다. 신문윤리위 윤리강령 외에도 취재·보도 공적 가이드라인은 지속적으로 마련되고 있다. 2006년 한국여성민우회 「성폭력상담소가 만든 성폭력 보도 가이드라인」, 2018년 한국기자협회와 여성가족부가 제시한 「성폭력·성희롱 사건보도 공감기준 및 실천요강」 등이 그것이다.

언론 분야 전문가들은 지금의 언론 보도 행태의 뿌리는 언론의 수익 창출 구조와 연결된다고 입을 모았다. 현재 언론은 기사 검색 양이나 페이지뷰(PV)로 인터넷 광고 수익을 얻고 있어, 수익을 위해 성범죄 보도 가이드라인은 무시한 채 '성' 문제를 부각해서 보도한다는 것이다. 김수정 민주언론시민연합 정책위원은 "댓글이 많이 달린 뉴스, 자극적인 뉴스를 검색하는 양이 늘수록 광고 수익이 커지는 구조"라고 설명했다. 그는 "자극적인 뉴스를 사람들이 찾아보는 경향이 있다"며 "자극적인 뉴스에 댓글까지 많이 달리면 '많이 읽은 뉴스' 혹은 '댓글이 많은 뉴스'로 노출돼 자극적인 뉴스가 다수에게 읽히게 되는 구조가 되고, 결국 언론은 이러한 유통 구조의 생리에 맞춰 자극적인 보도를 계속하게 된다"고 분석했다.

최영재 한림대학교 미디어스쿨 교수는 "한국의 모든 언론은 없던 새로운 수입이 생긴다는 이유로 너나 할 것 없이 포털에 자사 뉴스를 팔아버렸고, 이제 그 구조에서 빠져나올 수 없게 됐다"며 "한국 저널리즘 비극의 현장을 보는 것 같다"고 토로했다. 최 교수는 "한국의 저널리즘은 포털에 의해 포박된 구조를 가지고 있다. 포털 저널리즘이란 말은 전세계 중 한국에서만 통용되는 용어다"라고 꼬집었다.

이런 언론 구조는 성범죄뿐 아니라 다른 정치, 경제 사건에서도 사람들의 이목을 집중시키기 위한 자극적인 보도를 남발하므로 심각한 문제다. 최 교수는 "한국의 저널리즘은 '선정' '편파' '저질' 뉴스 상품을 생산해대는 악순환 구조에 빠져 있다"고 지적했다. 최 교수는 "특히 포털 온라인과 소셜 미디어를 통해 유통되는 '뉴스'가 그렇다"며 "여기서 '뉴스'는 사실상 뉴스 형식을 가진 싸구려 정보일 뿐"이라고 말했다. 그는 "이런 악순환 구조 안에서는 성범죄 보도 준칙을 비롯한 바람직한 저널리즘 원칙이나 원리들이 쉽게 내팽개쳐진다"고 비판했다.

김수정 정책위원은 "잘못된 보도에 대한 형사처벌이 드물고, 선정적 보도에 대한 심의 결과도 언론사에 심한 타격을 주지 못하기 때문에 더 많은 수익을 위해 선정적 보도를 계속하는 것"이라고 진단했다.

김경희 기사심의위원회 위원은 "언론사가 윤리강령을 지킬 수밖에 없도록 만들어야 한다"고 주장했다. 김 의원은 "언론사가 기사 심의 결과 미반영 시 출입처에 제한을 둬야 한다"며 "포털 뉴스제휴평가위원회는 기사심의위원회에서 일정 횟수 이상 규제를 받은 언론사를 포털에서 퇴출하는 방안도 고려해야 한다"고 말했다. 김 위원은 "방송사는 심의를 엄격하게 준수하는 편이다. 방송심의위원회 제재 사항이 적발되면 방송사 평가에 영향을 미치기 때문"이라며 언론사도 방송사와 같은 제재가 필요하다고 말했다.

심층취재 275일째, 왜 이렇게까지 했냐면…

"기자님, 왜 이렇게까지 도와주세요?" 10명의 피해자에게 피해 사실을 알릴 때 많이 받았던 질문이다. 피해자는 고마움과 당혹감을 담아 물었을 것이다. 당시에는 답변을 미뤘지만 이제는 답할 수 있다. "기자가 해야 할 일을 했을 뿐입니다."

지난해 여름은 끔찍했다. 텔레그램 채팅방 속 디지털 성범죄를 매일 5시간 넘게 지켜봐야 했고, 누군가 나를 불법 촬영할지 모른다는 불안감에 사로잡힌 나날이었다. 2019년 7월 어느 날, 기자가 다니던 학교 이름이 적힌 불법 촬영물이 올라왔다. 그 파일을 다운 받는 10여 분 동안 혹시 '내가 찍힌 것은 아닐까' 하며 덜덜 떨었다. 내가 아닌 것을 확인 후 안도한 한편, 디지털 성범죄가 '남 일이 아니다'는 것을 깨달아 고뇌한 순간이다.

보도를 위한 취재는 끝났지만, 성범죄 피해가 계속해서 발생하고 있다는 걸 알면서 가만히 있을 순 없었다. 지난해 9월, 'n번방'에 주목하는 언론은 없었다. 10월, 경찰은 가해자 수만 명 중 2명을 잡았다고 했다. 여전히 언론의 관심은 없었다. 11월, 〈한겨레〉 보도가 연이어 나왔지만 함께 취재하는 언론은 없었고 2020년 1월, 〈궁금한 이야기 Y〉에서 텔레그램 성착취 사건을 보도했지만 효과는 미미했다. 그렇게 텔레그램 성착취 사건은 수면 위로 뜨기도 전에 코로나에 묻혀버렸다.

3월이 되어서야, 〈국민일보〉 기사를 통해 알려지기 시작했다. n번방 관련 국민청원은 900만명을 넘어섰다. 모든 언론은 텔레그램 n번방에 주목하며, 불꽃의 인터뷰를 따기 위해 노력했다. 불꽃은 일주일간 30여 개의 인터뷰를 진행했다. 계속해서 텔레그램 사건과 관련한 많은 보도들이 이어지고 있지만 여전히 텔레그램 디지털 성범죄는 현재진행형이다. 디지털 성범죄에 대한 관심의 불꽃은, 대학생 2명이 아닌 국가와 언론이 이어가야 한다.

—————————————— 시기와 윤리 모두 놓친 '디지털 성착취' 보도

안녕하십니까. '추적단 불꽃'입니다. '제2회 탐사·심층·르포 취재물 공모전' 특별상을 받게 돼 영광입니다. 감사합니다. 지난 1회 탐사·심층·르포 취재물 공모 당시, 신청서에 속편을 제작하고 싶다고 밝혔습니다. 속편을 발표할 수 있게 돼 다행입니다.

저희는 지난해 7월부터 텔레그램 기반 디지털 성범죄를 취재했습니다. 그 기간 동안 '기자란 무엇인가' 매일 고찰했습니다. 텔레그램 n번방 미성년자 성착취 실태를 기사로만 소비할 것이냐, 경찰에 신고해 사건에 개입할 것이냐 기로에 놓였기 때문입니다. 돌아보면 이런 고민 자체가 사치였습니다. 그 방 안에는 실시간으로 피해를 당하는 피해자들이 있었습니다. n번방 피해자들이 n차 피해를 당하는 걸 보고만 있을 순 없었습니다. 범죄 현장을 샅샅이 기록하고 기성 언론 보도와 수사에 힘을 보탠 과거가 오늘 이 상을 받을 수 있던 밑거름이 됐다고 생각합니다. 그때 취재하고 신고하지 않았다면 600만 국민을 동원한 청와대 국민청원도, 'n번방 방지법'도 나오기 힘들었을 겁니다. 취재를 시작한 것과 동시에 경찰에 신고한 것은 현명한 선택이었다고 확신합니다.

'불꽃'의 2차 출품 기사는 디지털 성범죄를 다루는 언론 보도에 문제를 제기하는 기사였습니다. 원래 계획했던 2차 기사는 텔레그램 가해자 '박사' 조주빈 씨 관련 추적기였습니다. 그러다 2월 'n번방 사건'이 수면 위로 드러나게 됐고 이후 많은 기성 언론이 피해자를 대하는 태도, 보도

준칙을 지키지 않는 모습을 보며 회의감과 울분을 느꼈습니다. 자정하려는 언론은 눈에 띄지 않았습니다. 이를 바라보며 주제를 '언론 윤리의식 비판'으로 바꾸게 됐습니다. 저희의 이번 2차 기사가 대한민국 언론 성장에 거름이 되길 바랍니다.

앞으로 저희는 피해자들의 '오늘은 어떤지' 기록하려 합니다. 피해자들이 원하는 것은 무엇인지, 피해자와 연대할 수 있는 방법은 무엇인지를 보도해 이전과 같이 피해자가 숨어야만 했던 세상을 바꿀 것입니다. 또 수사기관의 철저한 수사를 감시하고 강력 처벌을 촉구하기 위해 애쓰는 언론인 '불꽃'이 되겠습니다.

이 특별상이 헛되지 않도록 지금처럼 더 열심히 취재하고 보도하겠습니다. 감사합니다.

—추적단 불꽃

「"미성년자 음란물 파나요?"…'텔레그램' 불법 활개」로 제1회 탐사·심층·르포취재물 공모에서 우수상을 받은 '추적단 불꽃'은 아동 청소년 범죄의 온상이 된 텔레그램 익명 채팅방의 운영 실태를 파악하기 위하여 잠입 취재를 통해 미성년자를 포함한 여성들의 성착취 영상을 공유한 텔레그램 n번방의 실체를 처음으로 세상에 밝혔다. 「"미성년자 음란물 파나요?"…'텔레그램' 불법 활개」는 불법 음란물이 유통되는 과정과 채팅방의 불법 음란물 유포 가해자 대화 내용, 불법 촬영물 공유와 유포 현황 등의 실태를 추적해 익명 뒤에 숨은 기혜지들의 추악한 민낯을 파헤쳤으며, 디시털 성폭력의 문제점과 운영자에 대한 강력한 처벌, 불법 촬영물 유포를 막는 법적·기술적 차단 조치 등을 다룬 해결 방안을 정부에 강력히 호소하는 내용의 취재물이다.

■ '추적단 불꽃' 수상 내역

제1회 뉴스통신진흥회 탐사·심층·르포 취재물 우수상 (2019.9.9.)
대학생들이 보안 메신저 서비스인 텔레그램에서 이뤄지고 있는 '미성년자 음란물' 유통 실태를 탐사기사 형태로 취재한 보도물로 구체적인 사례를 중심으로 작성된 점을 높이 평가하여 우수상에 선정.

제22회 국제앰네스티 언론상 특별상 (2020.4.2.)
디지털 미디어 환경에서 만연한 여성 성착취의 실상을 폭로하고 온라인 연대 활동을 통해 여성에 대한 심각한 폭력 문제 해결을 위해 각종 사회적 노력의 출발점을 만든 점을 높이 평가하여 특별상에 선정.

제355회 한국기자협회 이달의 기자상 특별상 (2020.4.23.)
'n번방 사건'이 사회문제로 부각되어 경찰이 수사에 나서고 범인이 검거되기까지 추적단 불꽃의 역할이 매우 컸으며 최초 문제 제기에서 마지막 주범 검거까지 집요하게 파헤친 노력을 높이 평가하여 특별상에 선정.

제3회 민주화운동기념사업회 6월 민주상 특별상 (2020.6.9.)
6·10민주항쟁을 기념해 제정된 상으로, '추적단 불꽃'의 온라인 성범죄 고발과 공론화 작업이 우리 사회 민주주의 발전에 기여한 바가 크다고 보고 각별한 격려의 의미를 담아 시상키로 함.

2020년 한국방송학회 봄철 정기학술대회 특별상 (2020.6.19.)
학생 저널리즘의 성과로 높이 평가할 만하며, 한국 사회의 인권 신장에 크게 기여한 공적이 있어 특별상에 선정.

"공모제 역할과 미래 낙관"

뛰어난 작품들이 아주 많았다.

이 공모전에는 탐사, 심층, 르포 기사 중 어느 하나에 해당하면 응모가 가능하다. 하지만 이번 2회 공모에서는 탐사성, 심층성, 현장성 중의 하나가 아니라 둘 또는 셋을 갖춘 작품들이 다수였다.

2회째의 공모에 좋은 작품이 이렇게 많이 몰려드는 모습을 보고 심사위원들은 좁게는 이 공모제의 역할과 미래에 대해 낙관하게 됐으며, 넓게는 훌륭한 저널리스트로 성장할 수 있는 재목이 한국의 청년지식인 사회에 두텁게 형성돼 있다는 사실을 확인할 수 있었다. '다양한 제도를 통해 새싹 저널리스트들을 더 적극적으로 발굴하고 격려할 필요가 있다'는 공감도 자연스럽게 형성됐다. 이 같은 과정에서 느낀 뿌듯한 기쁨은 심사의 실무에 수반되는 '서열화의 고통'을 상쇄하기에 충분한 보상이었다.

심사위원회는 같은 이유로 하여 '1회 공모전보다 훨씬 많은 작품들에 대해 시상하여 선양하기'로 결정했다. 이번 공모에는 55편의 응모작이 접수되었고, 두 차례의 심사회의 결과 최우수상 1편, 우수상 2편, 가작 5편, 장려상 13편이 선정됐다.

「비닐하우스·컨테이너 속에 갇힌 외국인노동자의 주거권」 기사는 비닐하우스, 바다 위 바지선, 컨테이너 등 상식적으로 주거공간이라고 생각하기 힘든 곳에서 먹고 자며 생활하는 외국인노동자들의 모습을 조명하고 있다. 그들의 열악한 처우에 대해서는 이미 고발된 바 있고, 쪽방촌 등 사회적 약자의 주거환경에 대한 문제 제기도 그동안 없지 않았다. 이 기사는 한 발 더 나아가 '우리 사회의 최약자 그룹인 외국인노동자'와 '약자의 주거환경'이라는 두 요인이 중첩될 경우 어떤 참상이 빚어지는지를 보여줬다. 비인간적인 생존 현장을 스케치, 인터뷰, 동영상, 사진 등 다양한 전달 수단을 통해 가감 없이 포착한 이 기사는 르포르타주의 전형을 보여주고 있다.

하지만 이 기사의 덕목은 '르포의 생생함'에 그치지 않는다. 이들의 주거공간이 열악할 수밖에 없도록 수수방관한 정책과 제도의 미비를 수면 위로 끌어올리는 데 성공했으며, 전문가 및 해외사례에 대한 적절한 취재를 통해 설득력 있는 대안을 제시하고 있다. 문제의식에서 출발했으나 문제의 제기에 그치지 않고 문제의 원인을 밝힌 후 대안까지 제시하는 등 심층성·종합성까지 갖춘 것이다. 이 같은 완성도에 힘입어 이 작품은 최우수상에 선정됐다.

「소년보호 '6호처분', 그 소년들이 사는 세상」 기사는 심사의 최종 순간까지 위 「비닐하우스·컨테이너 속에 갇힌 외국인노동자의 주거권」과 최우수상을 다툴 만큼 높은 평가를 받았다. 촉법소년을 잠재 범죄자로 키우지 않고 올바로 사회화하기 위한 장치가 소년보호 처분이며, 그 중 '6호 처분'은 소년원에 송치하는 대신 아동복지시설이나 소년보호시설(이상 6호 시설)에 감호 위탁하는 것을 가리킨다.

기사는 6호 시설이 무엇인지를 소개한 후 시설을 경험한 소년들, 시설의 책임자, 가정법원장, 범죄심리학자 등 다양한 관련자들과의 인터뷰를 통해 이들 시설이 실제로 어떻게 운영되는지, 필요성과 한계는 어떠한지, 나아가야 할 방향은 무엇인지 등을 다각적으로 분석하고 있다. 탐사·심층·르포 취재물이라는 공모의 모든 조건에 잘 맞는 작품이 생산된 것이다.

「국가가 사람을 버렸다, 군 사망사건 유족들이 묻는 '국가의 책임'」 기사는 군에서 일어난 3종의 사망사고 유형(괴롭힘이 빚어낸 자살, 폭행치사, 방치로 인한 병사)을 사례를 통해 제시한 후 유족 이야기를 더하여 네 꼭지의 시리즈 기사로 구성돼 있다. 3종의 유형은 각각 군내 사망사고의 전형적인 패턴이라는 점에서 적절히 선택됐으며, 각 사건에서마다 '군의 고질적 병폐'라 할 수 있는 은폐 축소의 기도가 일관되게 관철되는 모습을 생생히 그려내는 데도 성공했다. 나아가 은폐 축소 방식의 사건 처리로 유족에게 또 한 번의 잔인한 가해를 하는 폐쇄적 특수조직의 반인륜적 행태를 낱낱이 고발하고 있다. 분명한 문제의식과 적절한 소재 구성, 기사 완성도 등에서 나무랄 데 없이 탁월한 작품이었다.

이상 두 작품에 대해서는 우수상을 주기로 했다.

「친일·반공·독재, 그 계보의 변신을 추적한다」 기사에서 등장하는 신상묵(시게미쓰)의 친일 – 반민족적 행위와 해방 후에도 단죄되기는커녕 '반공 경찰'로 변신해 승승장구를 이어간 사실 등은 이미 알려져 있었으나 '기존 보도에 비해 더 풍부하게, 입체적으로 취재했다'는 차별성이 평가됐다. 이 기사에서 특히 주목받은 것은 헌병 오장 신상묵과 그의 보조원 박종표(아라이)로 상징되는 '친일 → 반공'의 인맥 계보가 이후 '독재의 주구'로 또 한번 변신하여, 민주주의를 억압하고 인권을 짓밟는 '국가 범죄의 도구' 노릇을 하며 비열하고도 너절한 삶을 이어가는 '한국 현대사의 굴절상'을 구체적인 인간상을 통해 명료히 형상화했다는 점이다.

「국제결혼의 사각지대, 혼인귀화 여성의 재혼」에서는 국제결혼을 통해 한국에 귀화한 동남아 여성이 이후, 한국인 남편과의 이혼과 출신국 남성과의 재혼을 하는 과정을 다룬 소재가 신선했다. 우리 곁에 훌쩍 다가온 국제결혼의 다양한 측면을 드러내는 데 성공했다.

「'복합 차별'에 맞선 재일동포 이신혜 씨의 '반(反) 헤이트 스피치 재판' 5년의 기록」은 단일 사건이긴 하지만 긴 기간에 걸친 집요한 추적을 통해 사건의 전체상을 드러냈고, 일본 재판부의 편견 등 문제점까지 다룬 부분이 평가됐다.

「당신도 '딥페이크' 포르노의 피해자가 될 수 있다」와 「14조 원 게임 산업의 공적(公敵) '대리게임' 범죄」 등 두 기사는 디지털 사회로의 전환 과정에서 나타나는 새로운 사회병리현상을 잘 포착하고 전달했다는 평가를 받았다. 특히 '미국에서 시작된 딥페이크 포르노가 초기에는 미국인을 대상으로 한 것이 대다수였으나 K-pop이 세계적으로 인기몰이를 하면서 이제 한국인 여성 연예인을 피해자로 하는 포르노가 전체의 25%를 차지한다'는 점은 자못 충격적이었다.

이상 다섯 작품에 대해서는 가작을 주기로 했다.

·

1회 우수상 팀엔 다시 '특별상'

한편 1회 공모 때 「"미성년자 음란물 파나요?" '텔레그램' 불법 활개」를 출품해 최고상을 받은 대학생 취재팀 '불꽃'은 2회 공모에도 「취재 윤리와 시기 모두 놓친 'n번방' 보도」 기사를 출품했다. 1회 때의 출품작은 레거시 미디어가 받아쓴 기사 'n번방의 성착취' 보도로 이어져 엄청난 사회적 파장을 불러일으킨 바 있다.

이번 작품은 1회 출품작의 후속작이긴 하지만 기사 주제는 '해당 사건을 다루는 기성 언론의 취재 및 보도 윤리 문제로 초점이 전혀 다르고 새롭다. 예비 저널리스트로서 문제의식의 건강함과 참신성이 선연했으며 제도권 저널리즘의 성찰을 촉구하는 의미 있는 기사라는 점 등을 높이 평가하여 심사위원회는 이번에 '특별상'을 특별히 신설하여 시상키로 결정했다.

제2회 탐사·심층·르포 취재물 공모 입상작들은 언론 매체를 통해 다음과 같이 기사화되었다.

최우수상 입상작인 「비닐하우스·컨테이너 속에 갇힌 외국인노동자의 주거권」은 〈연합뉴스〉가 2020년 5월 11일, 「[이주노동자의 집] ① "바람 불면 멀미…" 파도치는 양식장 위의 집」, 「② '사장님' 드나드는 외딴 숙소 성범죄에 무방비」, 「③ 숙소 평가 '불량' 1.3%뿐이라는데 왜?」, 「④ "숙소 스트레스에요… 한국에 오지 마세요"」를 4건의 기획기사로 보도했다.

장려상 입상작인 「민주주의 흔드는 '관권개입' 주민투표」는 〈오마이뉴스〉가 2020년 6월 17일, 「[대구 군공항 이전 유치전의 내막] ① "너희 집에 세 명이 투표 안 했다고 전화가…"」, 「② 장밋빛으로 포장된 공항 이전사업의 기대효과」로 보도했다.

또한, 세명대학교 저널리즘스쿨대학원에서 운영하는 〈단비뉴스〉는 2020년 5월 21일과 6월 4일, 최우수상 입상작인 「비닐하우스·컨테이너 속에 갇힌 외국인노동자의 주거권」의 후속 기사 3건, 「[이주노동자 주거 실태] ① 비닐하우스, 컨테이너 속 한숨과 원망」, 「② 곰팡이·소음 심각한 숙소도 '문제 없음'」, 「③ '기준 이하 숙소'면 캐나다선 고용 불허」를 보도했다.